有爱的铅笔画入门教程

一支铅笔画萌仔

CW01623440

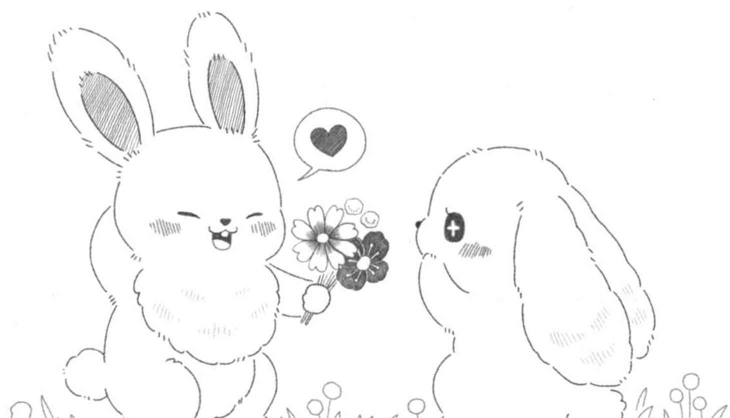

中国水利水电出版社
www.waterpub.com.cn
· 北京 ·

图书在版编目（CIP）数据

有爱的铅笔画入门教程 ： 一支铅笔画萌仔 / 飞乐鸟工作室著. -- 北京 ： 中国水利水电出版社, 2019.9 (2020.12重印)
ISBN 978-7-5170-7809-8

Ⅰ. ①有… Ⅱ. ①飞… Ⅲ. ①铅笔画一绘画技法一教材 Ⅳ. ①J214.1

中国版本图书馆CIP数据核字(2019)第138833号

书　　名：有爱的铅笔画入门教程 一支铅笔画萌仔
YOU AI DE QIANBIHUA RUMEN JIAOCHENG YI ZHI QIANBI HUA MENG ZAI
作　　者：飞乐鸟工作室 著

出版发行：中国水利水电出版社（北京市海淀区玉渊潭南路 1号 D 座 100038）
网址：www.waterpub.com.cn
E-mail:sales@waterpub.com.cn
电话：（010）68367658（营销中心）
企　　划：北京亿卷征图文化传媒有限公司
电话：（010）82960410、82960409
E-mail:service@bookexplorer.cn
经　　售：全国各地新华书店和相关出版物销售网点

印　　刷：北京天宇万达印刷有限公司
规　　格：185mmx210mm 24开本 6印张 80千字
版　　次：2019年 9月第 1版 2020年 12月第 5次印刷
定　　价：35.80元

前言

很多时候，绘画之路上的绊脚石多到让人望而却步，严谨的形体、复杂的素描调子、让人头脑胀痛又晦涩难懂的透视等等。但是你有没有想过，抛开这些理论，其实只用一支铅笔也能画出萌化人心的可爱作品。

这本书正是为此而打造的。我们将以简单又好玩的图形为例，从工具介绍、点线面的表现、超简单的光影和质感氛围营造等方面，为你讲述最基础的素描表现手法。然后用动物、植物、人物等大量可爱范例图，让你从易到难地掌握绘画的诀窍，使你能轻松画出超可爱的软萌插画，变身绘画达人！

是不是已经跃跃欲试了？如果你手边有一支铅笔、一张纸、一块橡皮，就可以马上动笔画画看了！相信你会发现绘画的大门已经在你面前，并且可以轻松推开啦！

飞乐鸟工作室

目录

第1章 铅笔画从这里开始

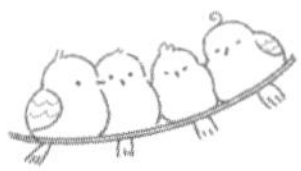

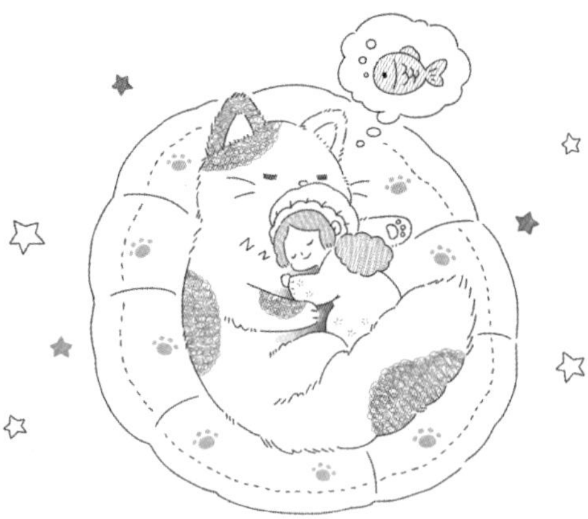

第2章 超软萌的小动物

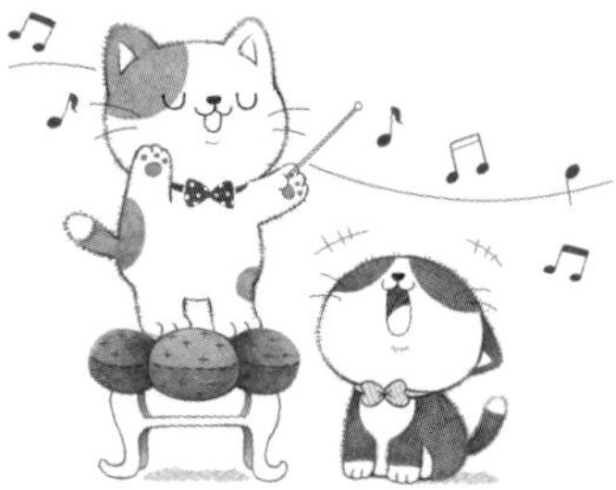

第3章 清新大自然

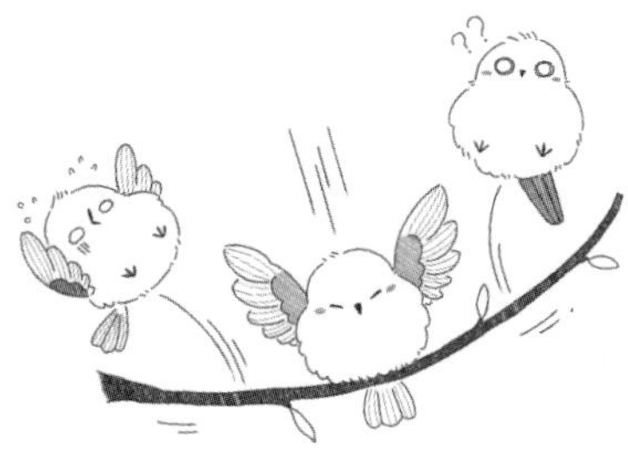

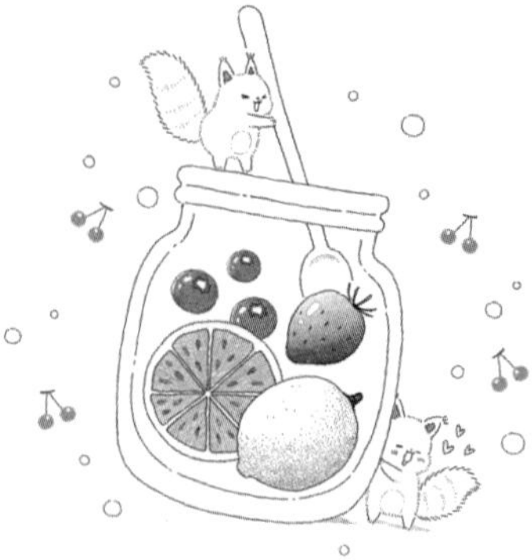

第4章 温馨的小日子

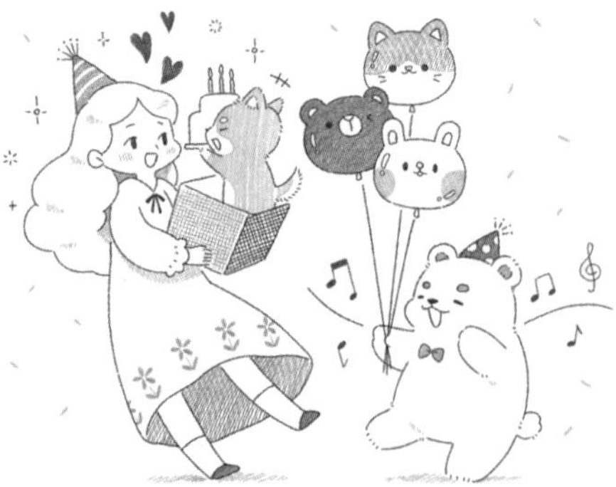

第1章

铅笔画从这里开始

下笔之前，先了解铅笔的特性，以及透视、光影等绘画的要点，能帮助你更快速地掌握铅笔画的诀窍，快用小本子记下来吧！

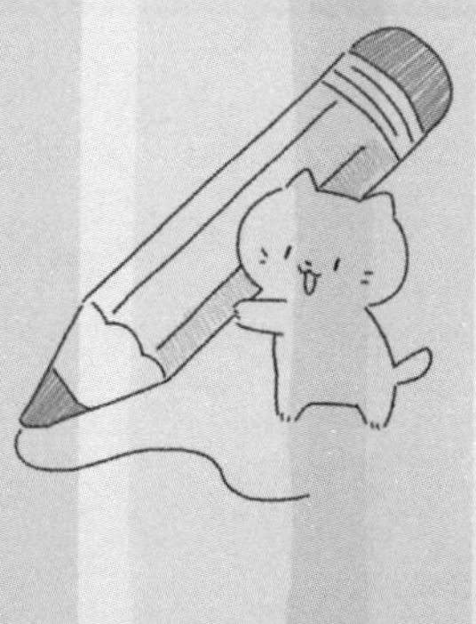

铅笔画和素描的区别

铅笔画和素描有很多区别，最明显的就是铅笔画更加轻松易学，下面就来对比一下。

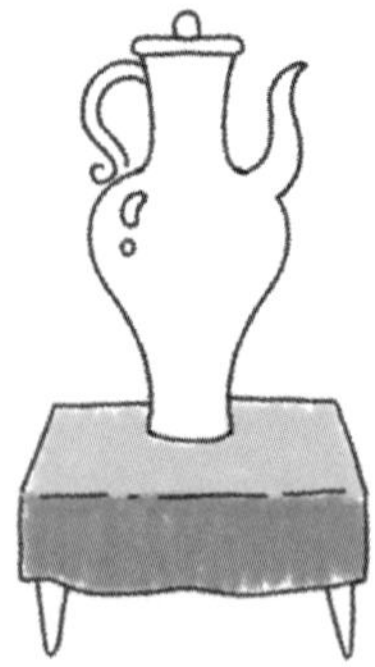

素描

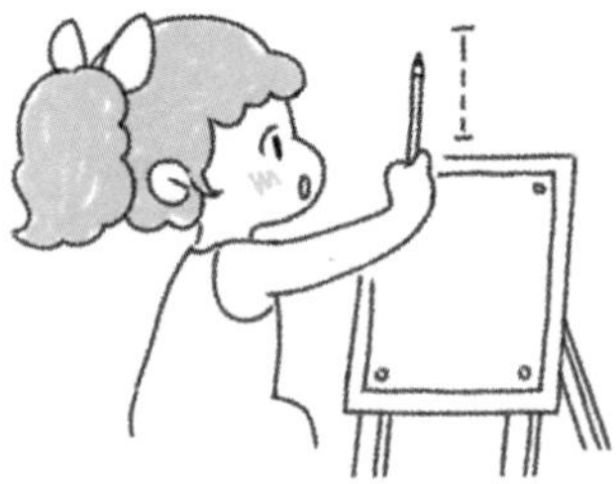

素描在起稿时，要算好物体的比例。

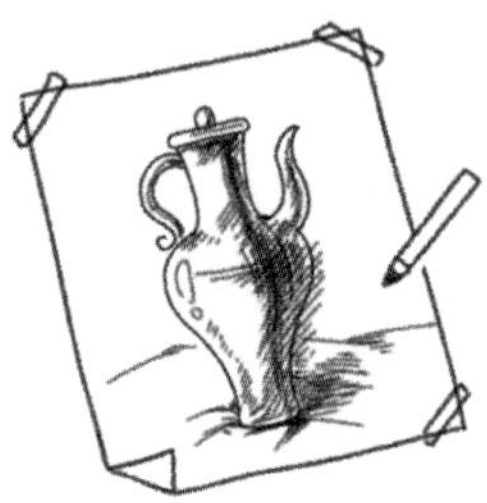

素描需要仔细地画出物体的外形结构和光影关系。

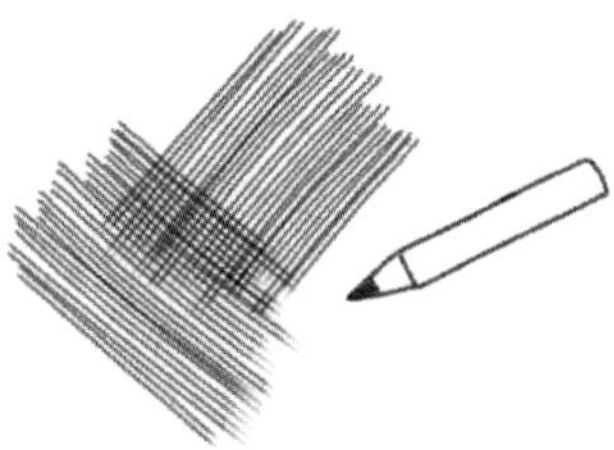

素描对排线要求较高，需要有一定基本功。

铅笔画

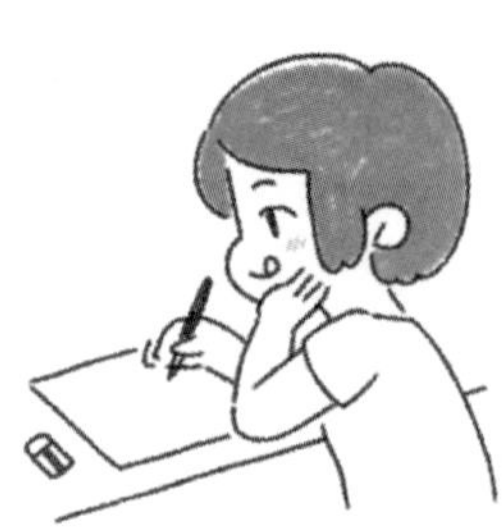

铅笔画没有那么严格，随意一些也很好。

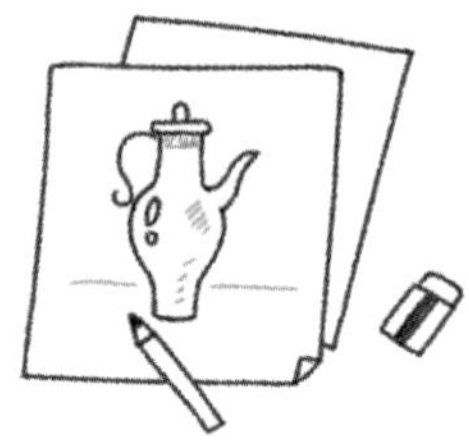

铅笔画不用添加那么多细节，大致准确的外形加上简单的调子就可以啦！

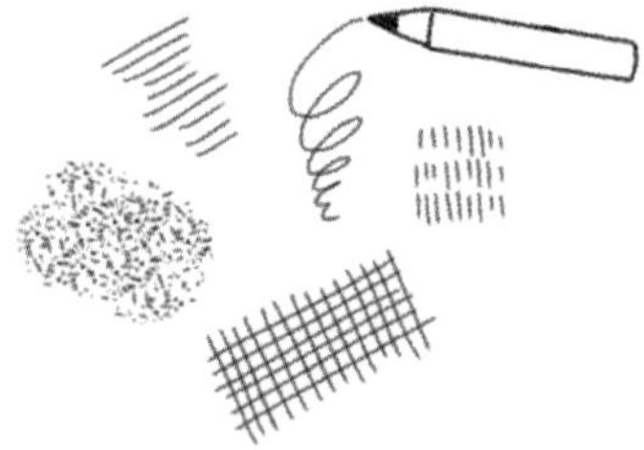

铅笔画的笔触多种多样，但都较为随意。

铅笔种类及辅助工具

在画画前，一定要先了解铅笔的种类和性能，
以及一些能让你画画更方便的辅助工具。

扫码获得同款画材

各种型号的铅笔

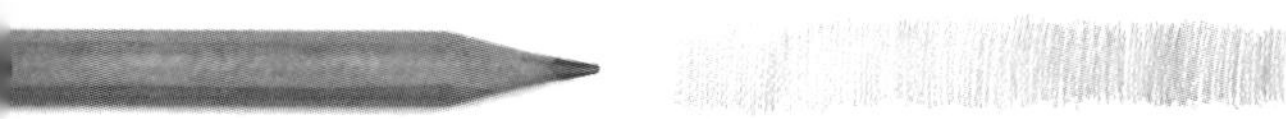

H 铅笔：手感很硬，用来描绘细节或涂超浅的调子。

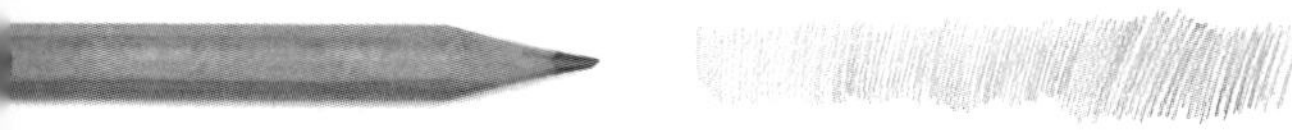

HB 铅笔：比 H 软一点，也很硬，同样用来绘制细节。

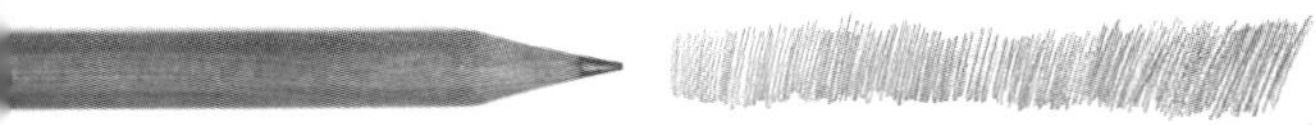

B 铅笔：手感较硬，一般用来画浅调子的地方。

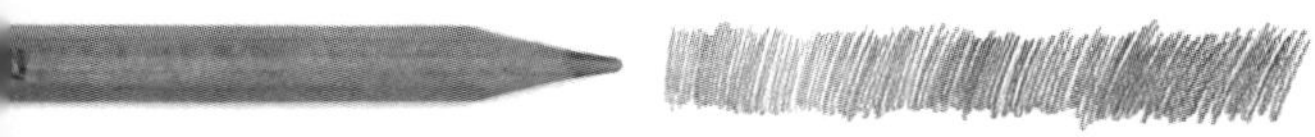

2B 铅笔：手感适中，用来勾勒轮廓线或涂抹中灰色的调子。

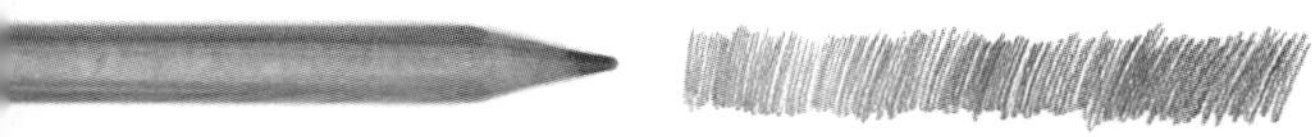

4B 铅笔：质地较软，颜色较深，用来绘制深灰色的地方。

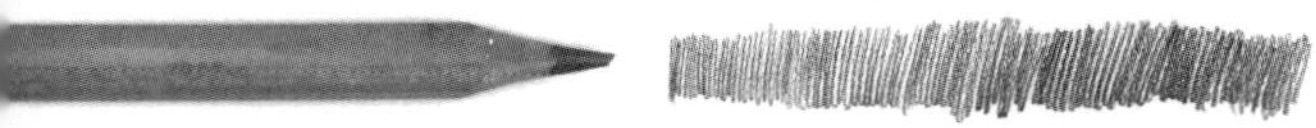

6B 铅笔：质地很软，颜色超深，用来涂抹重色的区域。

辅助工具

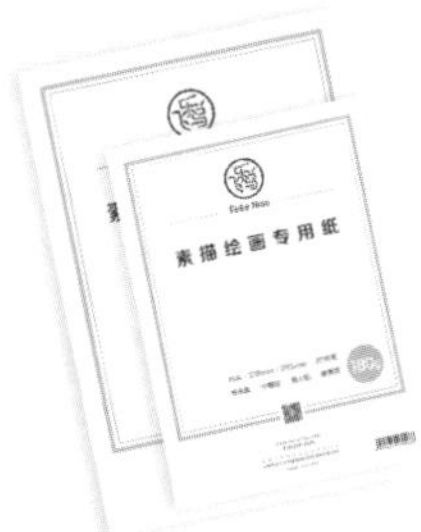

飞乐鸟 180g 素描绘画专用纸，纸面肌理均匀自然，纸张易着色、上铅效果好，反复擦拭不起毛。

辉柏嘉 1871 蓝色超净橡皮擦：手感软硬适中，擦除力强且产生的碎屑较小。

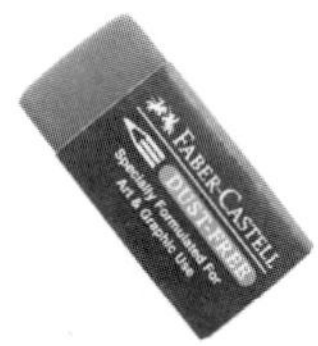

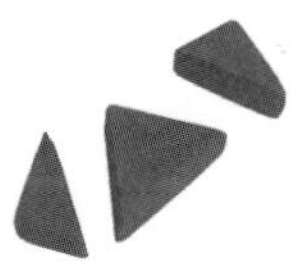

还可以将橡皮切成带尖角的小块，擦除细节。

樱花高光笔：出墨流畅，覆盖力强，可以在深色上画白色，一般用来画高光。

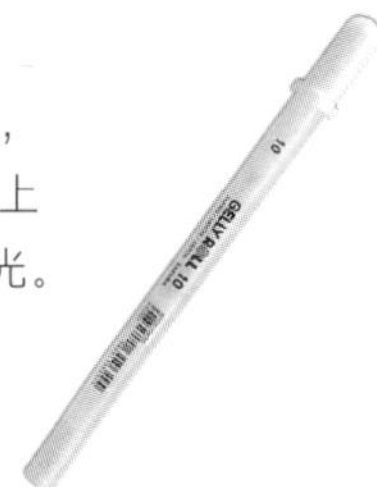

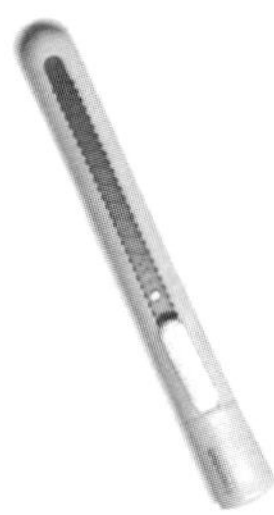

得力 2025 小号美工刀 ：美工刀可以自由控制笔尖长短粗细。而卷笔刀削出来的笔尖较短，削笔频率会变高。

削、握铅笔有诀窍

掌握正确的削笔和握笔姿势，能帮助你更轻松地画出好看的作品，快看看你用对了吗？

削出好用的铅笔

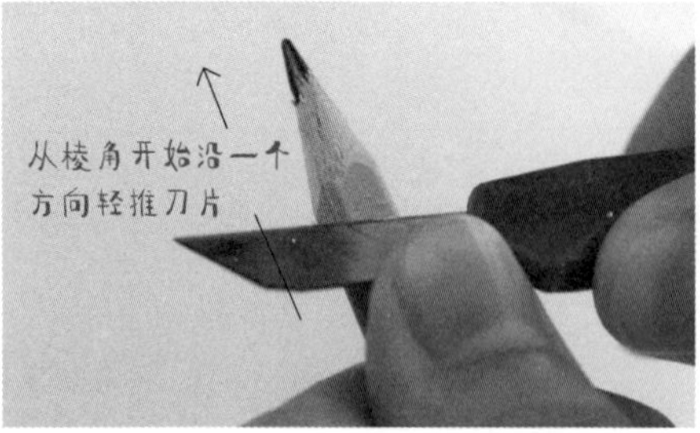

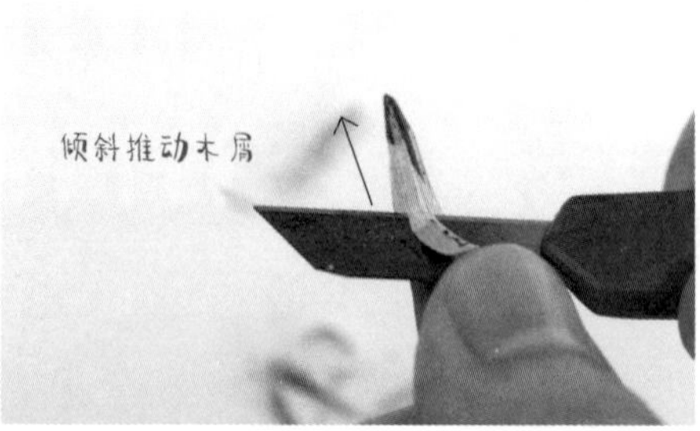

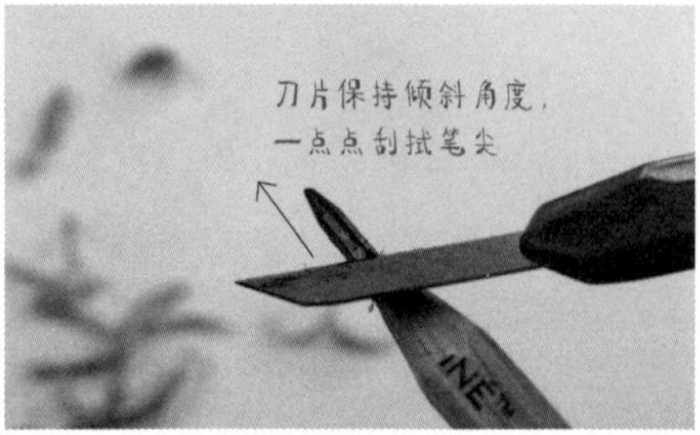

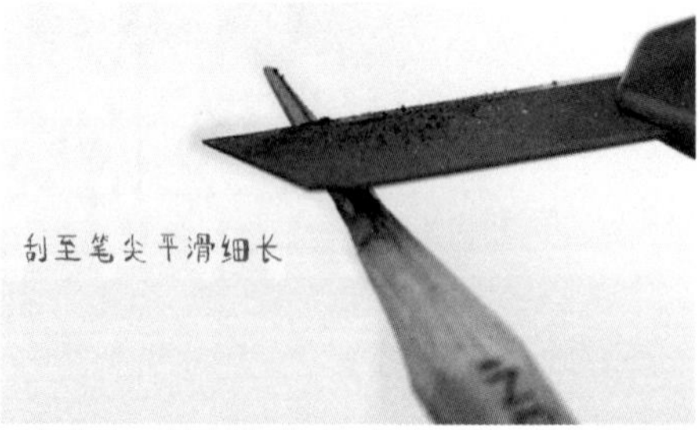

尖尖的笔尖能画出更精美的细节，所以削笔的时候，一定要注意掌握上述技巧。

不同的握笔姿势

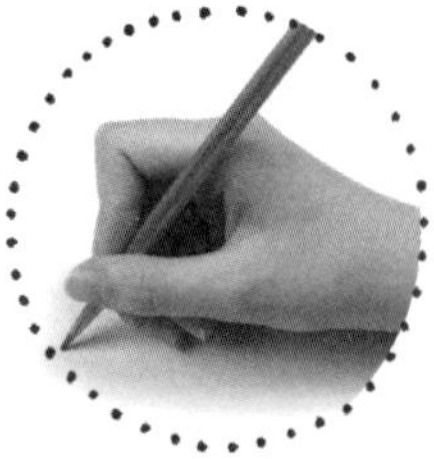

立握：掌侧不动，手指运笔，用来勾线以及涂画细节。

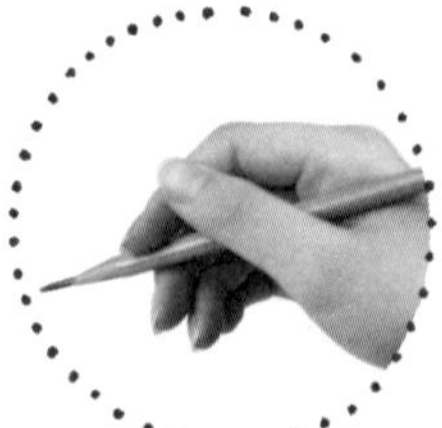

斜握：小指撑住画面，握笔的手指运笔，一般用来涂调子。

铅笔的点线面魔法

不要小瞧简单的点和线，它们能互相组成精美的块面，用来装饰花纹细节。

点的用笔

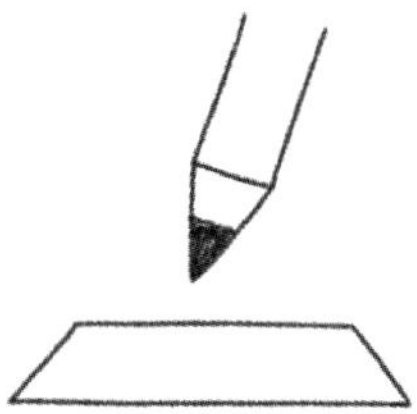

1 先将笔近乎垂直地悬于纸上。

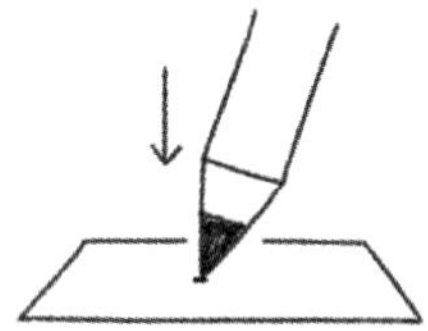

2 铅笔向下接触纸面，不要移动位置。

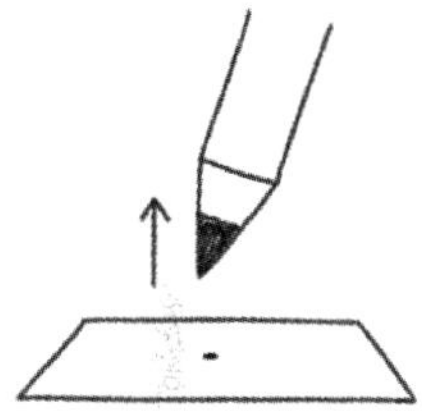

3 提起铅笔，纸上就留下一个简洁的小点。

用点来铺块面

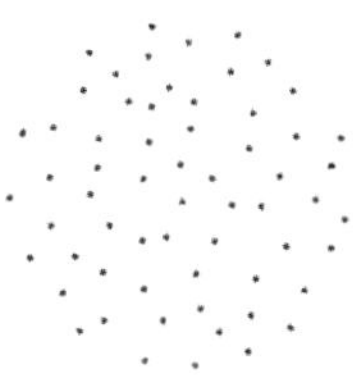

分散均匀的点阵

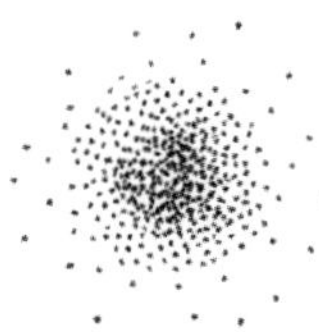

中密外疏的点阵

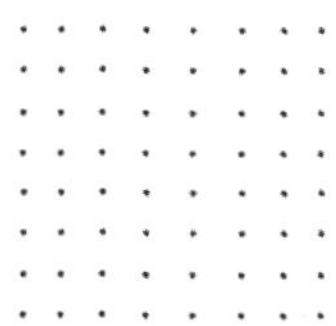

横竖排列整齐的点阵

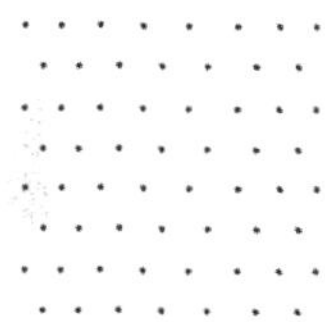

横竖错位的点阵

用点表现轨迹

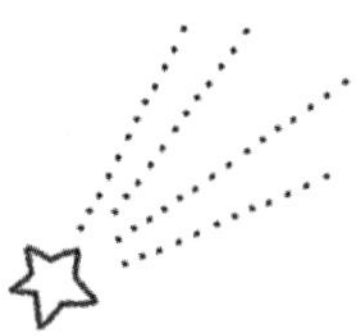

扩散状轨迹

曲线绕圈轨迹

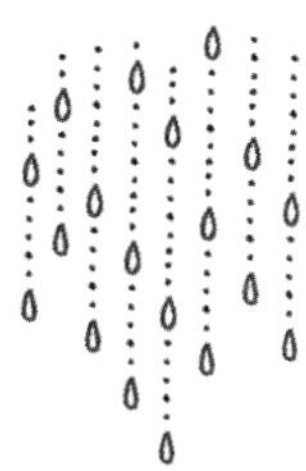

珠帘的下坠轨迹

用点表现质感

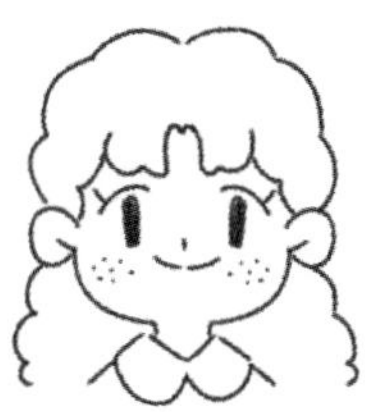

女孩的雀斑

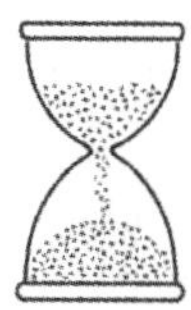

沙漏里的沙粒

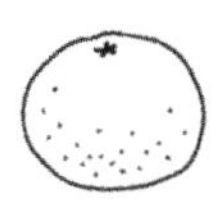

橘子皮的粗糙质感

线的画法

用尺子辅助，能画出笔直的直线。

随手画时，下笔速度快一点，能画得更直。

一段一段地画短线，也能组合成一根长直线。

线的多种形式

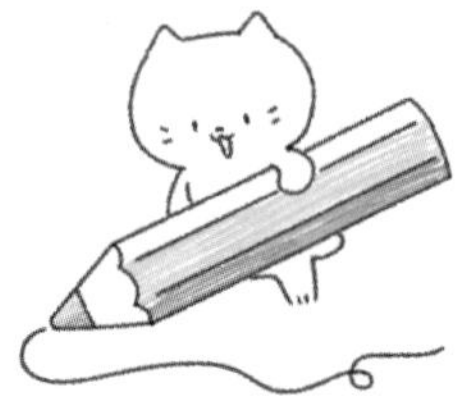

一笔不断能画出这些线条：

长波浪线

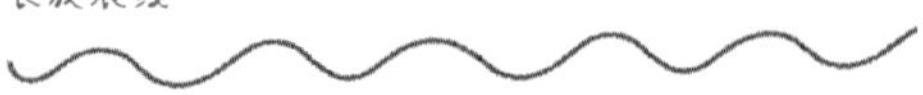

短波浪线

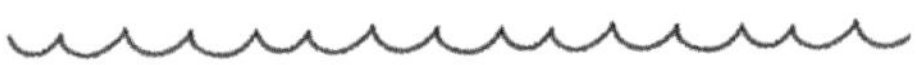

缠绕线

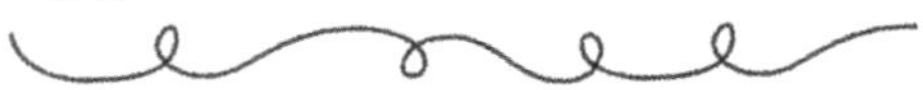

锯齿线

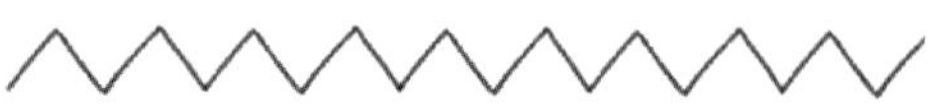

心电图

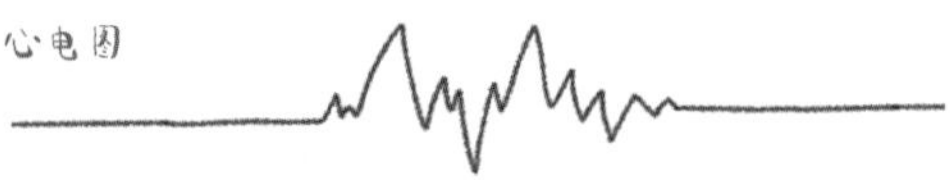

砖墙线

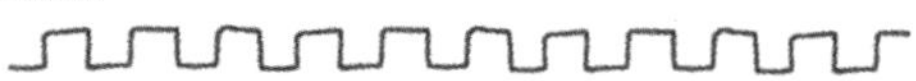

更多线条的组合方式：

虚线

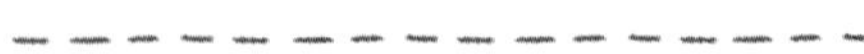

交叉曲线

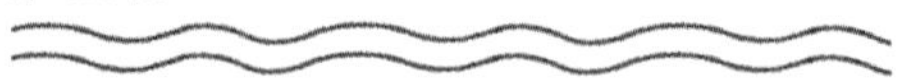

双波浪线

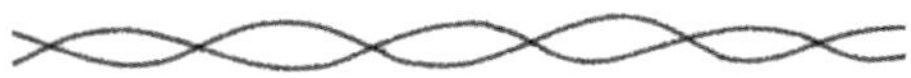

带圆点的线

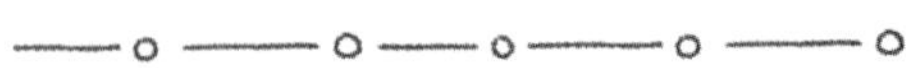

错位直线

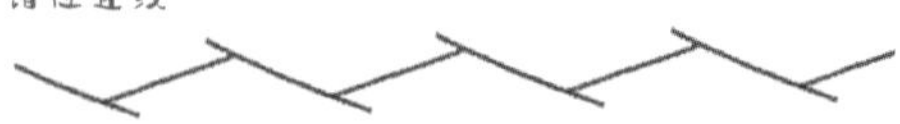

缝纫线

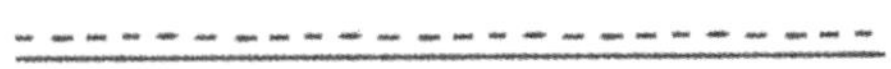

点线组成的块面

将不同种类的点、线成面积地组合在一起，就形成了美丽的块面，这些花纹块面可以用来装饰铅笔画的细节。

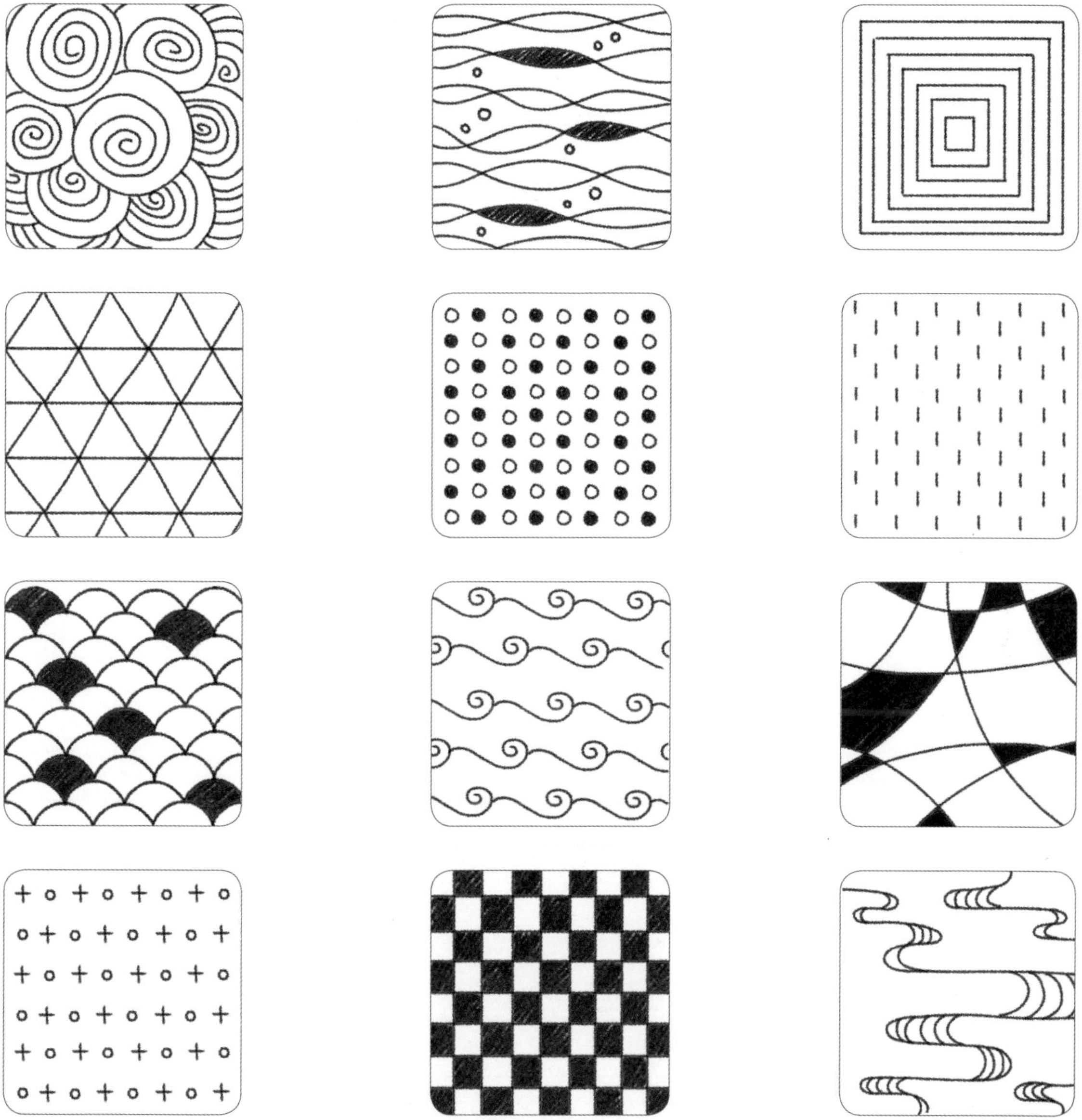

花边和边框

将元素按照一定的规律排列在一起，就是花边。
将花边围成一圈，就是边框。它们能让你的铅笔画作品颜值更高哦！

相同元素

实心空心交错：

大小交错：

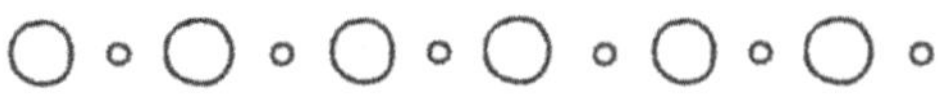

正反交错：

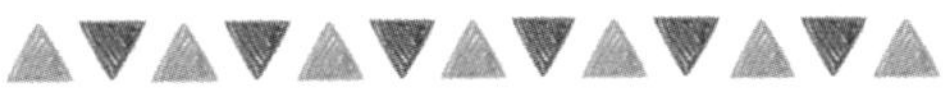

有方向指示性：

不同元素

重复串联：

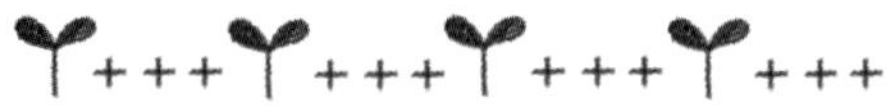

上下浮动：

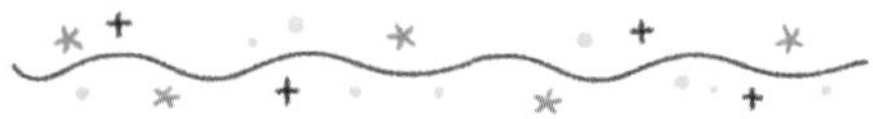

元素组合：

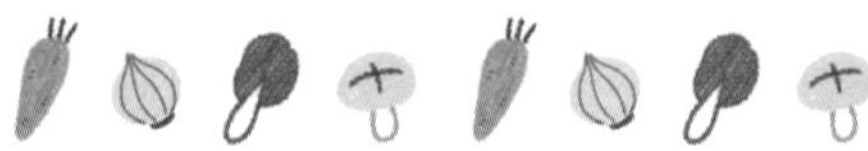

创意花边

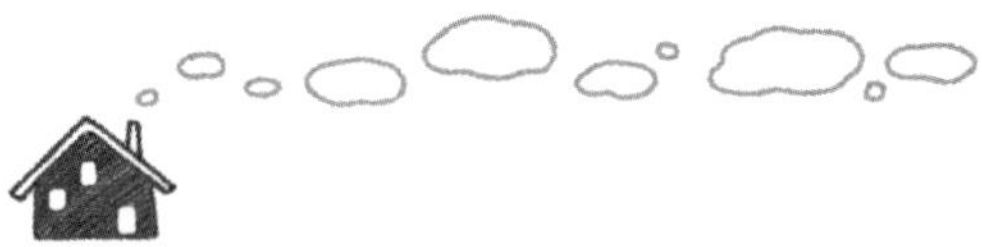

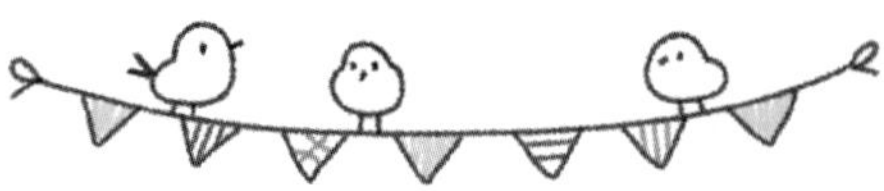

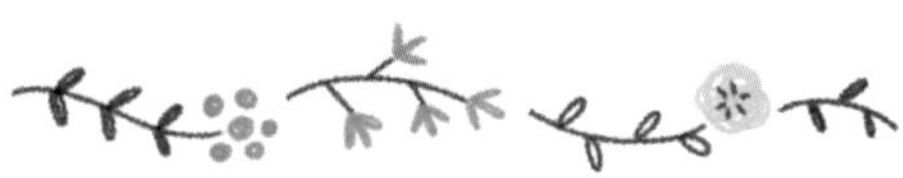

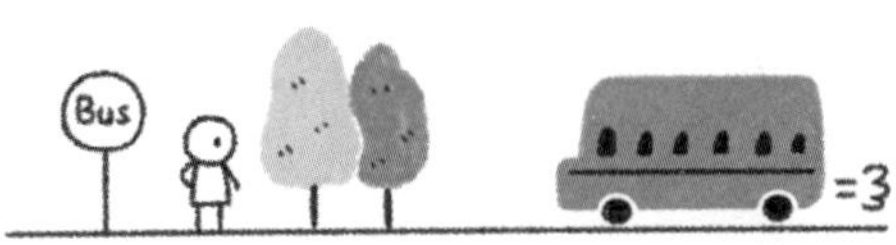

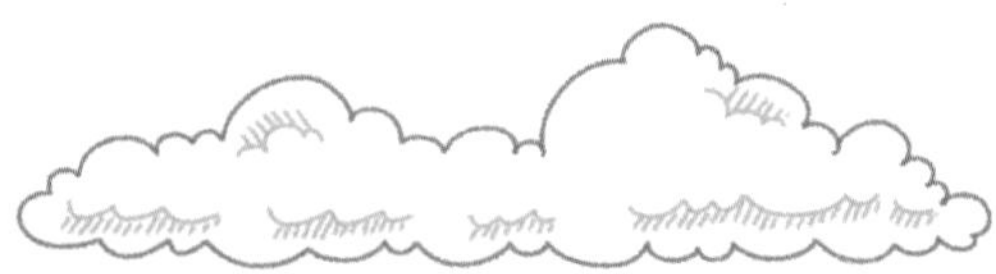

好看的边框

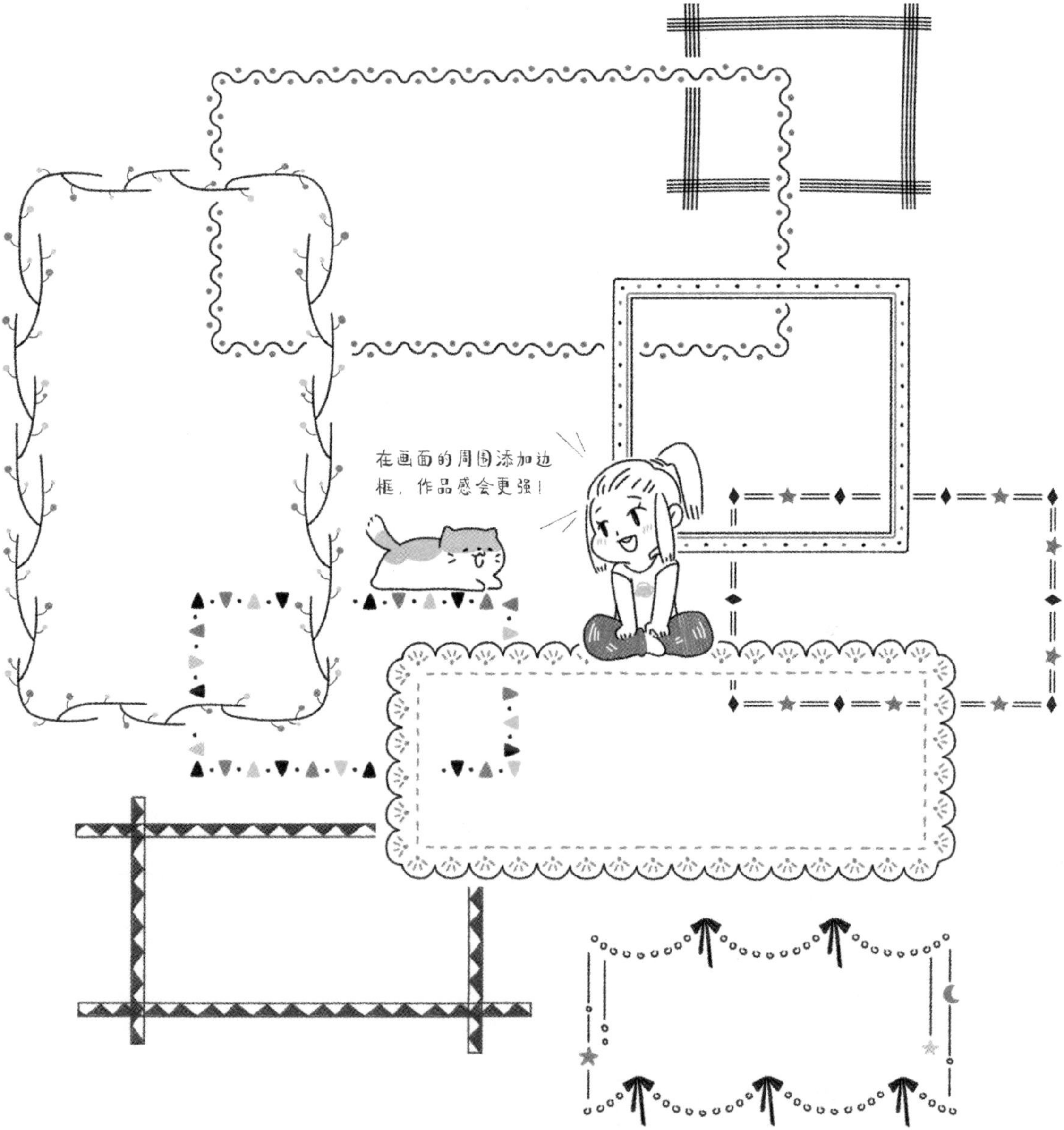

用几何形来概括物体外形

任何看似复杂的物体，都能拆解为简单的几何图形。
一起试着用几何形来画一些复杂的物体吧！

由图形延伸出的想象

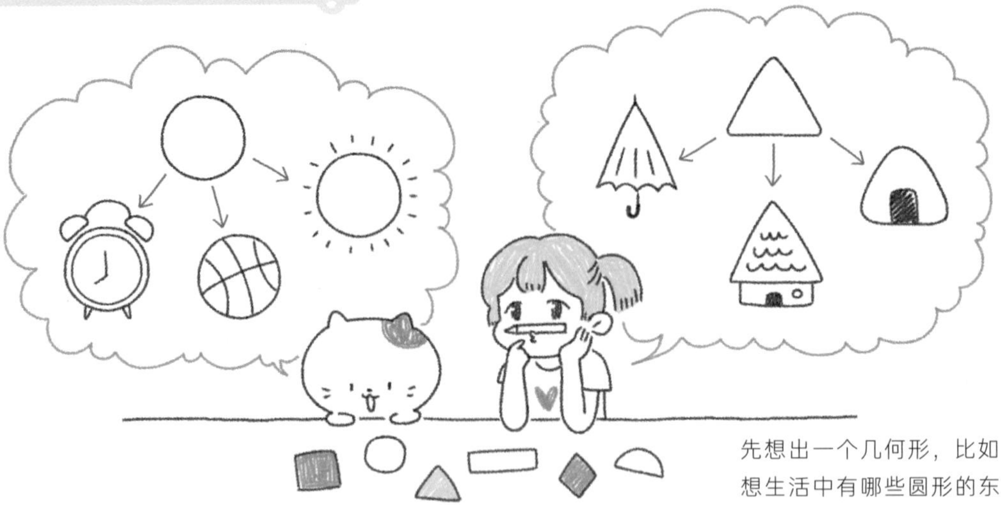

先想出一个几何形，比如圆，再联想生活中有哪些圆形的东西，这样就可以用圆形为基础画出它啦！

将复杂事物体几何化

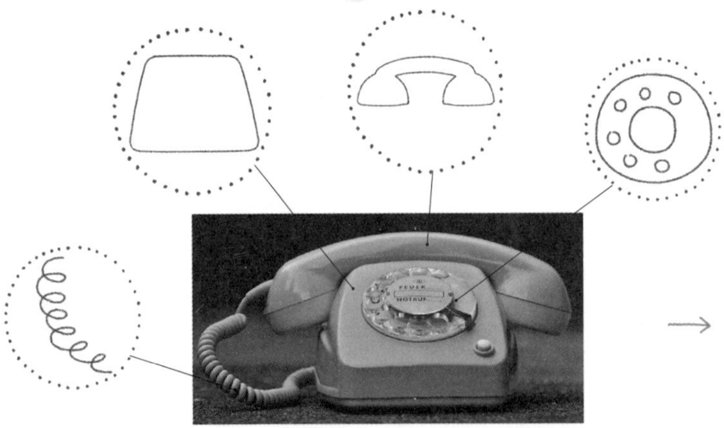

用几何图形来概括复杂的电话的各个部位，再添加细节就完成了。你可以用这种方法将看到的各种物体都画出来。

→

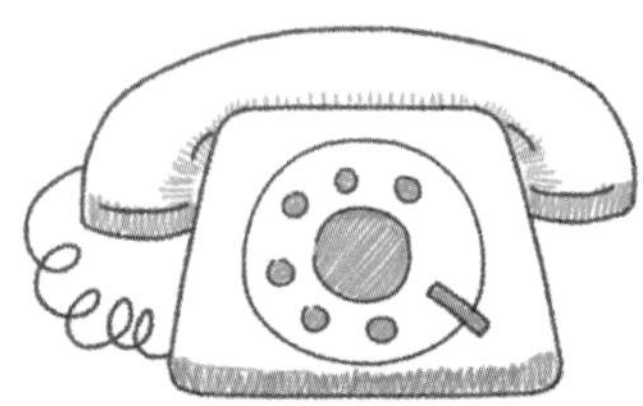

小贴士 试试用几何图形来画一画

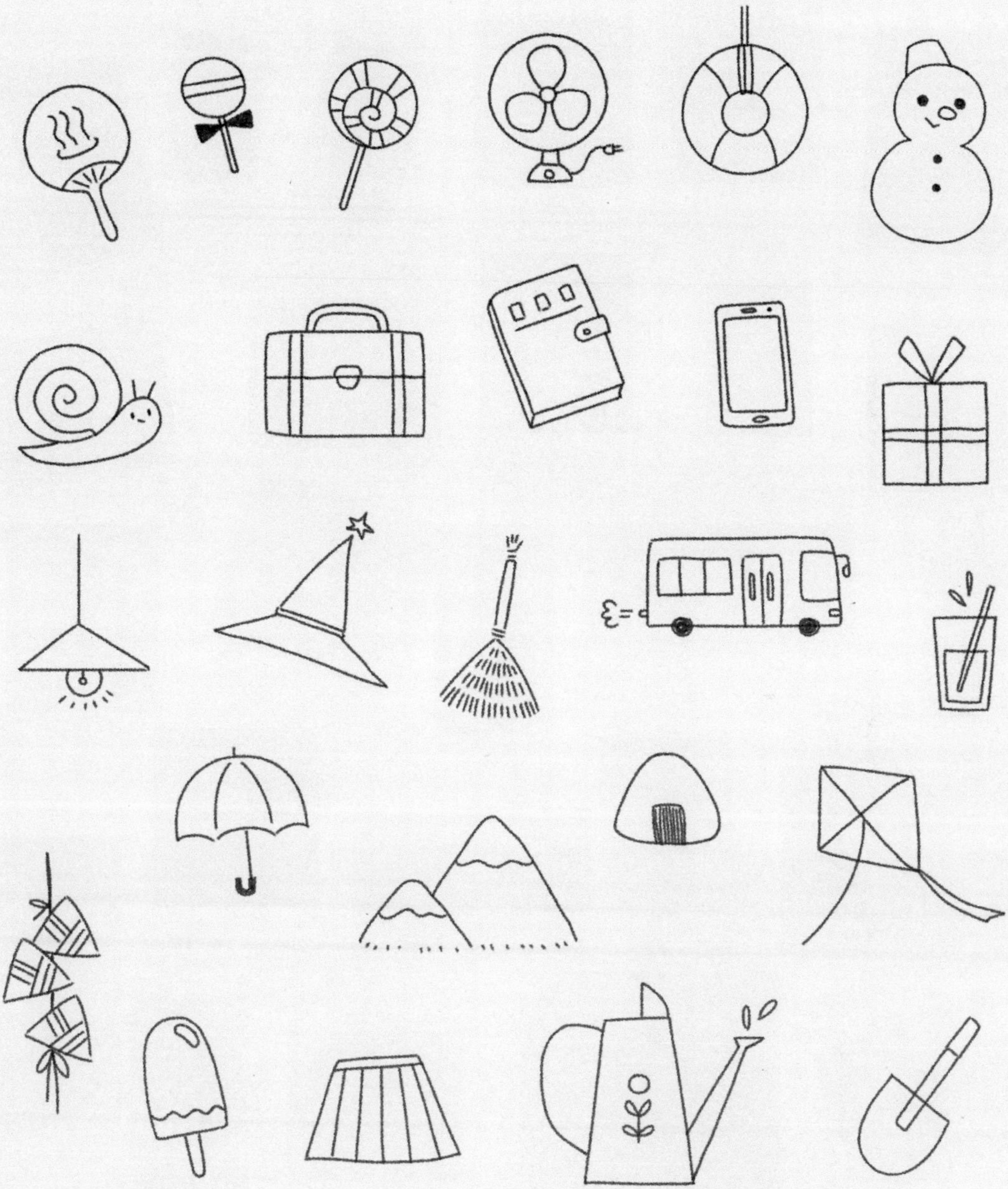

将复杂的东西简单化

画铅笔画时，一定要用轻松简单的
手法去描绘物体的造型和调子。

去掉多余细节

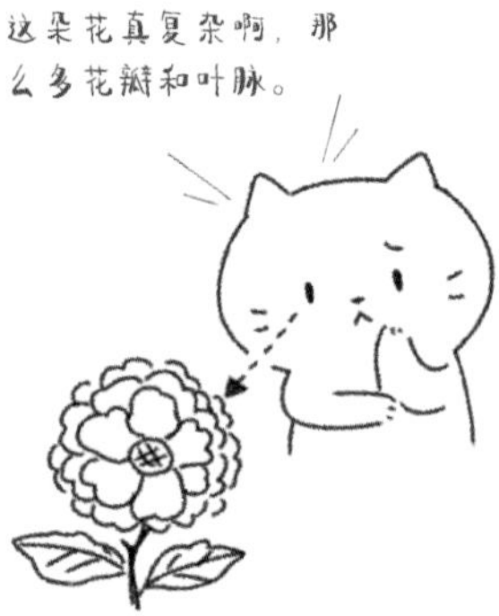

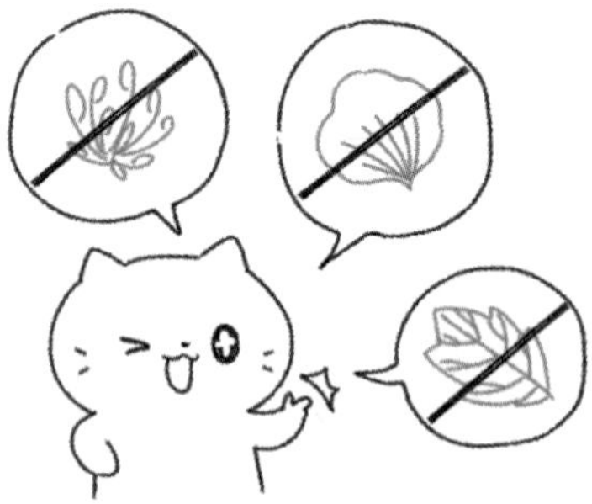

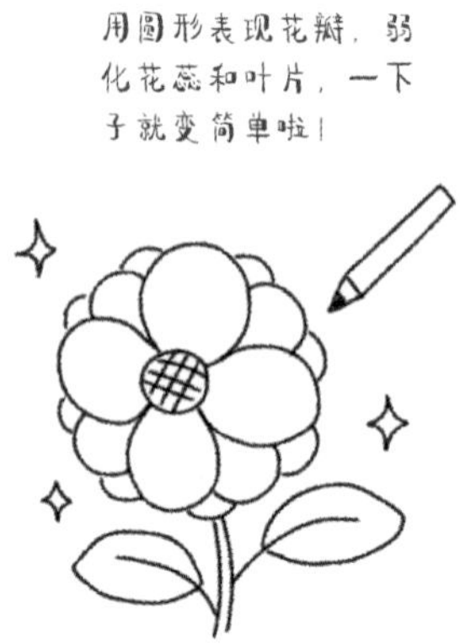

在观察绘画对象时，可以只保留最简单的造型和最突出的细节，使画面更清爽简单。

将调子平面化

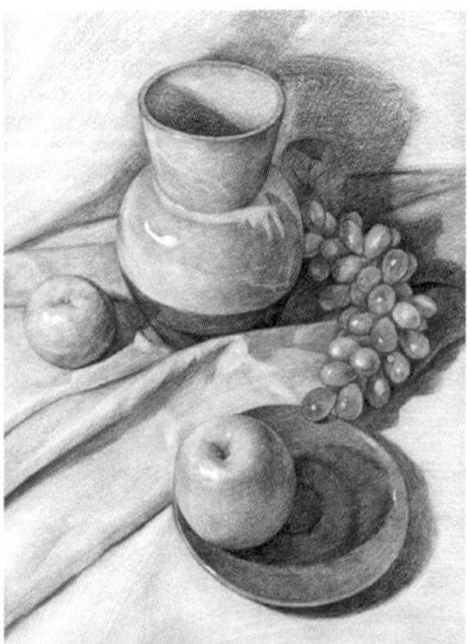

→

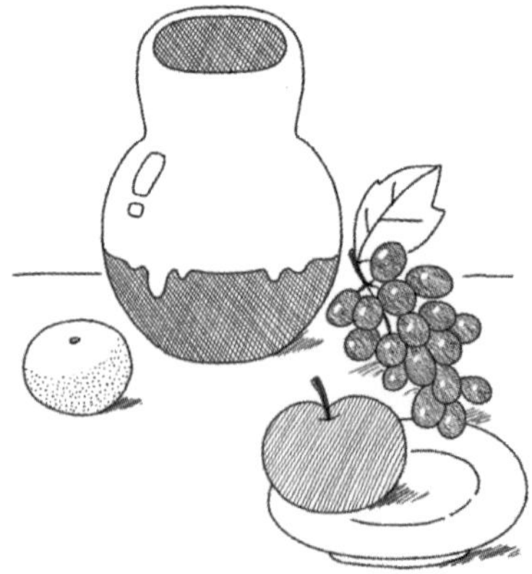

画素描时，上调子要注意复杂的渐变和光影，
铅笔画则只需要简单地铺调就好。

简化纹理

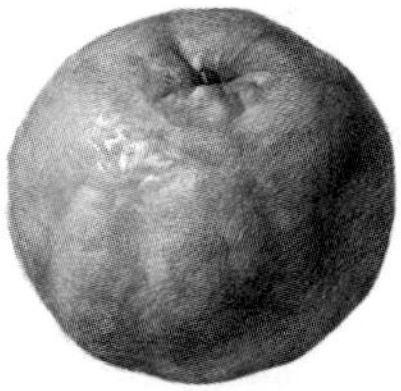

观察橘子的外皮质感，是粗糙的。

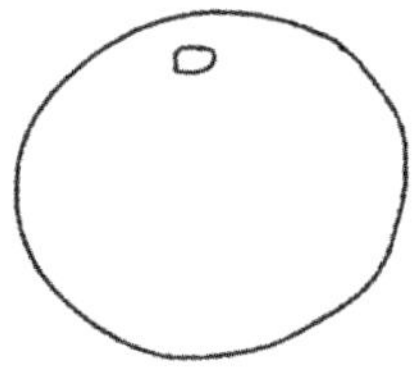

画出圆形的外轮廓和果蒂。

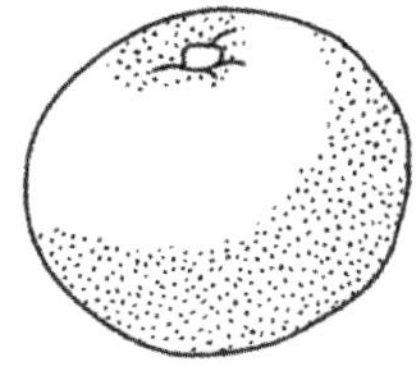

用点阵表现橘子粗糙的质感，弧线状的排列方式能表现体积感。

简化复杂光源

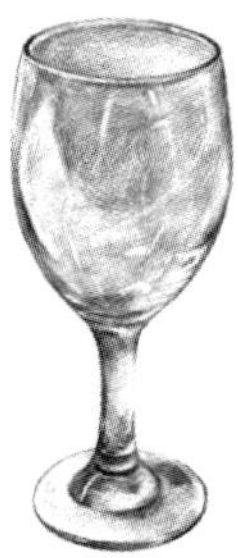

观察杯子的特点，透明且反光多。

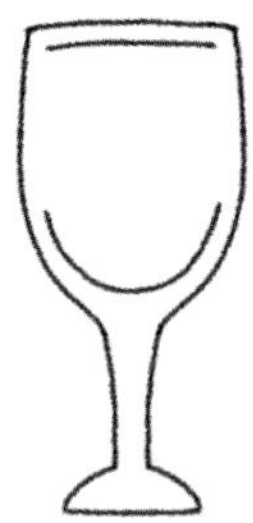

弱化透视，直接将杯子画成平视角度。

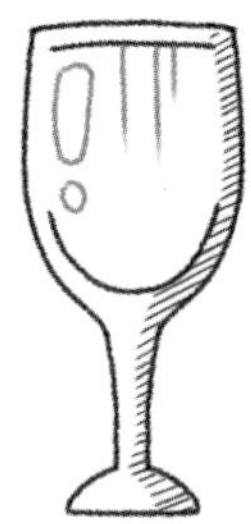

用高光和浅调子表现透明质感。

简化复杂细节

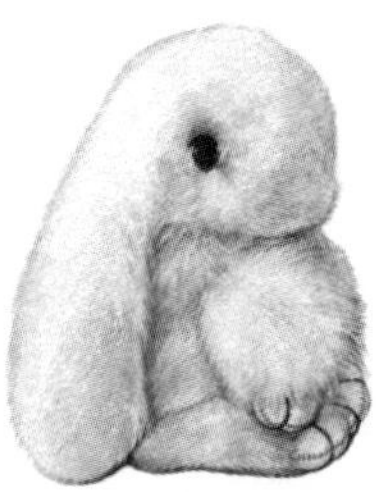

观察白兔的外形和毛发质感。

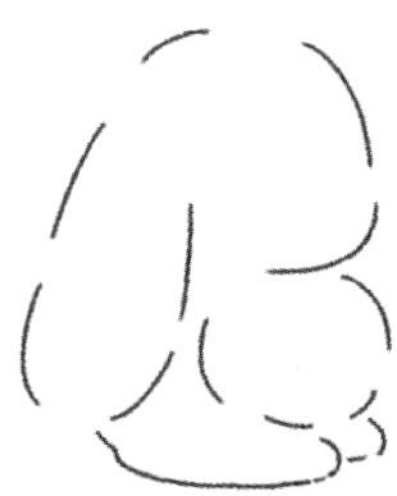

用间隔的短弧线画出白兔的外形。

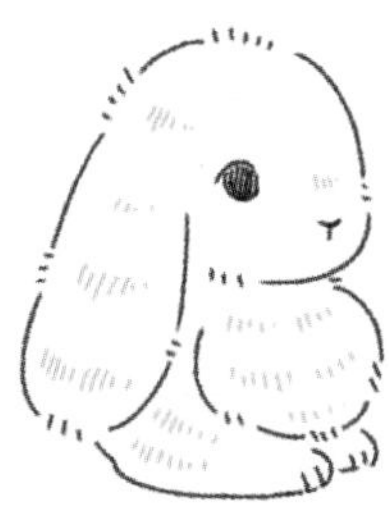

在线条的空隙间用短线表现毛绒质感，再添加简单的细节即可。

不同的笔触效果

当我们用不同的方式下笔时，可以得到多种奇妙的笔触，
它们能丰富画面的质感和细节。

常见的笔触效果

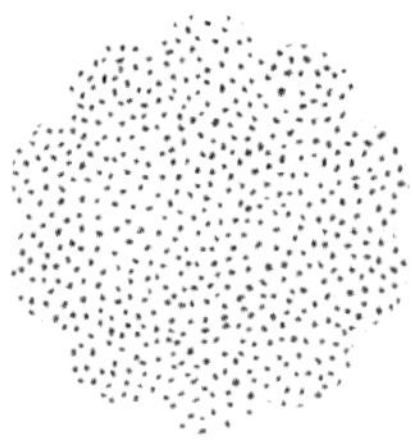

点阵笔触

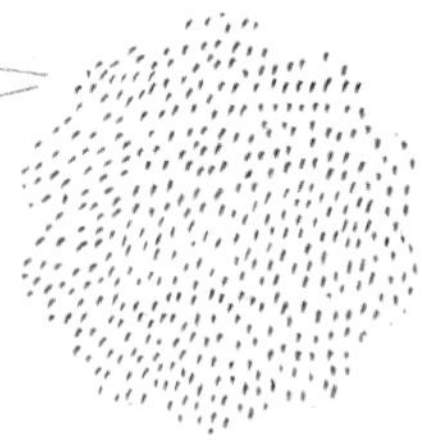

尖锐笔触

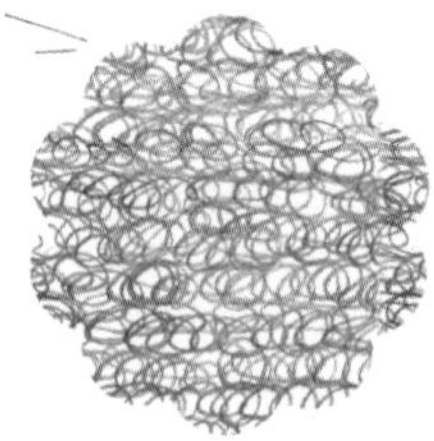

绕圈笔触

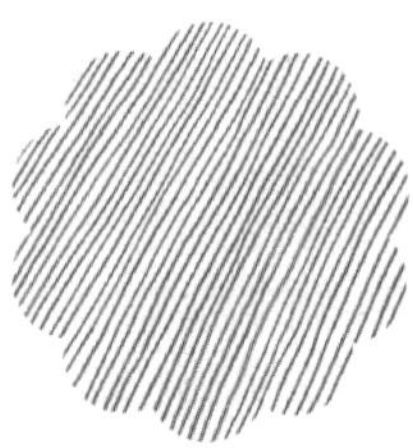

斜线笔触

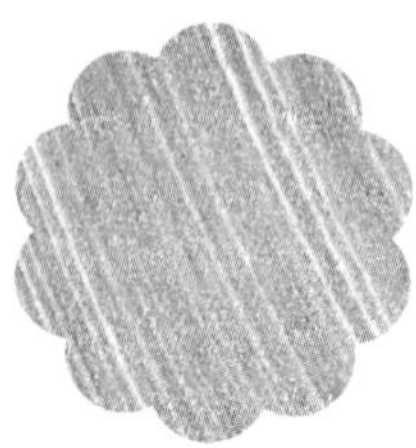

快涂笔触

平涂笔触

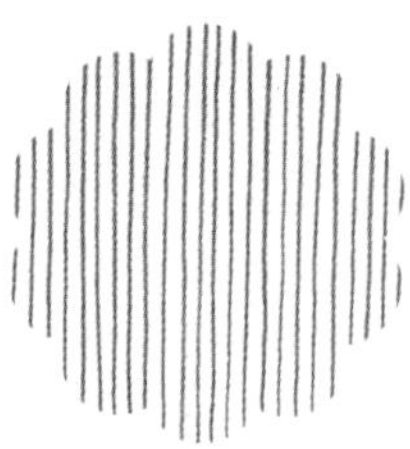

竖线笔触

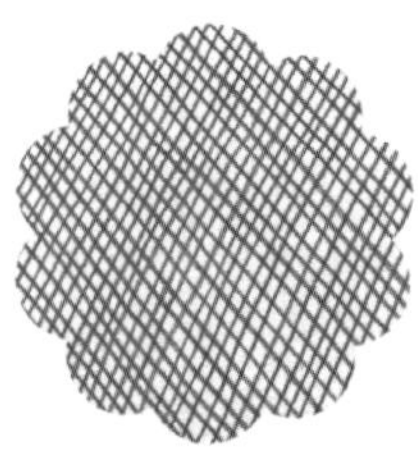

斜交线笔触

渐变笔触

小贴士 试一试用不同的笔触来画

试试用不同的笔触画出整盆植物吧！

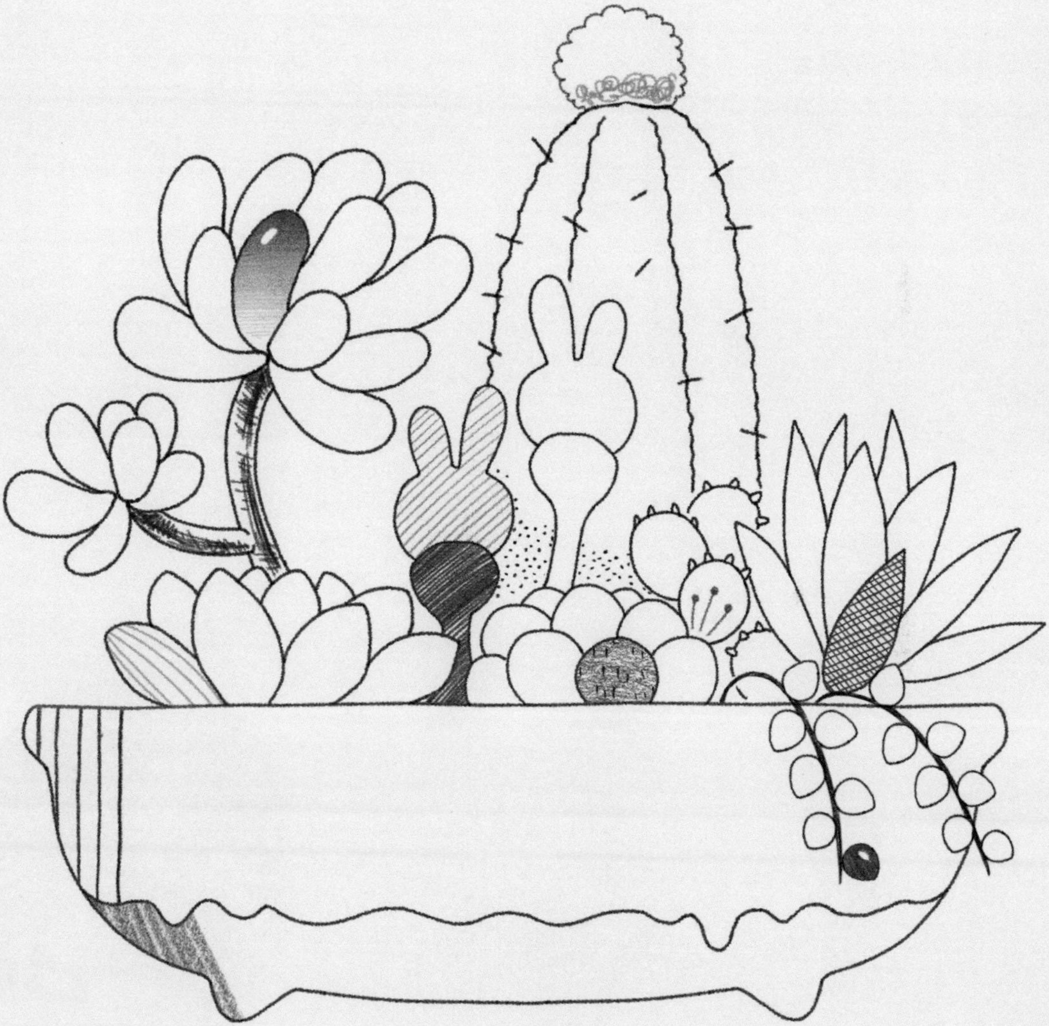

画面颜色深浅如何搭配

铅笔画的颜色深浅，全靠黑白灰的互相组合，
快来看看下面的搭配技巧吧！

灰色的种类

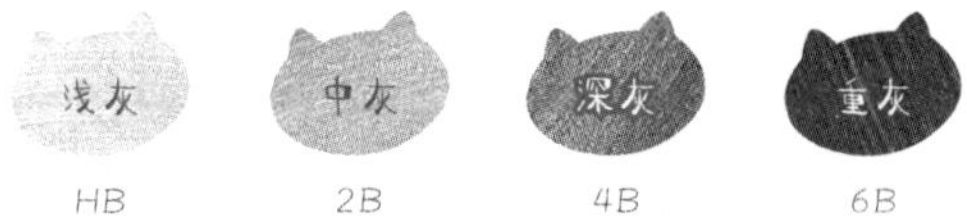

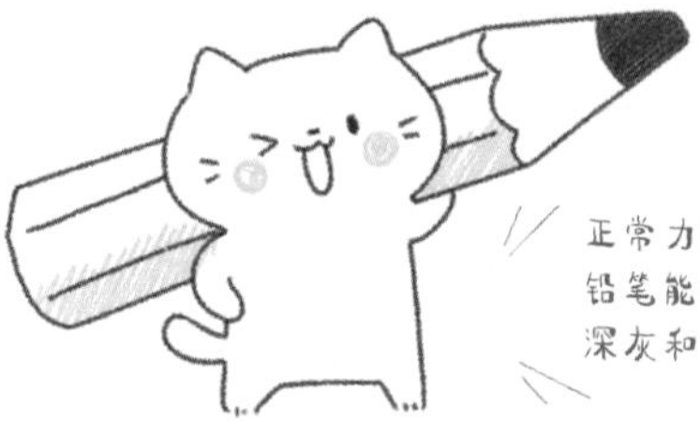

正常力度下，不同型号的铅笔能画出浅灰、中灰、深灰和重灰四个色调。

控制下笔力度的轻重，也能得到不同深度的灰色。

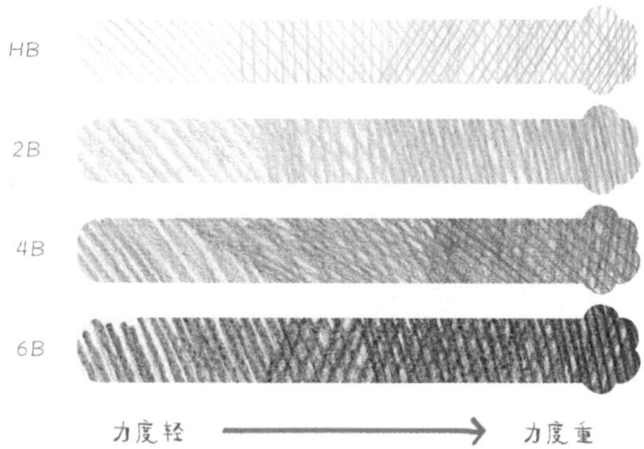

黑白灰的不同搭配

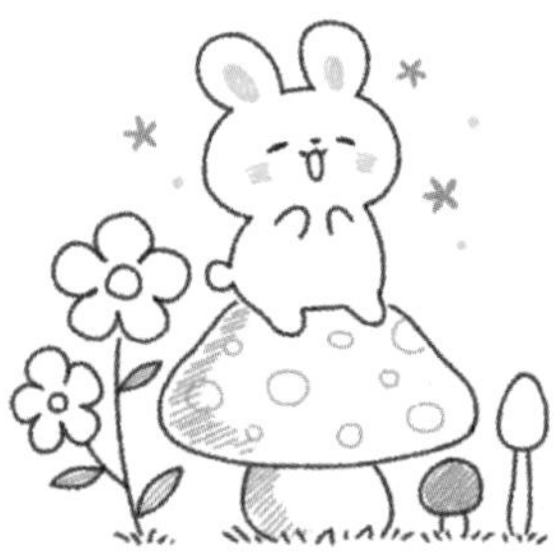

浅调子：除了勾线是深色外，调子都画得浅淡，会使画面显得干净清爽。

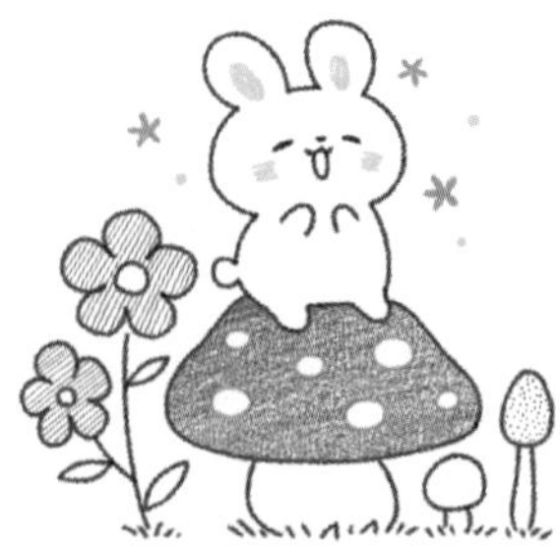

适中色调：物体上的调子，由浅灰和中灰互相搭配组合，作品整体细节很丰富。

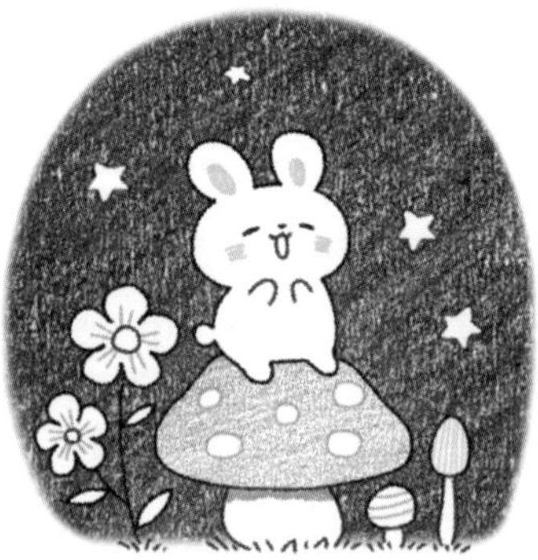

重调子：深色背景能让主体物更突出，还能表现出黑夜的氛围。

简单的透视知识

学透视最重要的就是找准消失点，下面将告诉你何为消失点，
以及常见的两种透视方法，快用小本子记下来。

一点透视

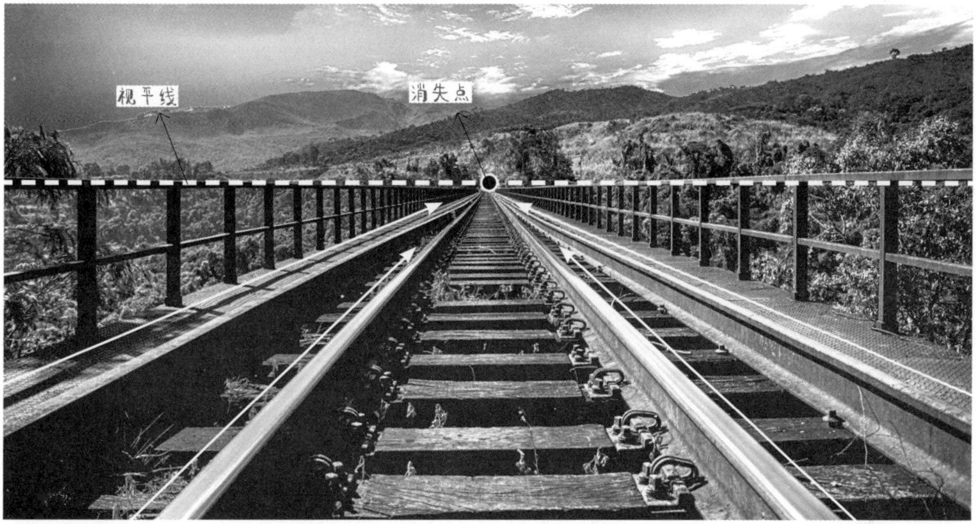

铁轨、栅栏的平行线都随着透视汇聚在同一处，这个交汇点就是消失点，当消失点在视平线上时，就是一点透视。

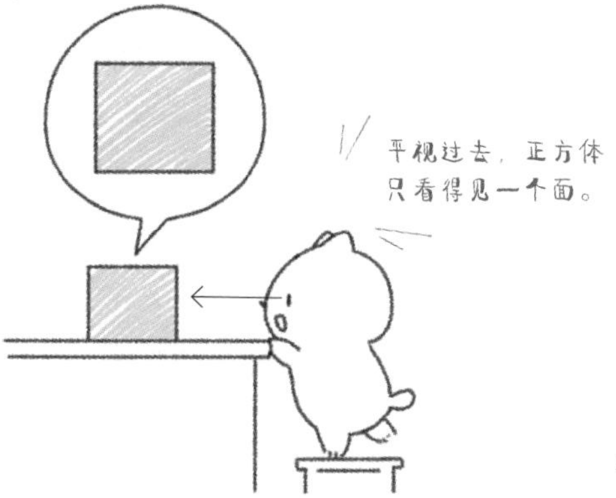

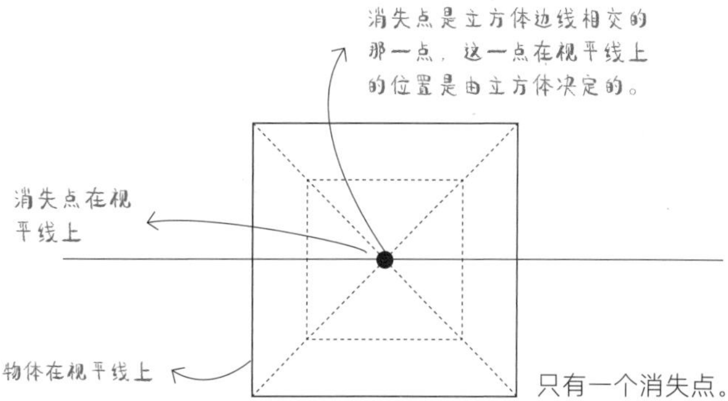

只有一个消失点。

两点透视

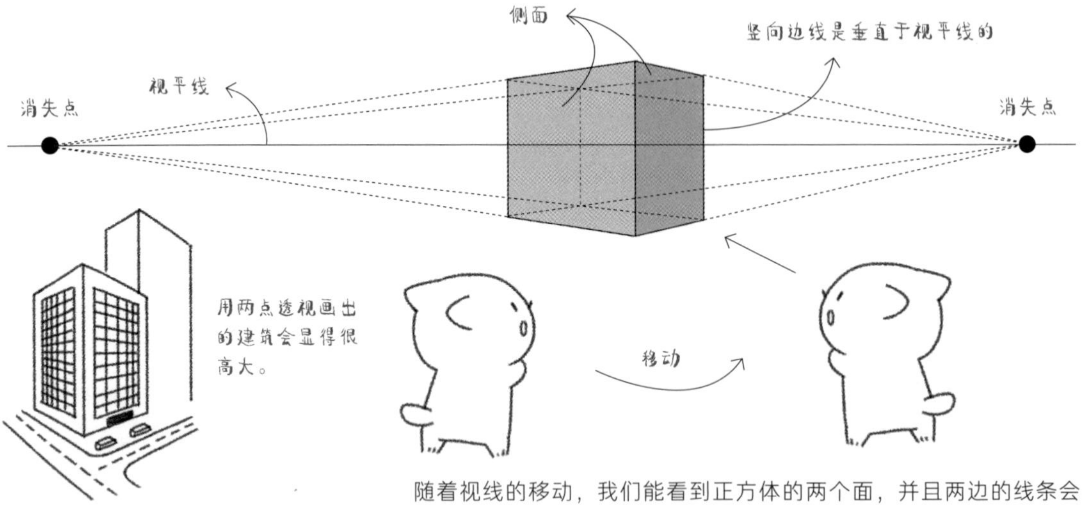

随着视线的移动，我们能看到正方体的两个面，并且两边的线条会与视平线相交于两个消失点，这就是两点透视。

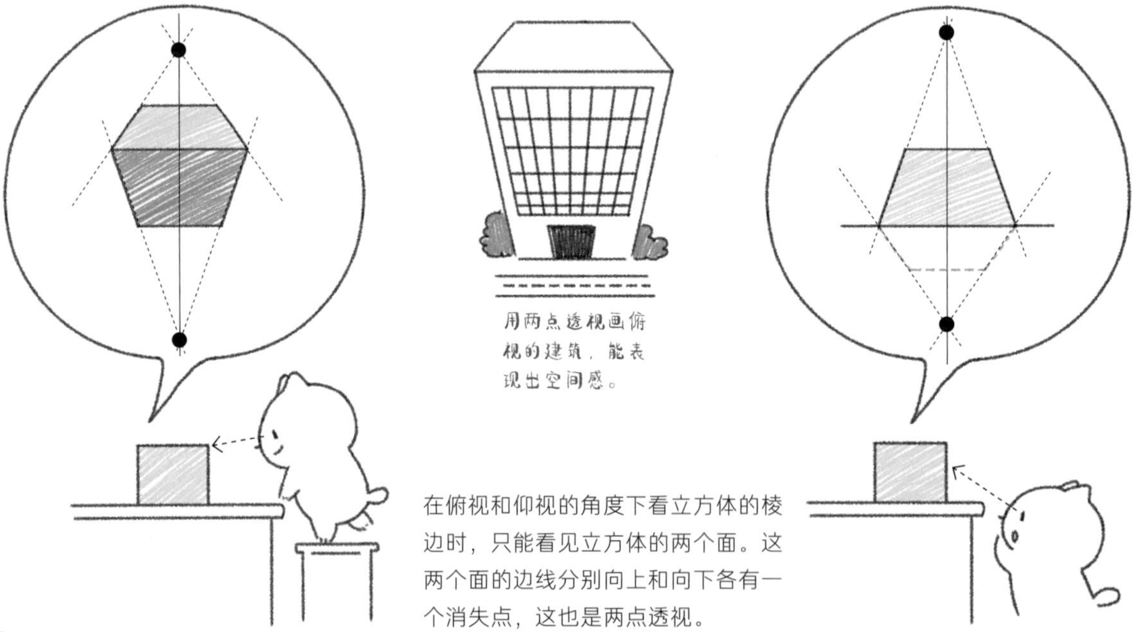

在俯视和仰视的角度下看立方体的棱边时，只能看见立方体的两个面。这两个面的边线分别向上和向下各有一个消失点，这也是两点透视。

站在不同的角度看事物

生活中有很多物体都是立体的，从不同的角度看它，
会得到不同的造型。

选择最典型的角度

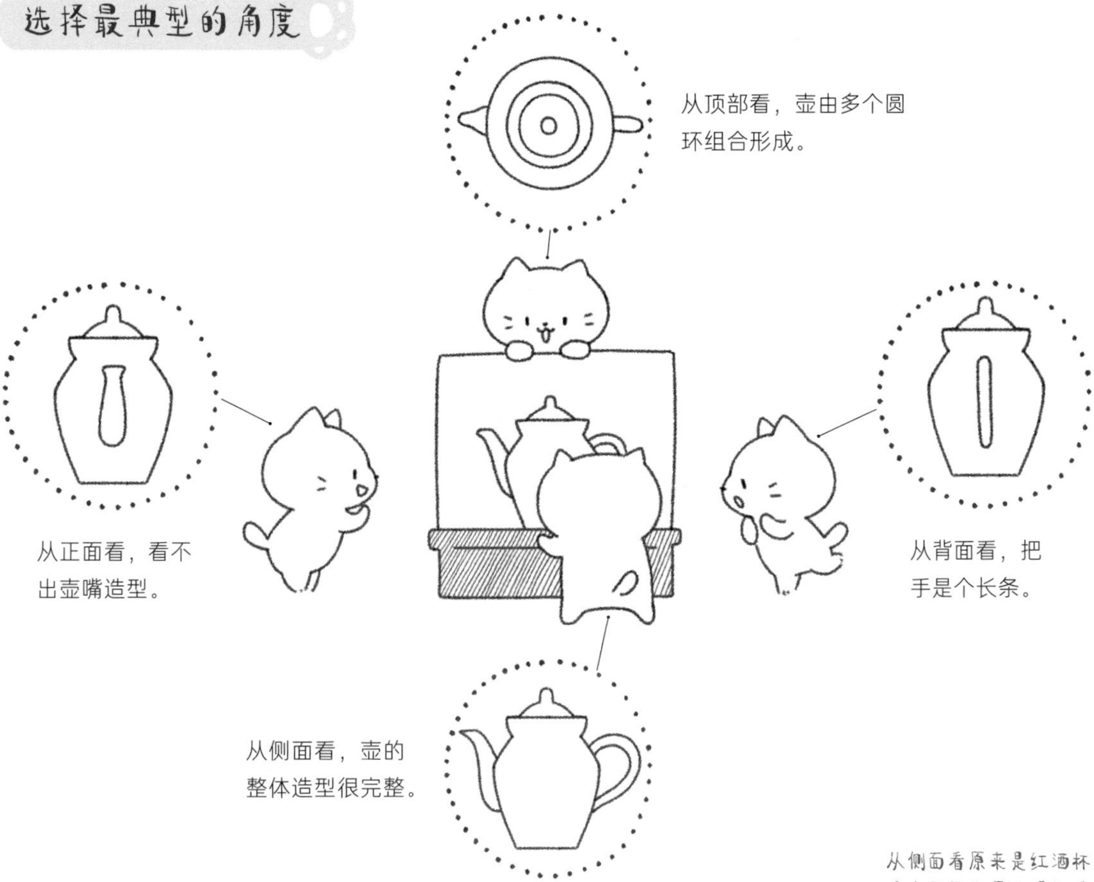

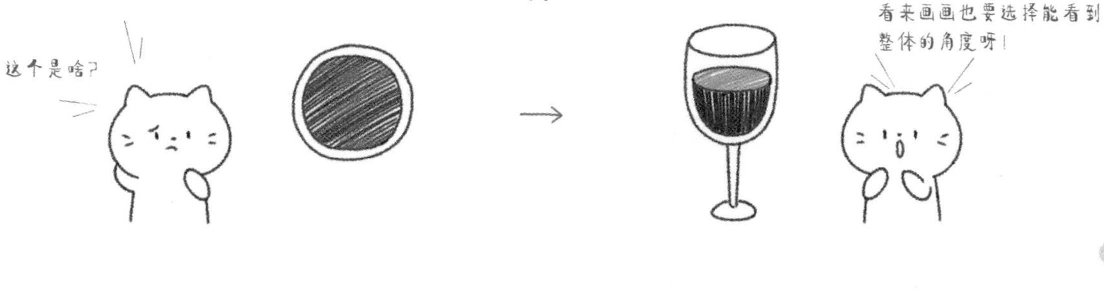

轻飘飘和沉甸甸

当我们想画轻物和重物时，可以从它们的下落速度、环境衬托等方面入手，两者的区别越大越好。

生活中常见的轻物和重物

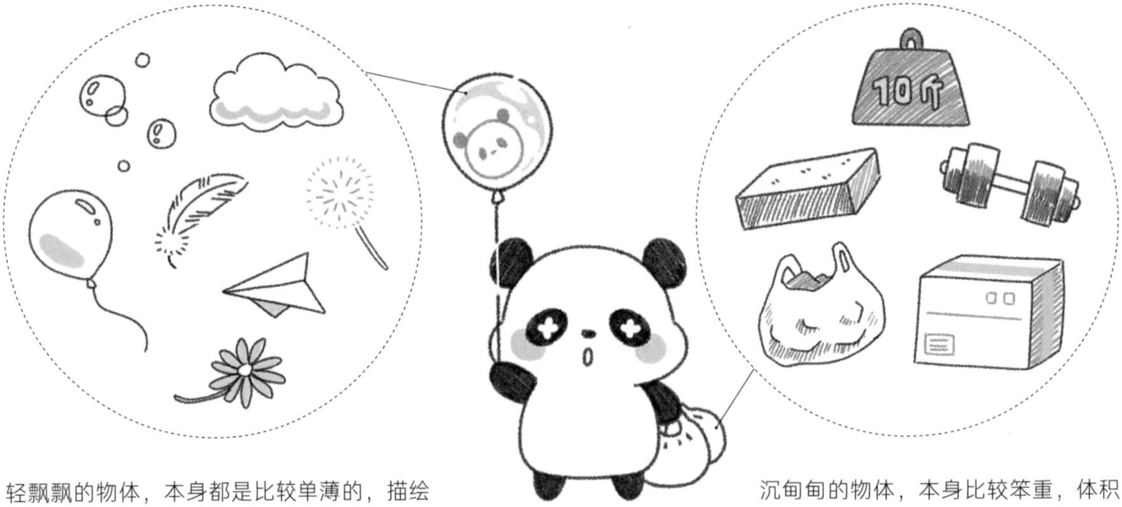

轻飘飘的物体，本身都是比较单薄的，描绘时可以使用浅灰色调子。

沉甸甸的物体，本身比较笨重，体积感很强，用深灰调子更能表现它们。

当不同重量的物体放在一起比较时，轻重感更是一下子就看出来啦！

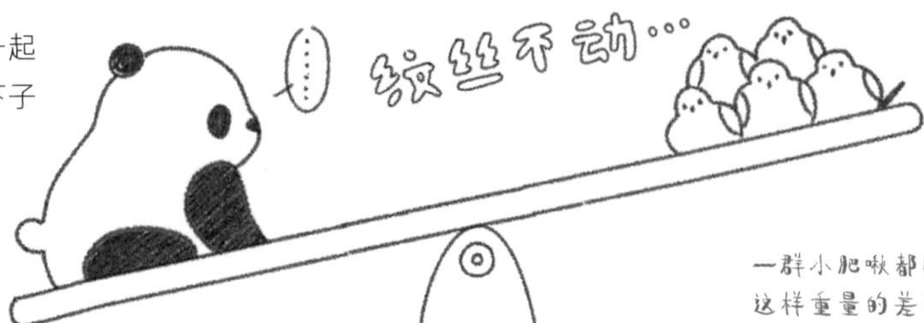

一群小肥啾都比不过一头熊猫，这样重量的差异感会很明显。

轻与重的不同表达方式

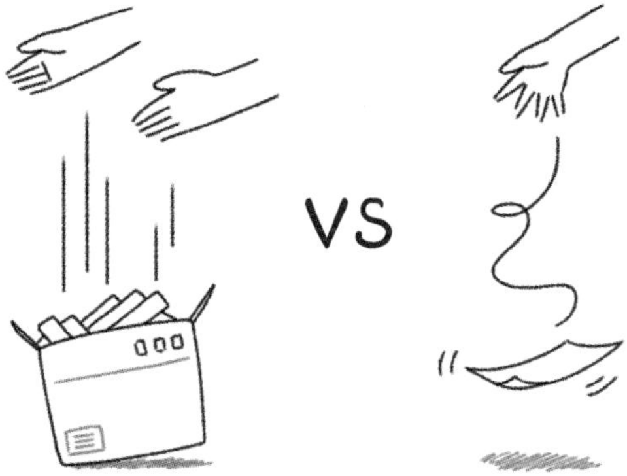

干脆的竖向直线，能让人感觉箱子很重，落地的速度很快。卷曲的线条则会让人感觉纸张正在轻轻地飘落。

如果在小动物的下方画一团阴影，就能表现出跳跃的画面。

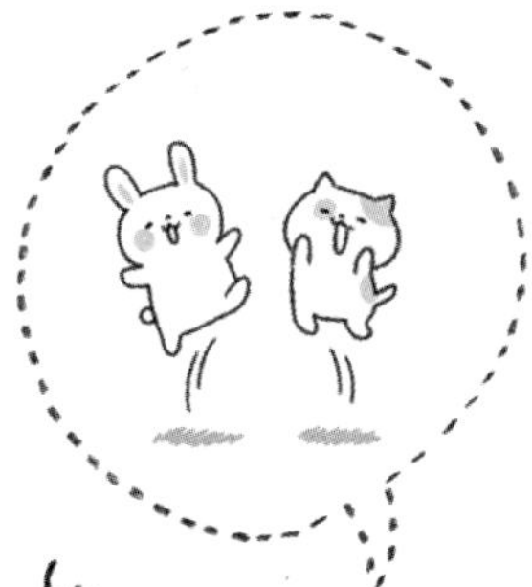

重盒子紧贴着地面，份量感十足。羽毛漂浮在地面上方，和影子保持一定距离，会给人轻盈感。

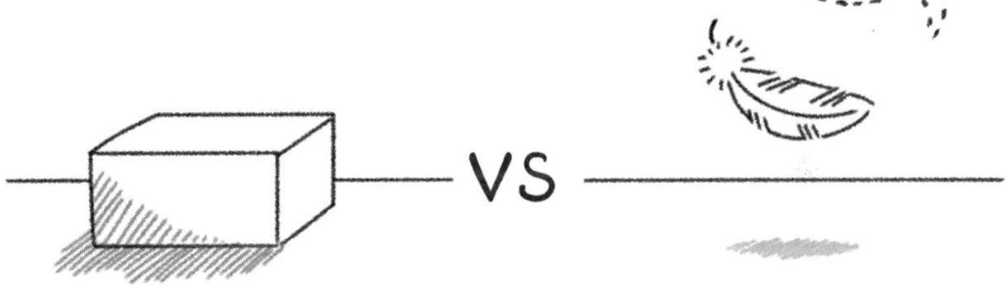

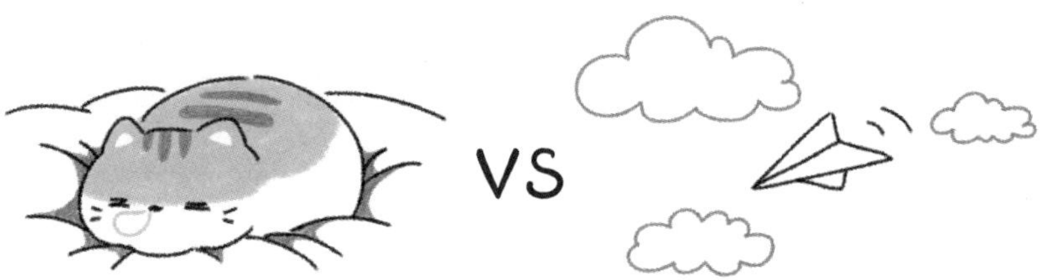

在胖橘猫的周围画一些凹陷的褶皱线，能表达重量感。用白云来承托纸飞机，也会增强轻盈感。

闪亮光泽的表现手法

善用高光，就能让物体变得闪闪亮，
下面为你介绍两种光泽的表现手法，一起来看看吧！

生活中闪亮的物体

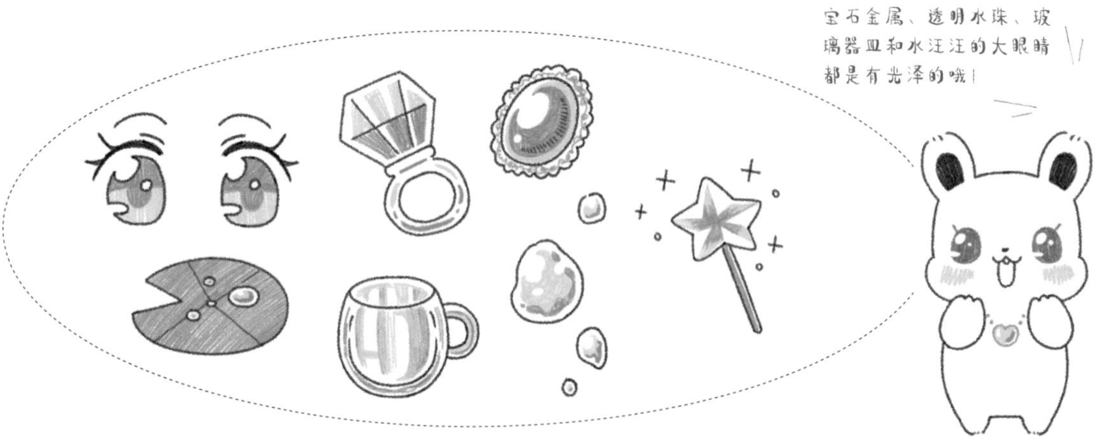

两种光泽画法

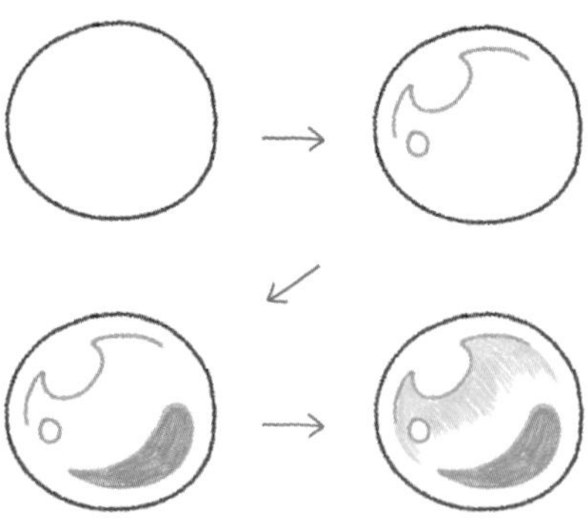

先在受光部画出圆形高光（感叹号也可以），再在背光处添加一抹深色，最后涂出浅浅的灰色调，玻璃珠就完成啦！

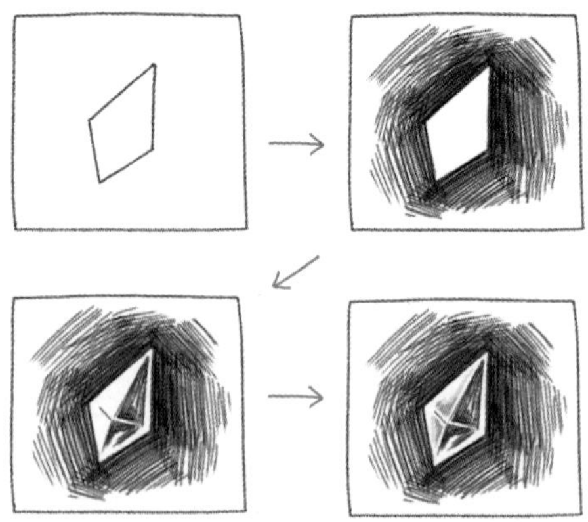

在物体轮廓外，先排线营造深色背景，然后在物体内部涂出明暗两个块面，宝石就完成啦！

热和冷的表现手法

我们可以通过改变物体本身形态，或者添加外部环境的手法，
画出冷热两种相反的状态。

冷、热的不同表达方式

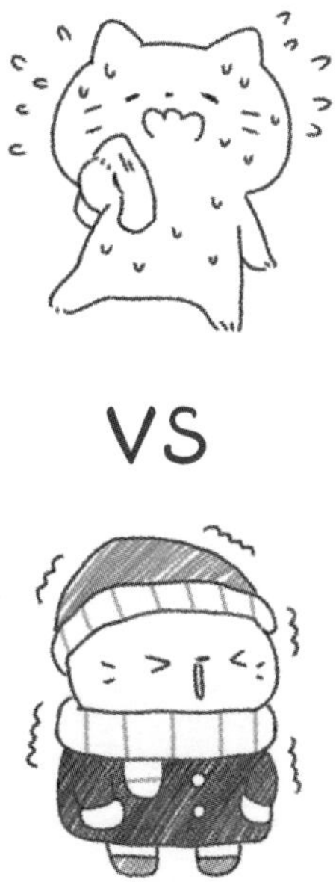

用穿着的多少以及
汗滴、发抖等动态
符号去表现冷热。

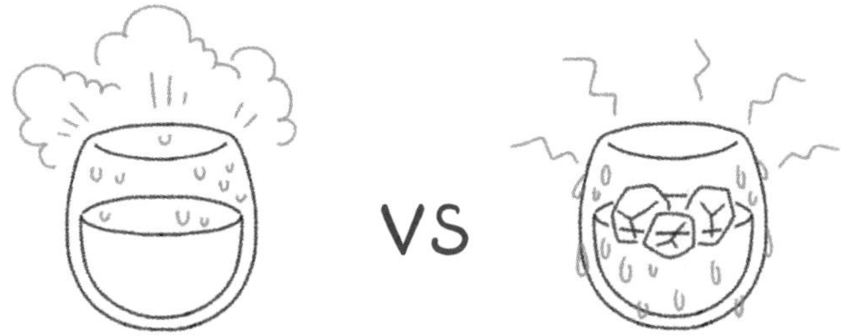

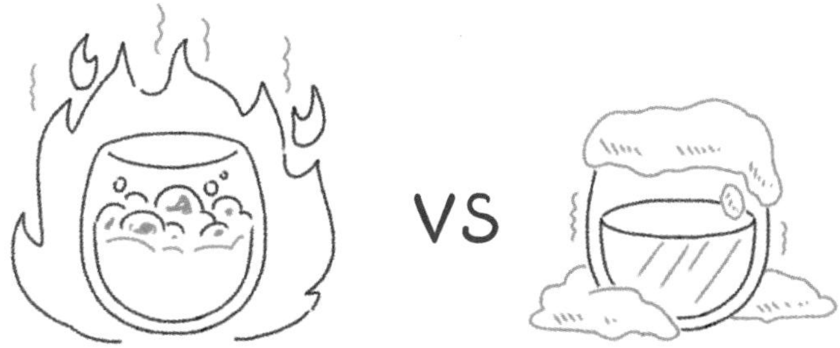

改变环境元素或添加氛围符号，都能表现温度差异。

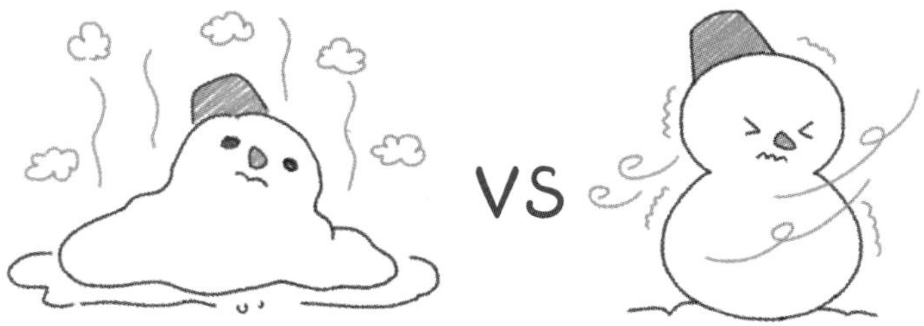

改变物体本身的形态，使用融化和冰冷两种形式，也能直观表现温度。

柔软与坚硬的表现手法

物体的外形和内部的调子手法，
都是区别柔软和坚硬的因素。

运用正确的调子

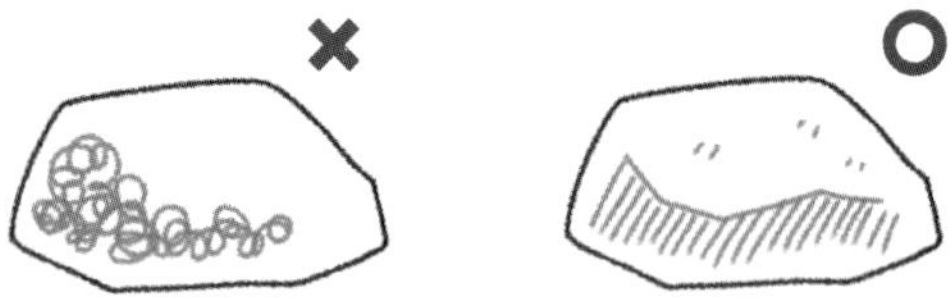

画石头时，要运用转折生硬的直排线，才能表现出坚硬的质感。

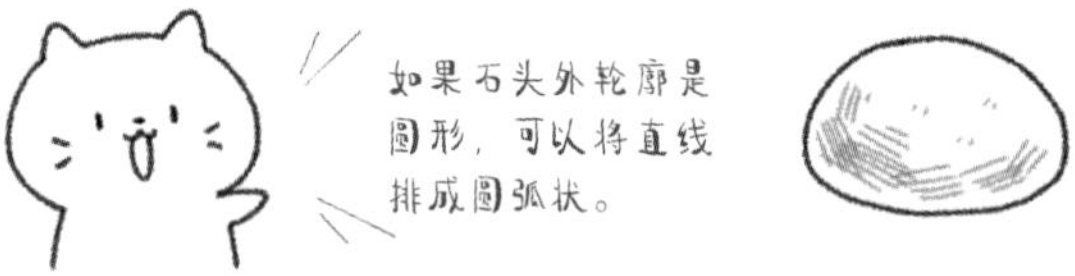

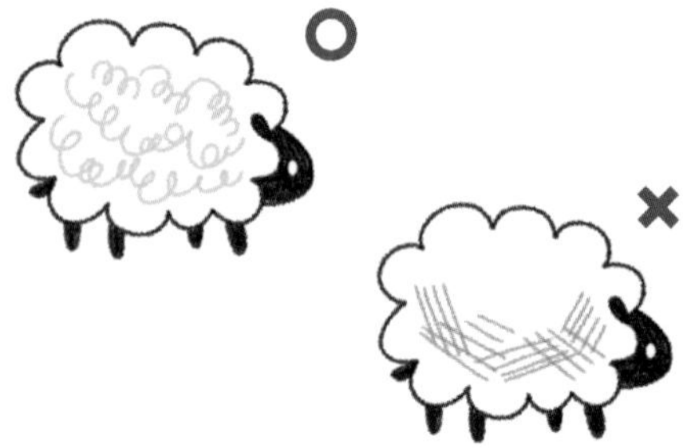

画绵羊时，用绕圈圈的线条更能体现柔软质感，千万不能排线哦！

善用直线和曲线

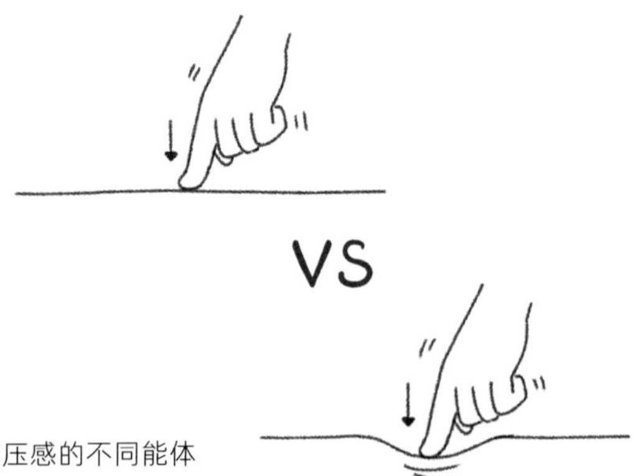

按压感的不同能体现软硬度区别。

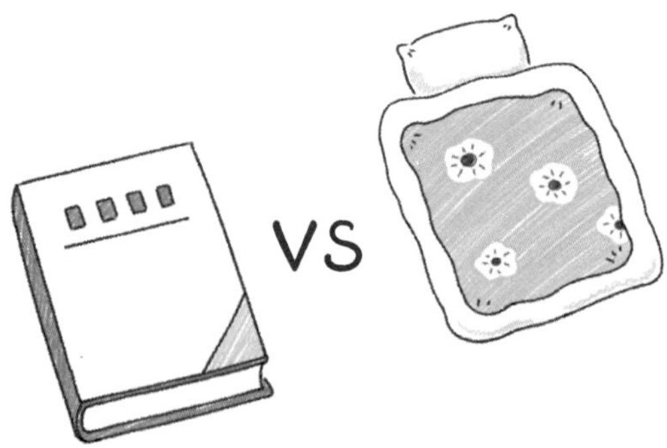

外轮廓的线条也是硬度的明显表现。

让人物变可爱的方法

将写实的五官和比例改造成软萌的Q版，
再搭配一些好看的发型和表情，就能画出简单又可爱的人物啦！

写实变Q版

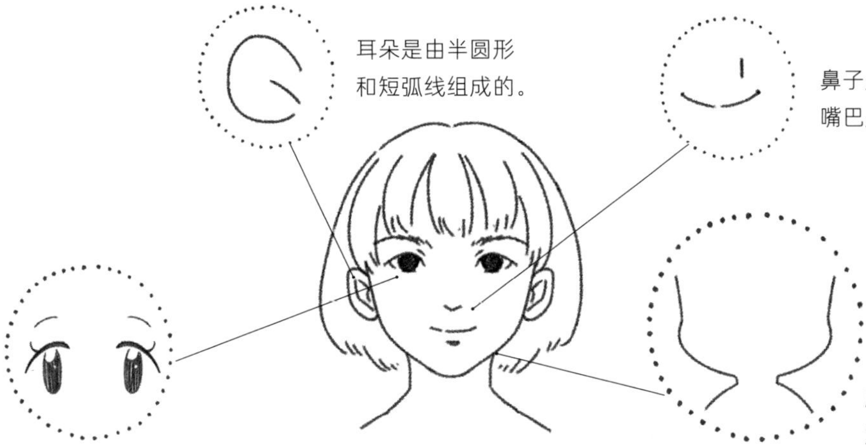

耳朵是由半圆形和短弧线组成的。

鼻子是竖线，嘴巴是弧线。

眼睛变大变长，高光变得更明显。

脸部轮廓更加宽扁一些。

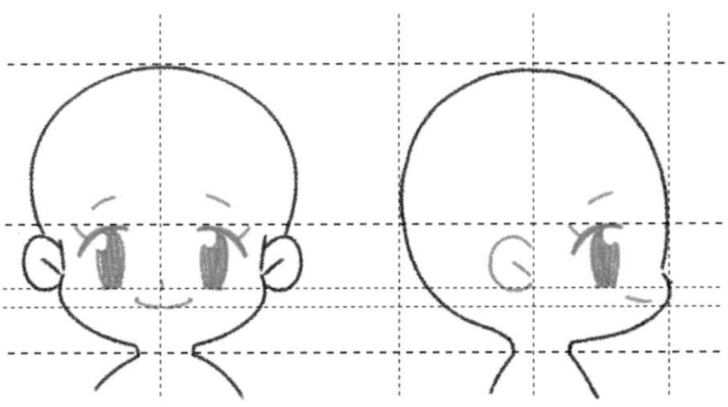

Q版头像的五官区域约占头部的二分之一，
其中眼睛又占了五官区域的二分之一。

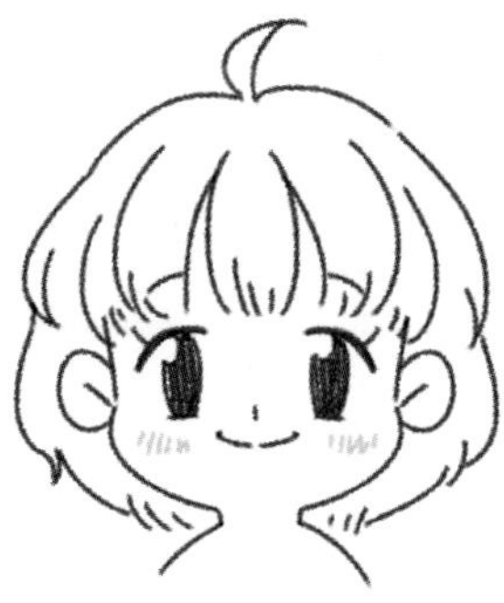

Q版的人物，头部会变大，五官更加紧凑，眼睛占据了脸部二分之一的空间，再添加一些腮红，就会变得更加可爱。

软萌的表情

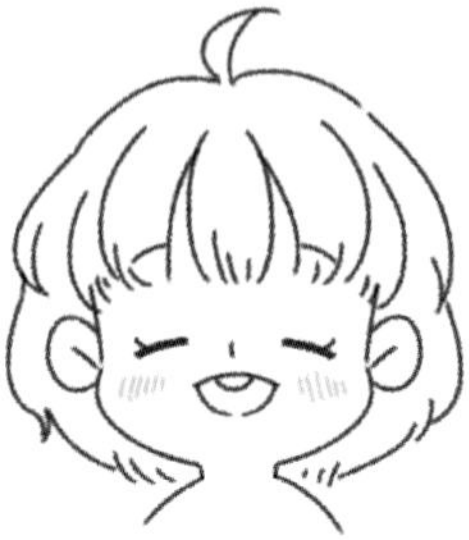

开心

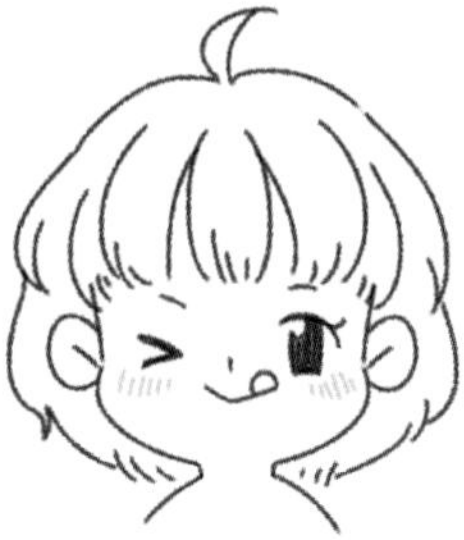

俏皮

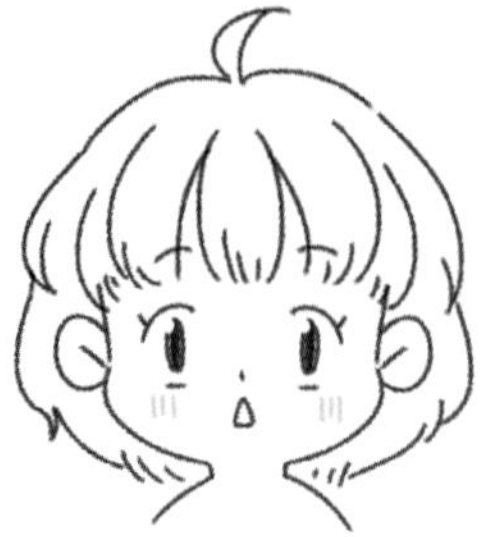

吃惊

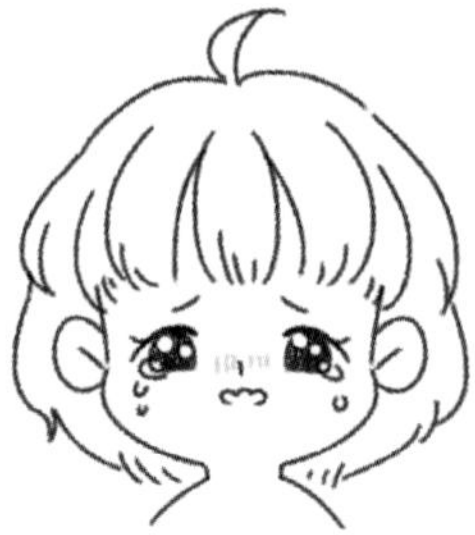

难过

活灵活现的表情，能让人物的可爱度直线上升。

百变的发型

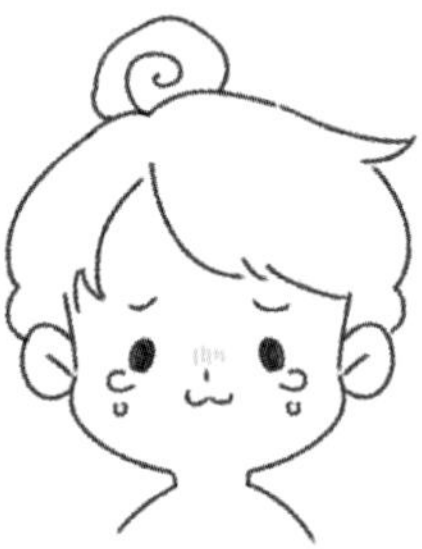

精干团子头

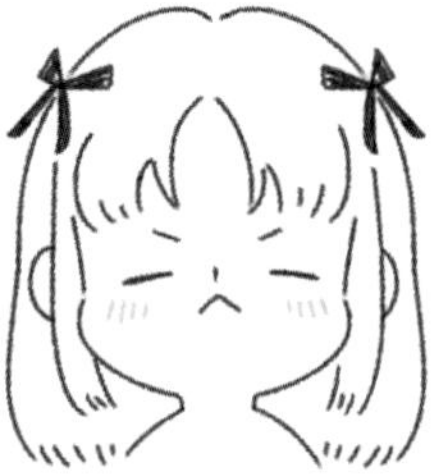

淑女披肩长发

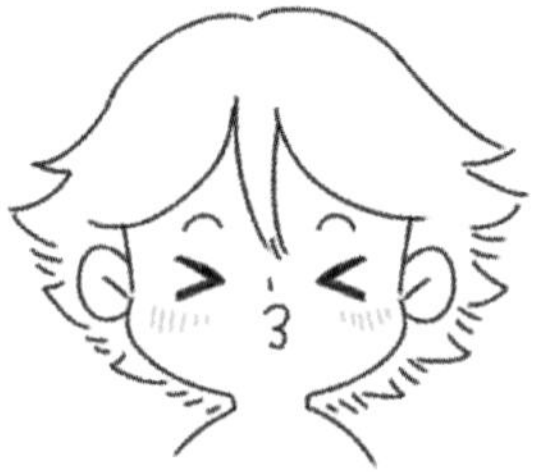

活力短翘发

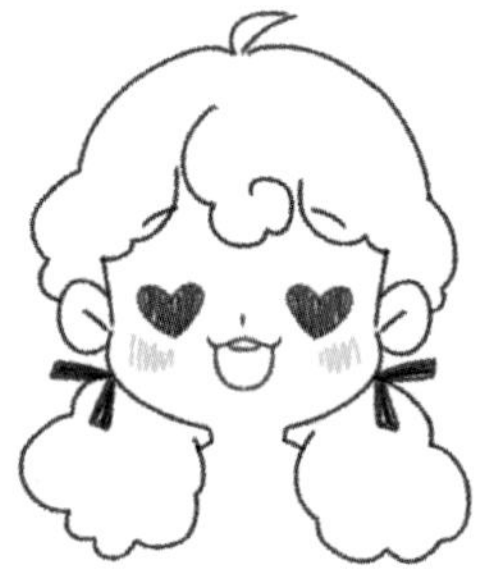

复古双马尾

除表情外，还能用发型表现人物的性格特征，给人物大大加分。

小贴士 各种各样的表情符号

试试将表情符号添加在人物的脸上。

\(^v^)/	(•v•)♡	(>3<)	(¯∧¯)	(•︵•)
(-ȳ▽¯-)~	(人´∀`)	(•∀•)ﾂ	#(`皿´)	°(´Д`)
o(≧▽≦)o	(♡▽♡)	(▥▽▥)	(⊙Д⊙#)	(´ω`)

做一做不同的动作吧

只要将人的动作先用火柴小人演示出来，
再找准重心，就能参考着画出不同的姿势。

重心要找准

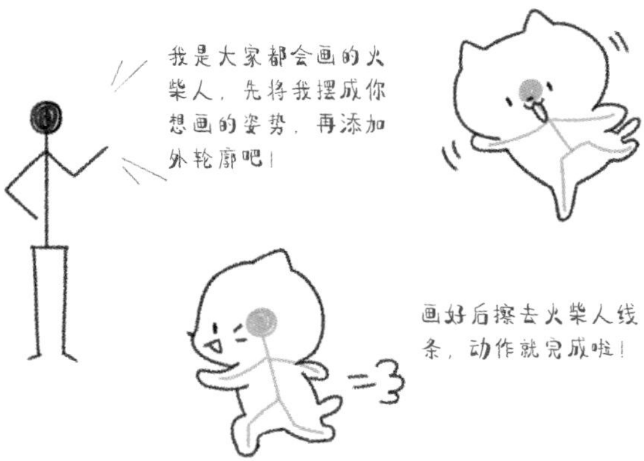

用火柴人骨架作为辅助线，可以画出各种动作。

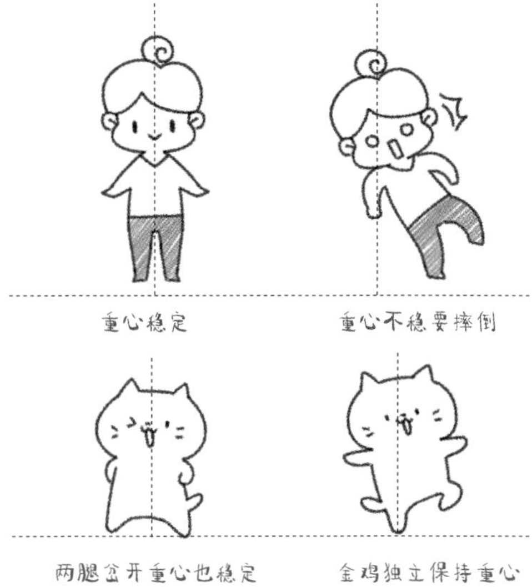

任何动作，只要头和脚在一条直线上，重心就是稳定的。

坐姿

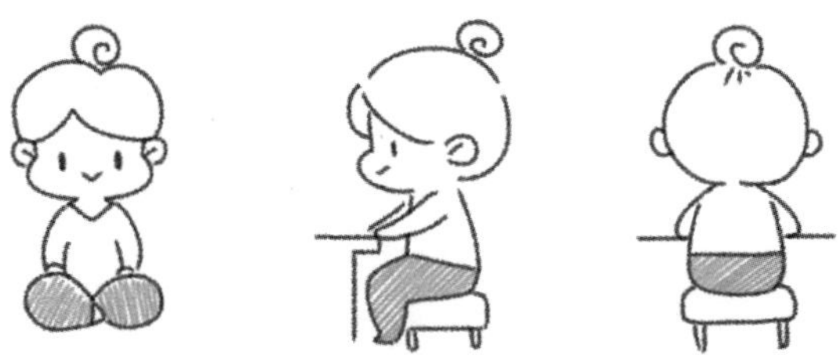

正坐，盘腿像个横向的“8”。

侧坐，腿部转折明显。

背面，只能看见半圆形的臀部。

正面、侧面和背面的坐姿最主要的区别在于身体的角度和腿部的动作。

走和跑

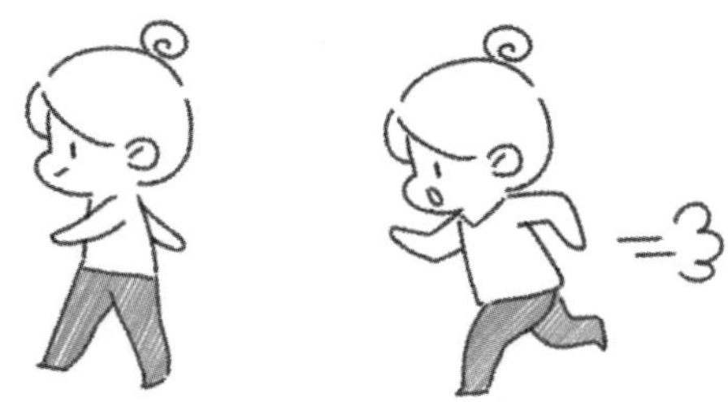

走路姿势幅度小，人物姿态更轻松。

跑步动作幅度更大，还可以添加速度符号。

可以用动作的幅度来区别走路和跑步。

小贴士 百变姿势参考

掌握了前面的知识诀窍，就能画出各种不一样的姿势动作。

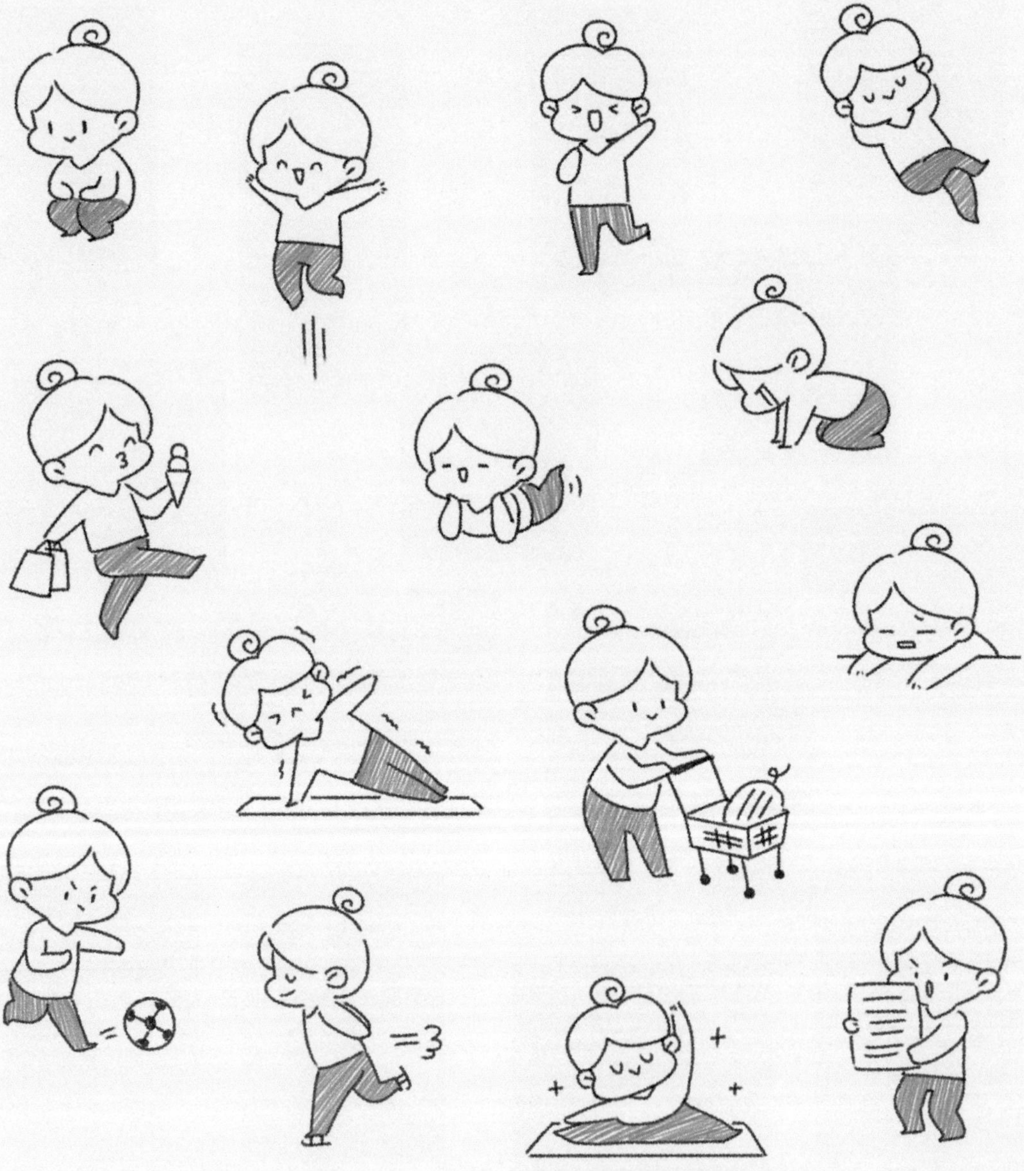

第2章

超软萌的小动物

软萌的小动物充满了治愈感，本章节将从动物毛发等基础画法开始，用一个个魅力十足的案例，让你能轻松学会画出可爱小动物！

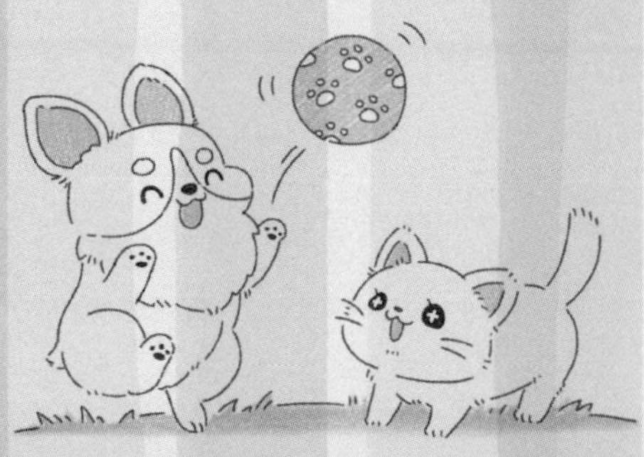

动物毛发的描绘诀窍

用不同长短、形状的线条，
就能画出毛绒绒的小动物，一起来看看吧！

短毛的画法

用浅色铅笔画外形，然后用小短线沿轮廓密集排列，就能得到短毛的效果。

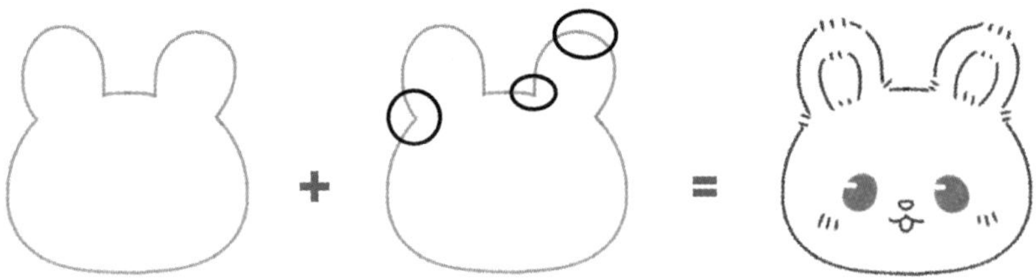

画好轮廓后，用橡皮擦去明显的转角，再用随意的小短线来衔接，也能体现毛绒感。

小贴士 不同短毛的质感表现

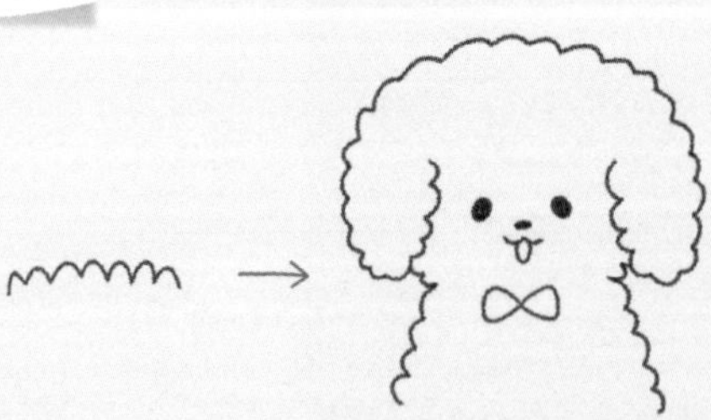

用连续的小波浪作为动物的轮廓线，能体现柔软的触感。

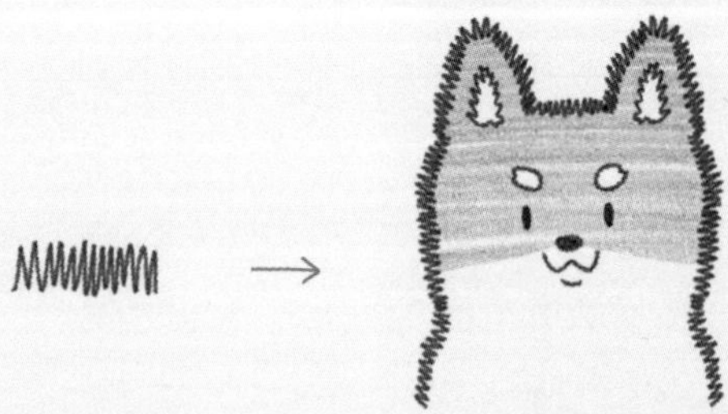

用连续的 Z 字线条来画毛发，能表现更硬更扎手的毛发。

长毛的画法

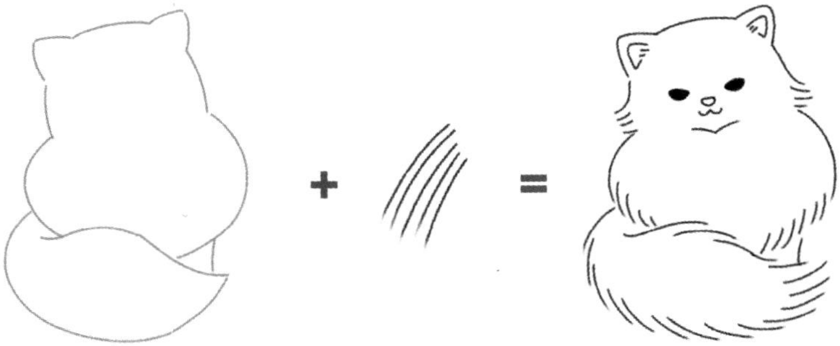

顺着动物毛发的生长趋势，用疏密合适的长排线表现长毛效果。线条随意一些，不用封死轮廓，会有种轻松感。

小贴士 长毛的更多画法

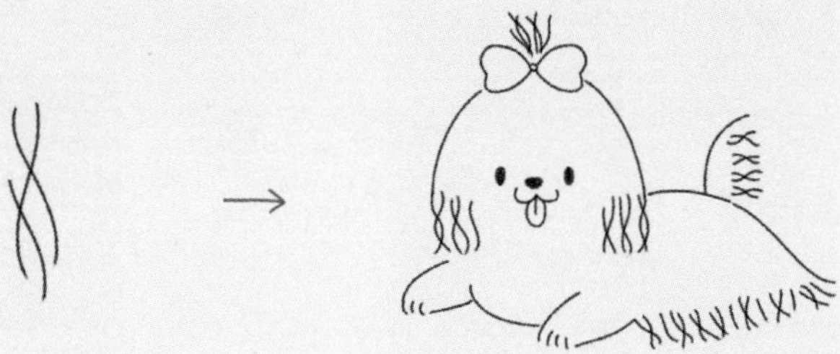

互相缠绕的长线条，能表现弯曲长毛的质感。

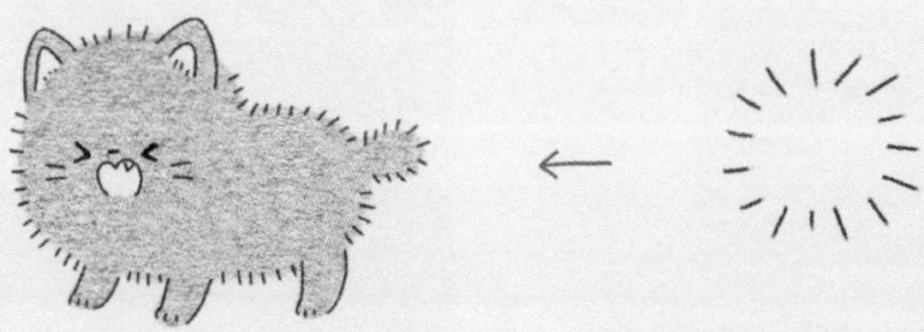

直接用较长的线条，规则地排列作为外轮廓，能表现炸毛的效果。

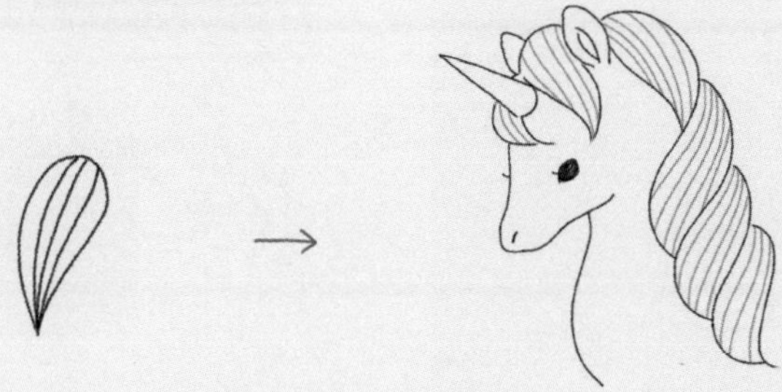

先画出长马鬃的区域，再顺势排列里面的线条。分区线和内部线的颜色要拉开差距，会更明显。

卷毛的画法

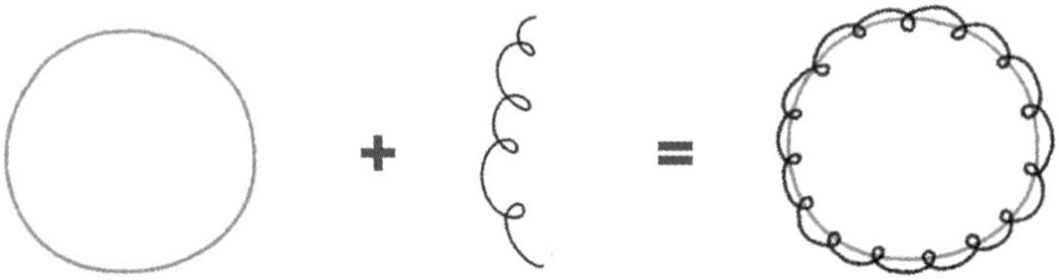

先用浅色画轮廓草稿，然后细心地沿参考线绕圈，最后擦去草稿，就能直观地表现卷毛的质感。

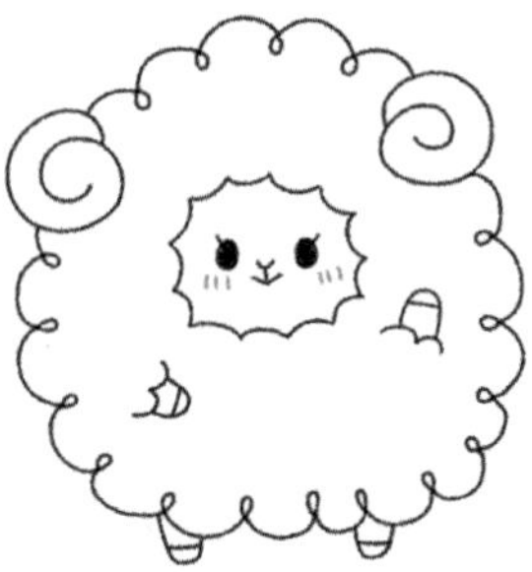

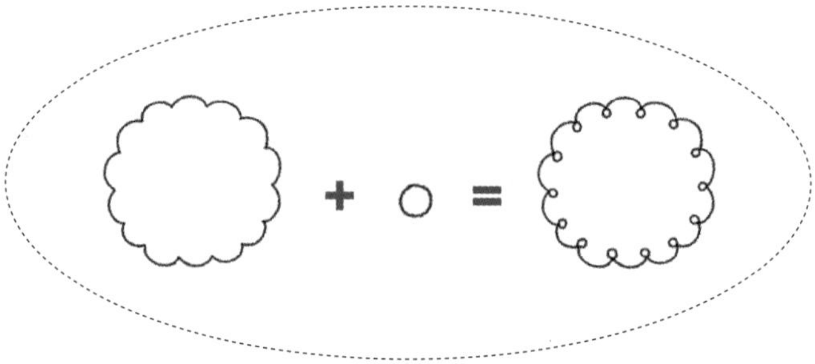

先画出连续的波浪线，然后在转折处画上小圆，也能得到同样的效果。

小贴士 不同卷曲度的表现方法

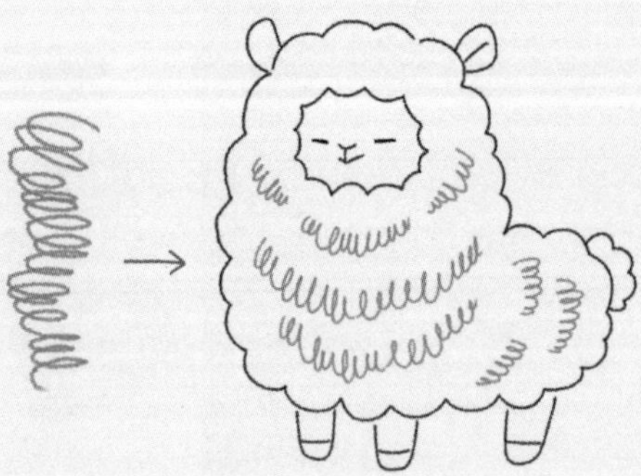

随意地连续画缠绕线，能让卷毛给人厚重感。

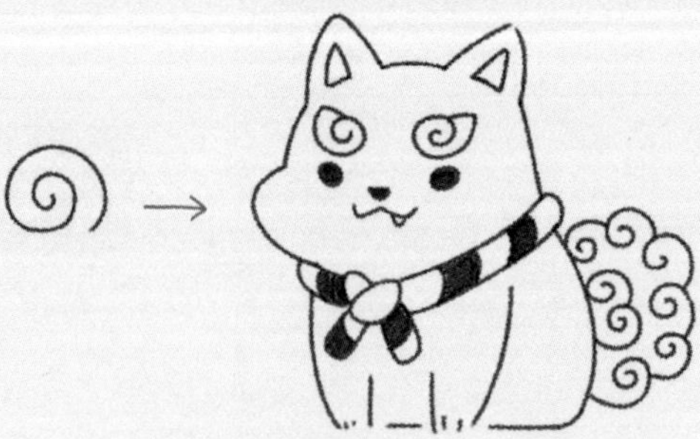

螺旋纹线条适合表现超级大波浪。

羽毛

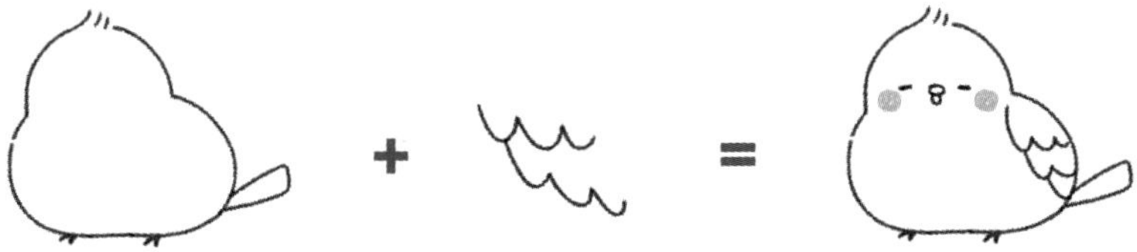

将同样大小的波浪线层叠排列就是羽毛啦！

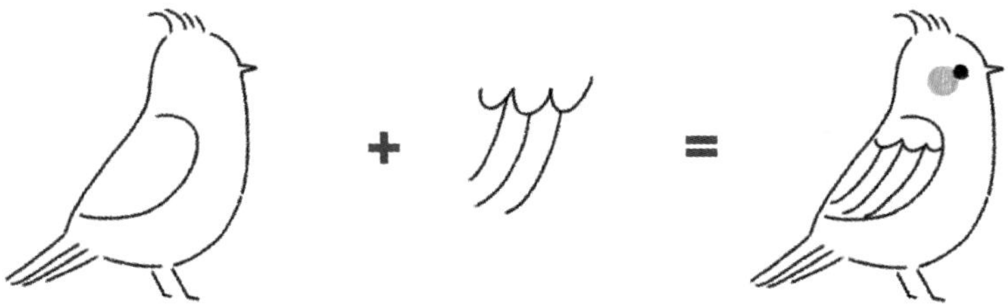

体型大一些的鸟类，羽毛会更长，用小波浪加长弧线就能表现。

小贴士 羽毛的更多画法

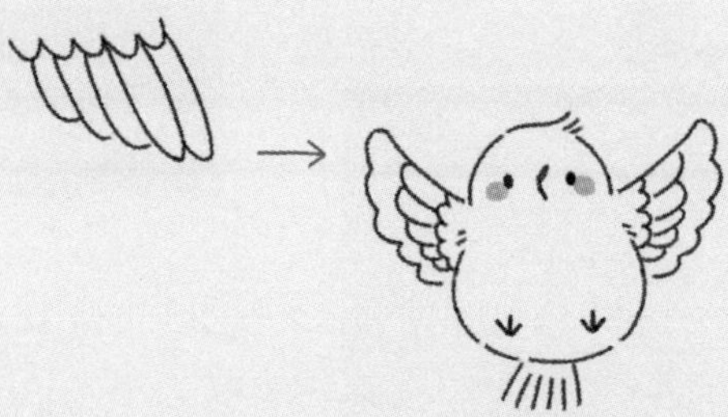

像椭圆形一样的羽毛，会给人圆润的感觉，适合画软萌的小鸟。

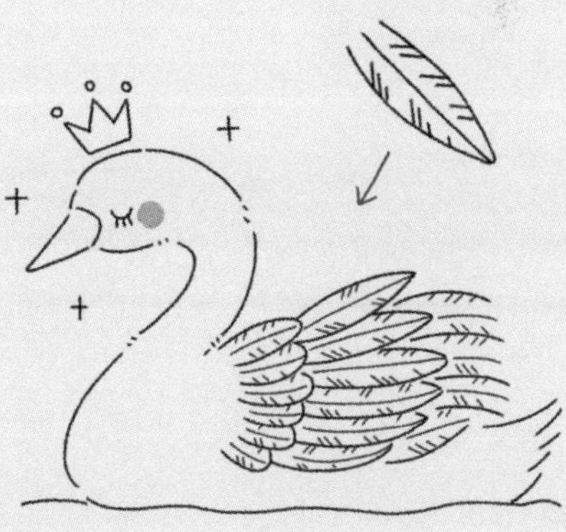

将羽毛上的细节用小短线来表现，能增加华丽感。

尖刺的画法

连续的锯齿线条适合绘制短刺动物。

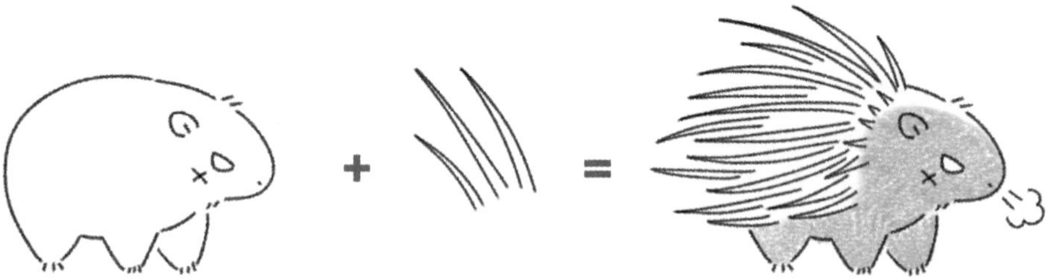

如果动物的刺很长，可以用又长又尖的线条组合画出。

鳞片的画法

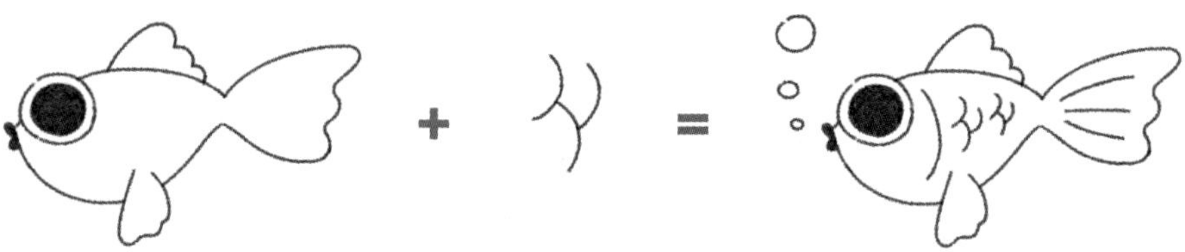

画不封闭的弧线，三个一组来装饰小鱼，就能得到鳞片的效果。

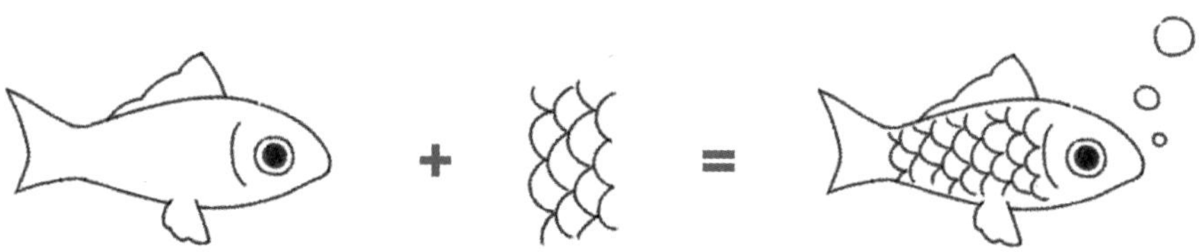

重叠的弧线组合在一起，就是细节感强烈的鱼鳞花纹。

画动物毛发的笔法与运用

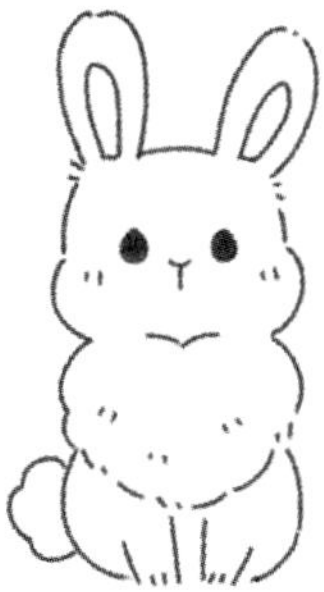

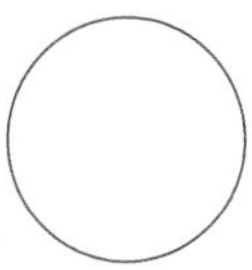

白色的动物，不需要涂调子，直接用 2B 铅笔勾勒外形就好。

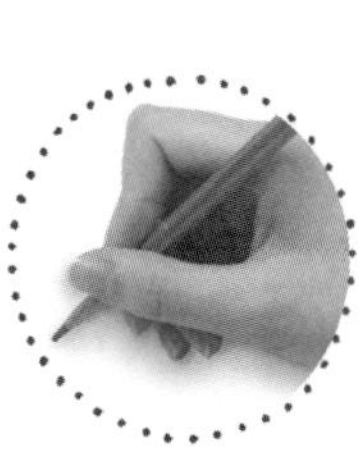

勾线时笔呈 45° 斜角，注意别蹭花线稿哦！

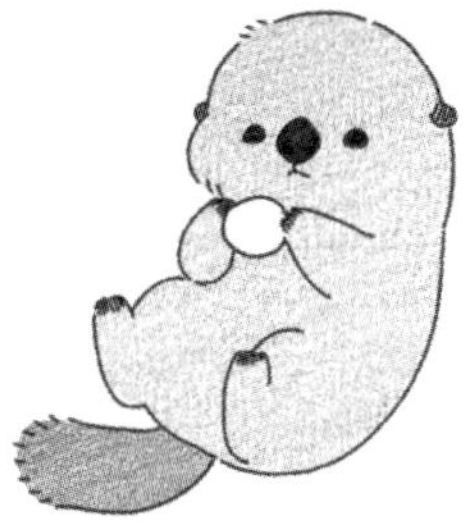

浅灰色的动物，用 HB 铅笔平涂调子，注意下笔力度轻柔些。

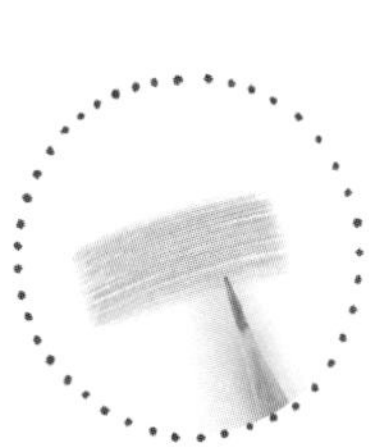

握笔倾斜一些，用笔侧来涂调子，会更均匀。

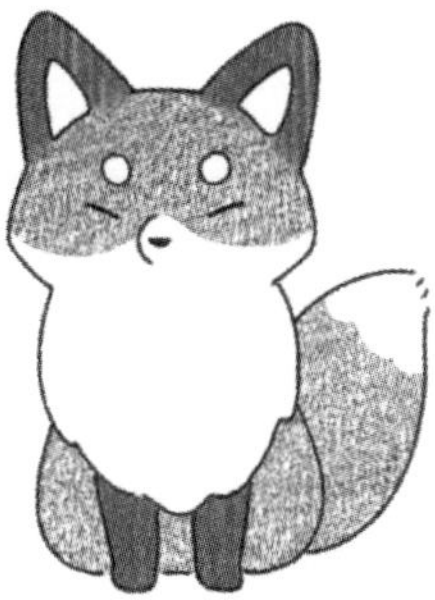

中灰色的动物，用 2B 铅笔涂色，可以先浅涂一层，再二次加深。

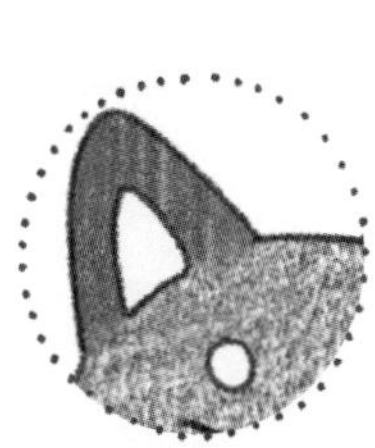

不同深浅的调子，衔接处一定要过渡自然。

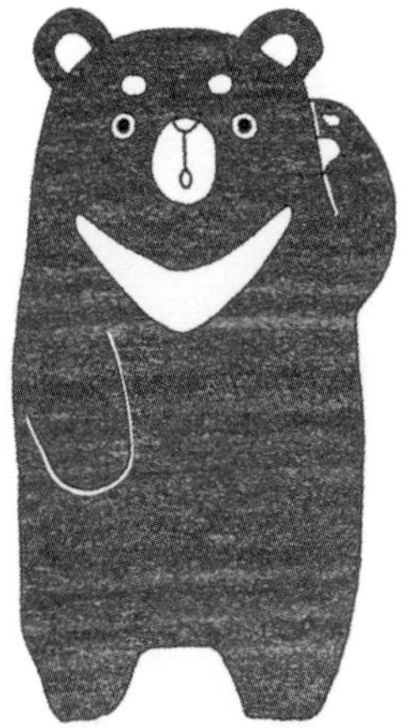

涂深灰色的动物时下笔力度重一点，可以直接用 4B 铅笔。但是不要涂成纯黑色哦！

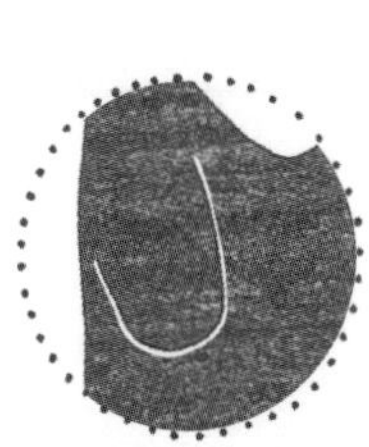

小面积的留白，能让肢体轮廓看得更清楚。

熊先生，这是最流行的发型呢

画发型时，可以先区分出头发的块面，然后补充细节毛发。运用这个方法，任何发型都能轻松画出来。

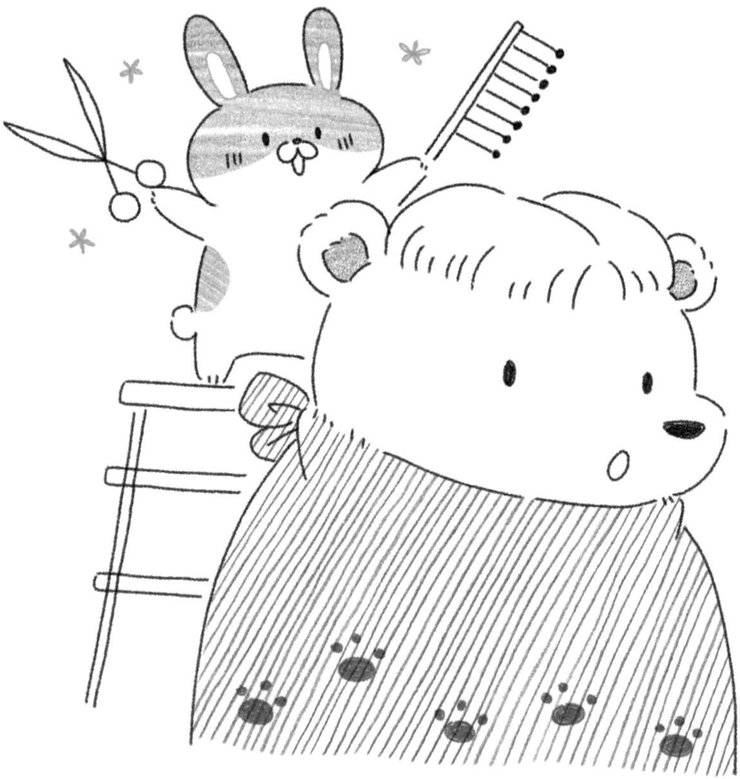

熊先生

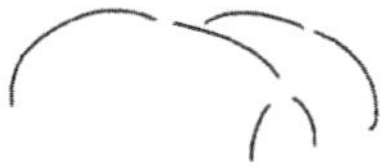

1 用弧线画出中分头的轮廓。

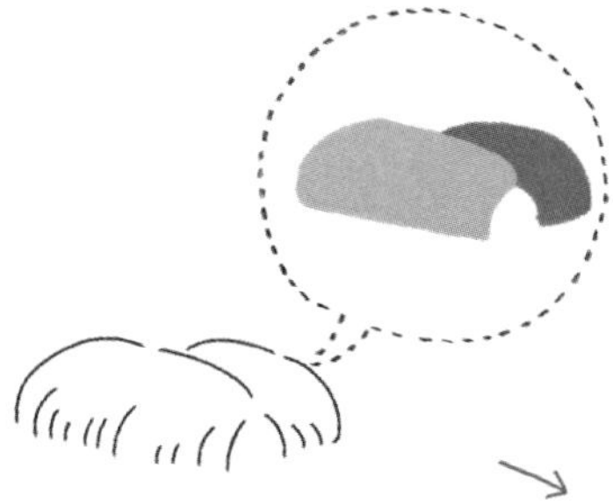

头发由中线向两侧弧形外翻，整体轮廓像两片瓦。

2 接着补充短弧线表现头发细节。

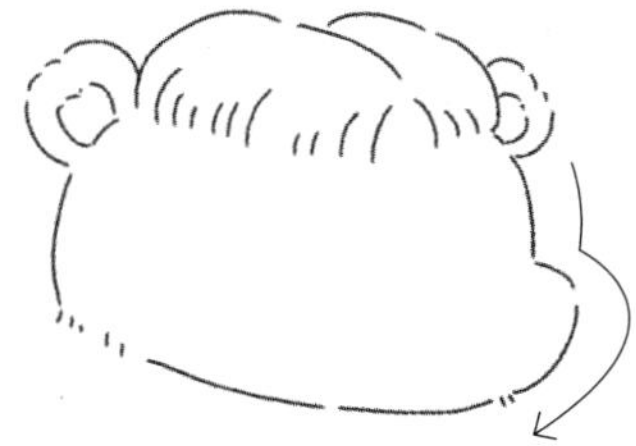

3 画出小耳朵和脸部轮廓。

动物的爪印基本都是由一个大肉垫和多个小肉球组成，可以画成不同的形状。

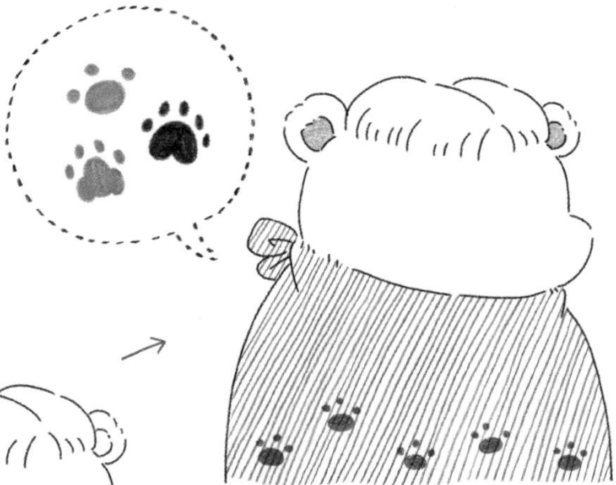

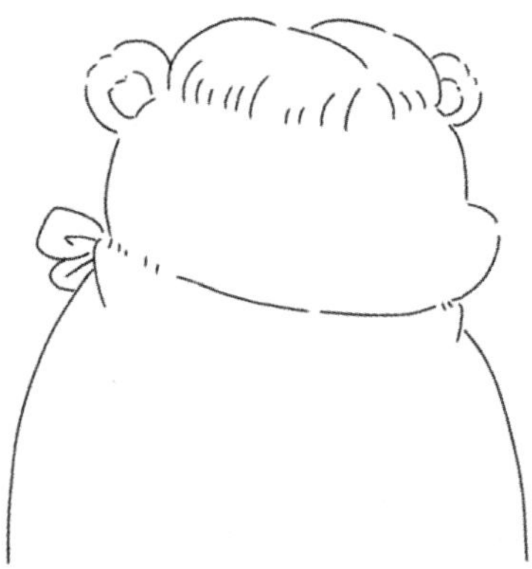

4 用两条大弧线给熊先生穿上遮布，再系两个三角形组成的蝴蝶结。

5 用斜排线为遮布上调子，再画上可爱的熊爪印。

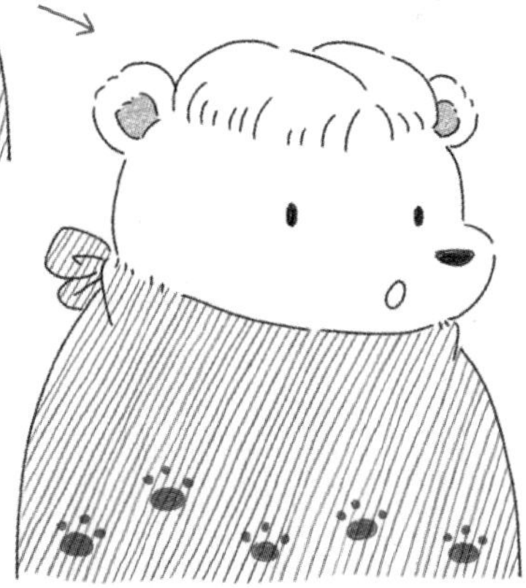

6 添加上懵懂的五官，完成！

托尼老师

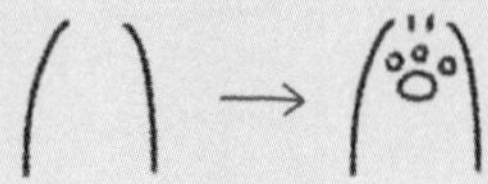

案例小知识

可以用小短线和留白来表现手指哦！

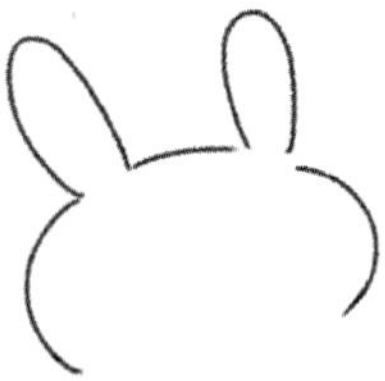

1 用流畅的弧线画出头部和长耳朵。

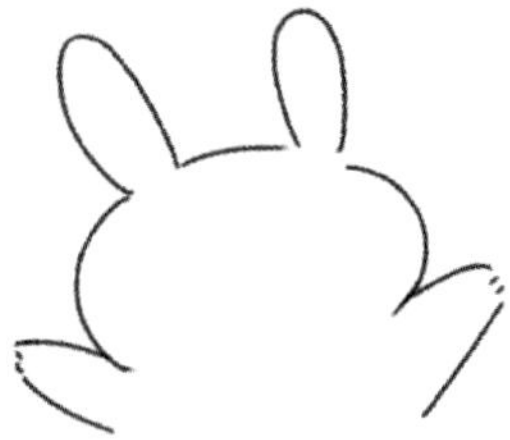

2 在头部两侧添加向上举起的手臂，简单分出手指。

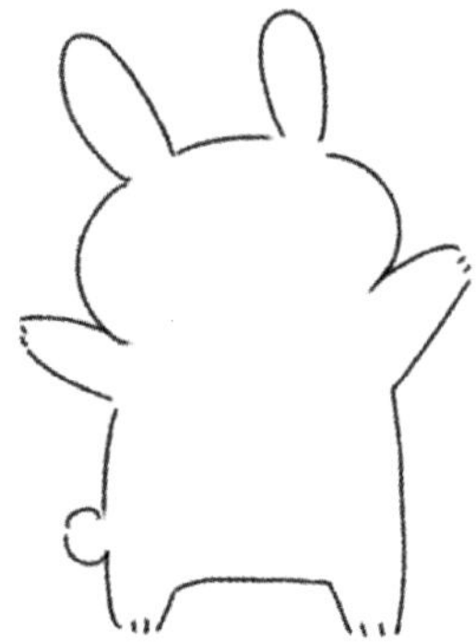

3 向下补充出身体、脚和尾巴。

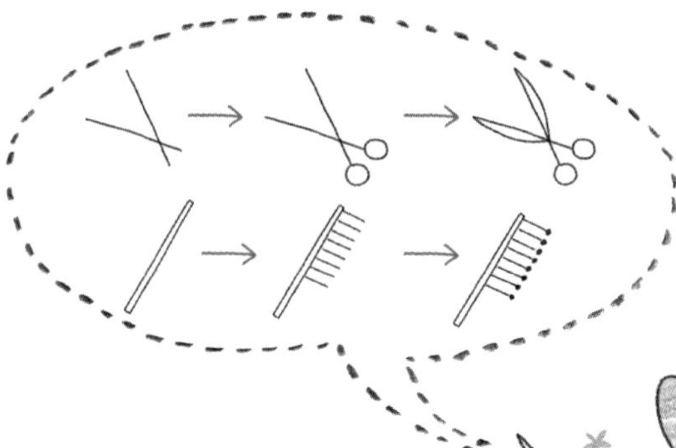

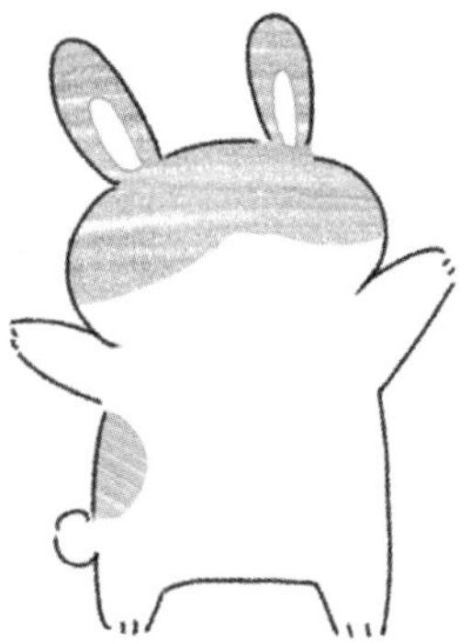

4 用浅灰色平涂出灰色的绒毛。

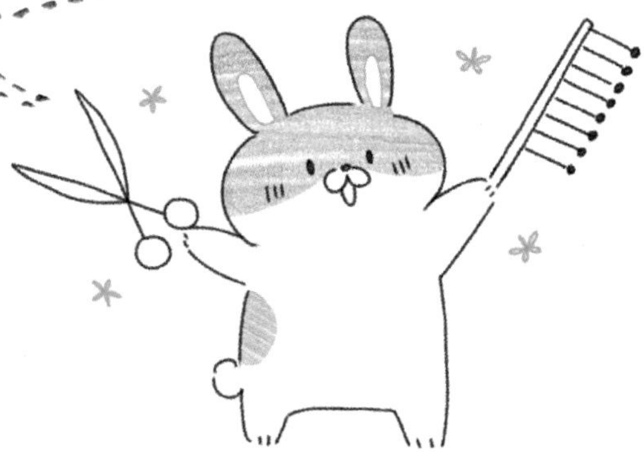

5 最后让托尼老师拿上剪刀和梳子吧！

小贴士 各种好玩的发型

还有这么多炫酷的发型，一起来洗剪吹吧！

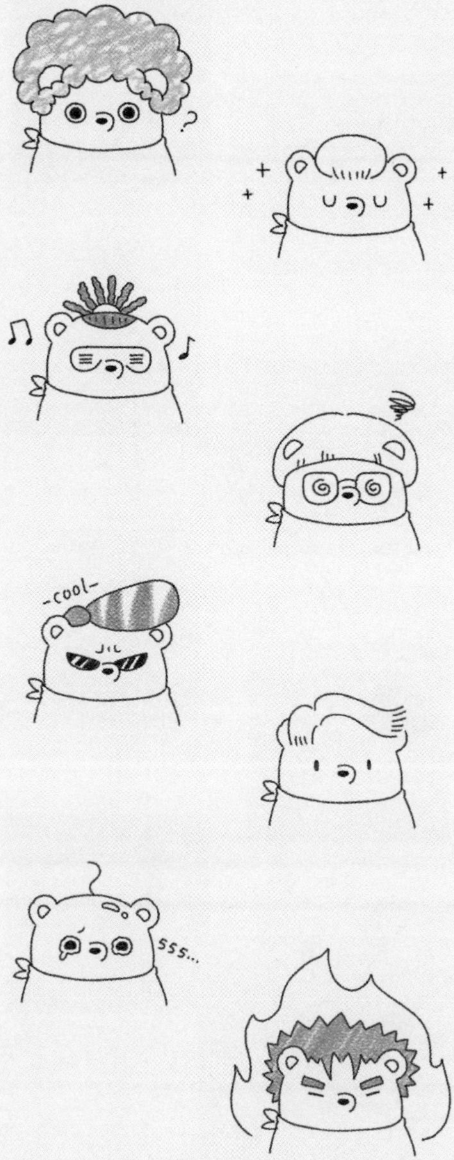

托尼老师的宝贝工具还有这些：

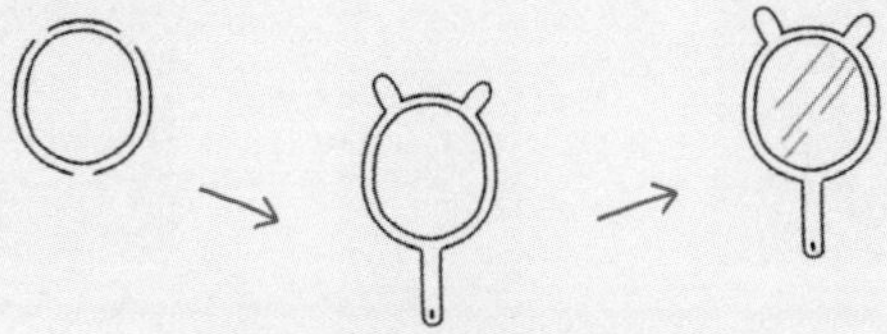

镜子的反光可以用2~4条斜直线表现。

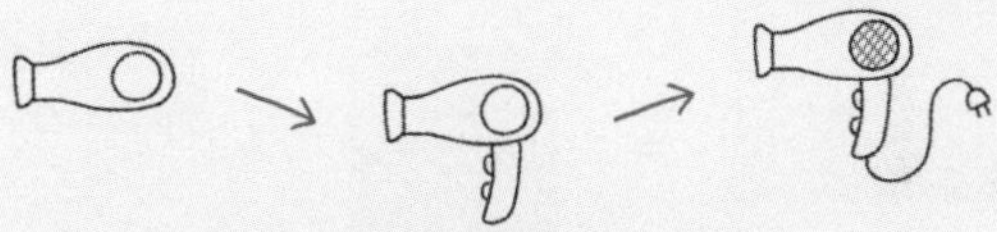

不要忘记画吹风机的插头和按钮哦。

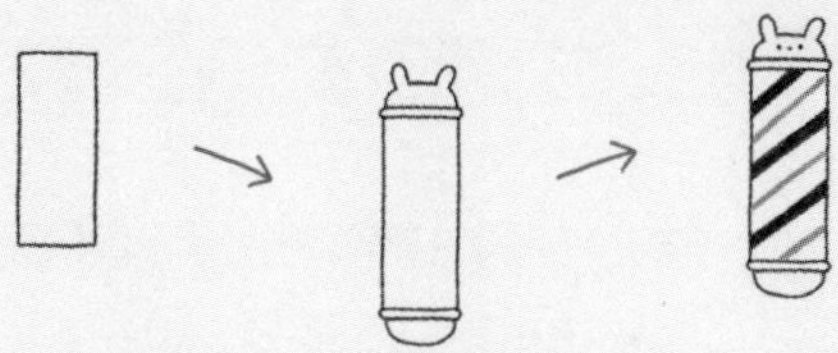

可以交替绘制花纹的粗细和颜色。

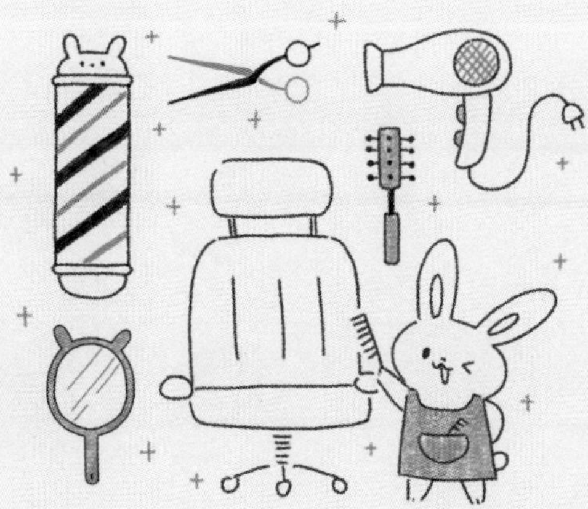

熊猫的红火新年

圆滚滚的大熊猫买来了好看的灯笼，虽说灯笼外形都一样，但只要简单地调整一下排线的方式，就能画出不同的感觉。

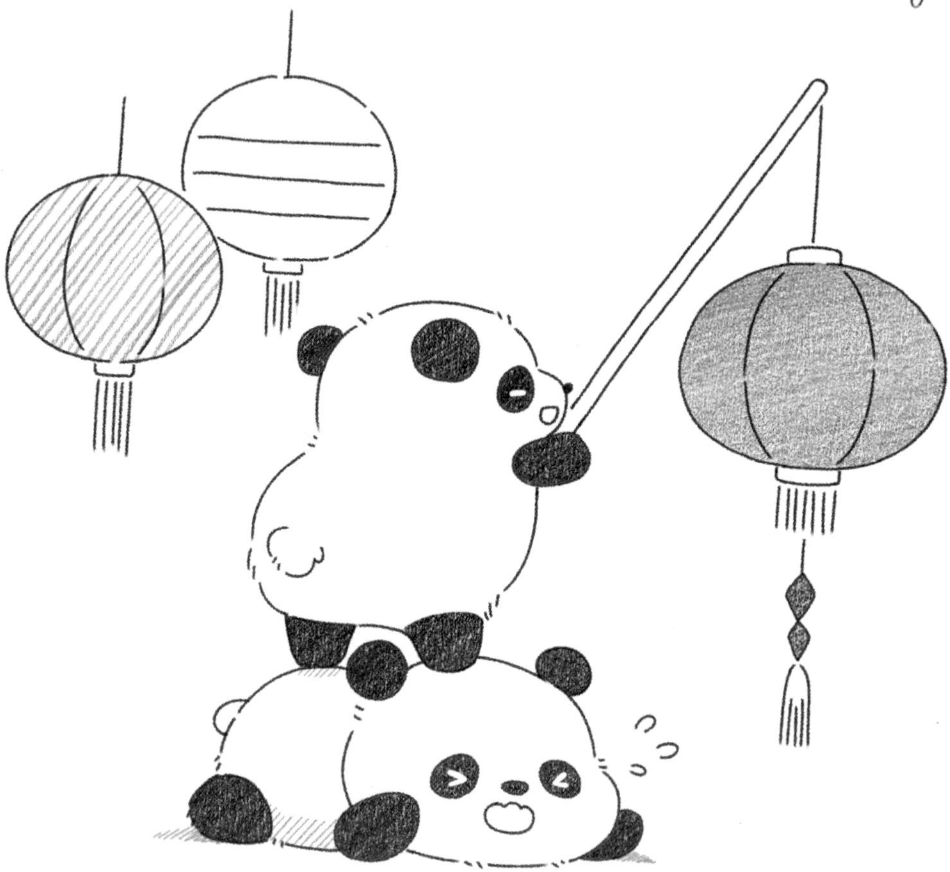

开心熊猫

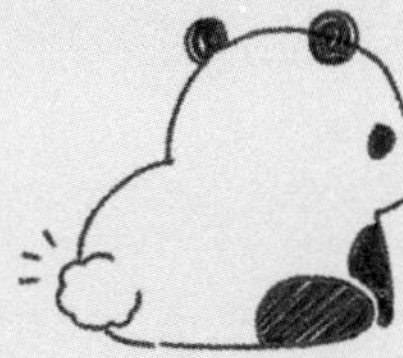

案例小知识

熊猫的尾巴是白色的绒球，别涂成黑色哦！

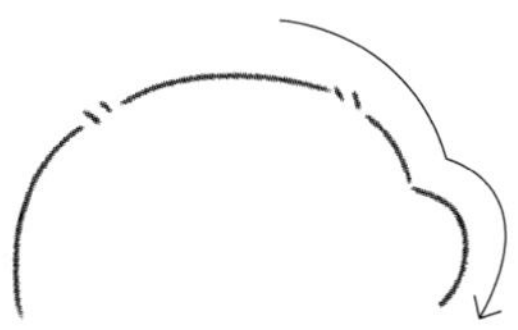

1 画脸部轮廓时，凸出的嘴部上方有个凹陷。

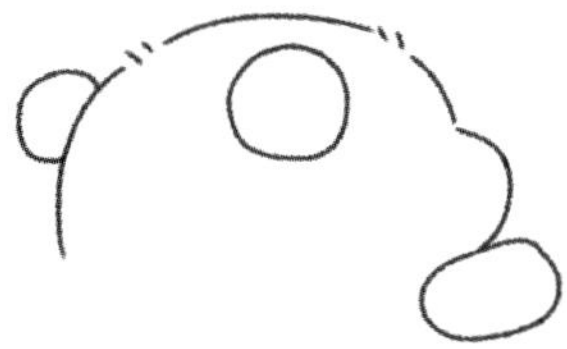

2 补充圆形的耳朵和椭圆形的手臂。

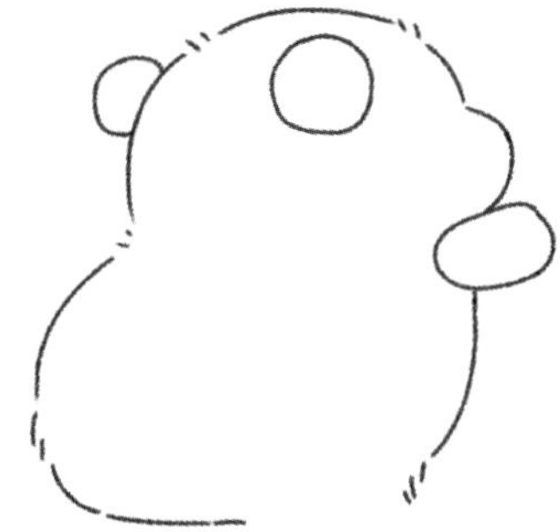

3 接着添加胖胖的身体，注意留出脚的空隙。

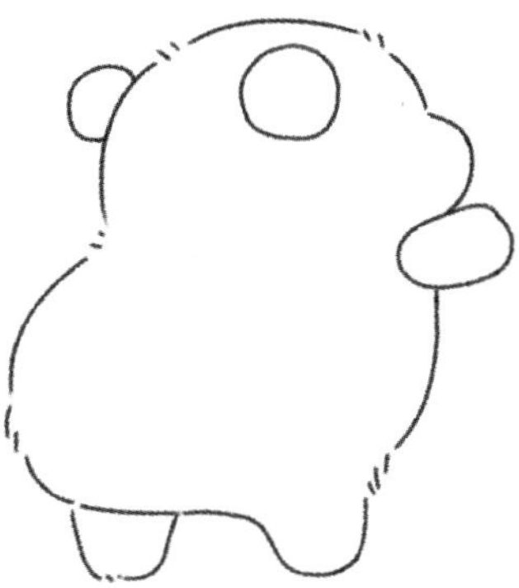

4 脚是半圆形的弧线。

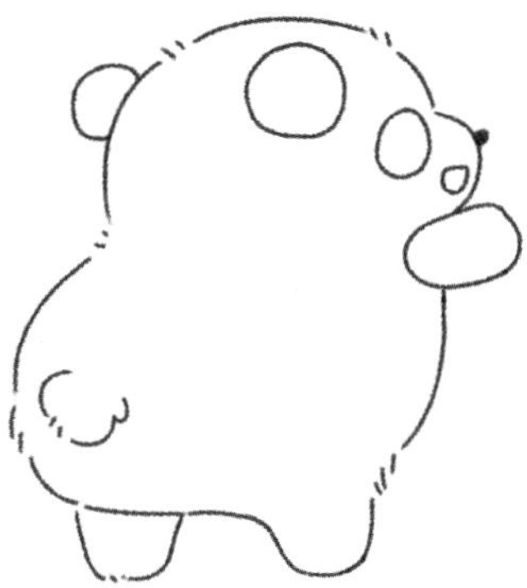

5 画出短短的尾巴和五官。

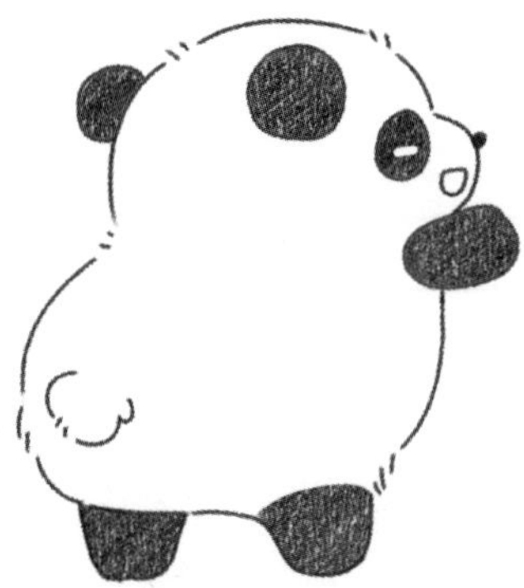

6 最后深灰色平涂黑色绒毛。

趴趴熊猫

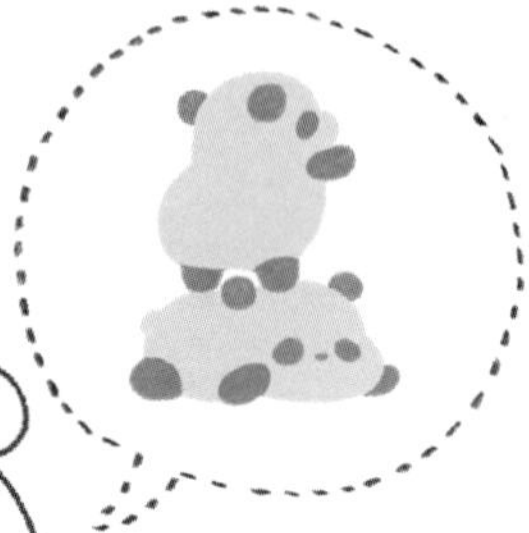

趴趴熊猫在开心
熊猫的脚下。

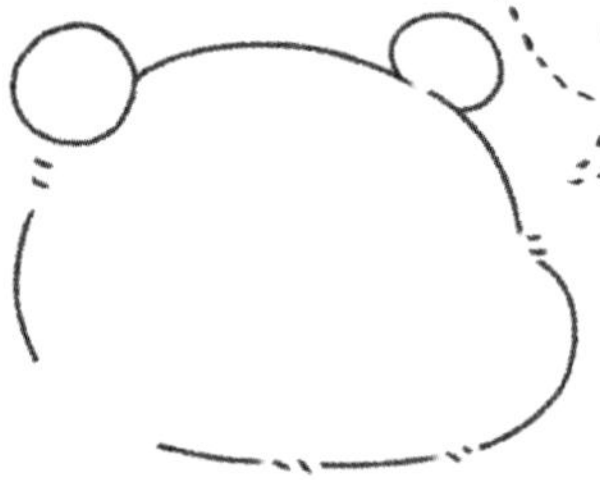

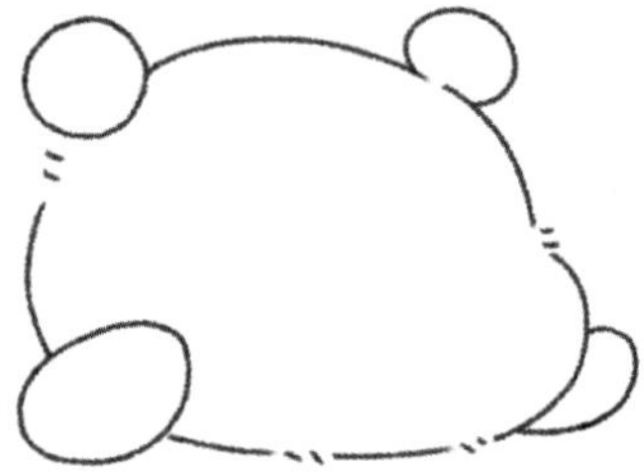

1 用流畅的弧线和圆形分别画出头和耳朵。

2 在脸部留白处添补出椭圆形的手臂。

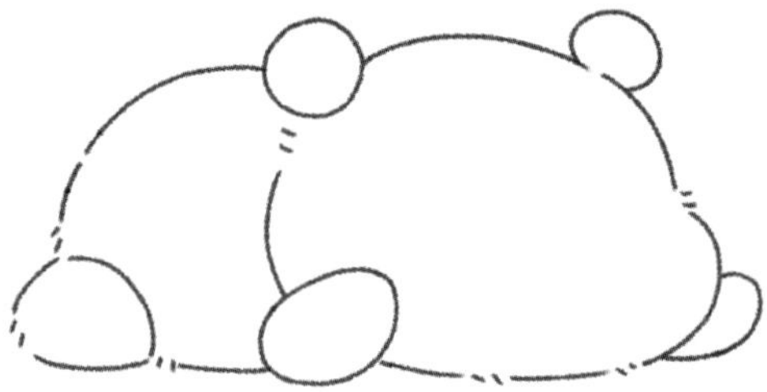

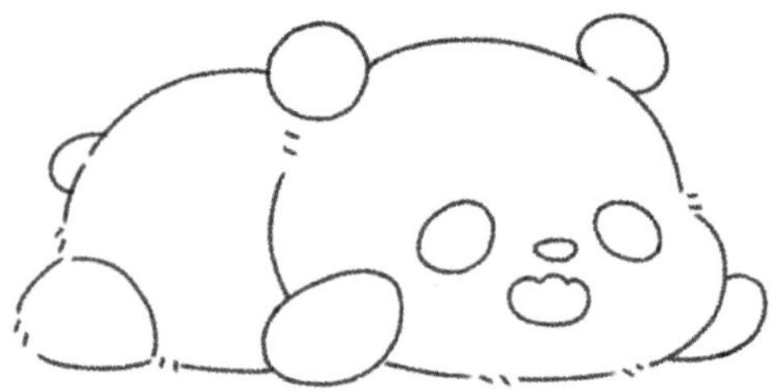

3 接着画出身体和脚。注意要画得胖胖的才可爱。

4 画出五官的外轮廓。

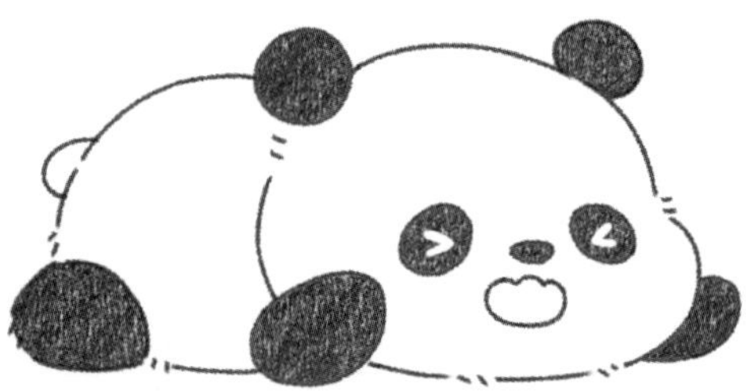

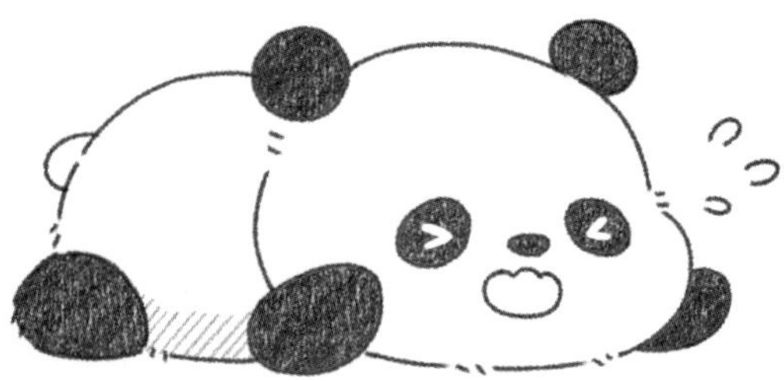

5 用深灰色平涂出绒毛和黑眼圈，眼睛的细节要提前留白。

6 画出肚子上阴影细节，最后添加汗滴符号，完成！

单个灯笼

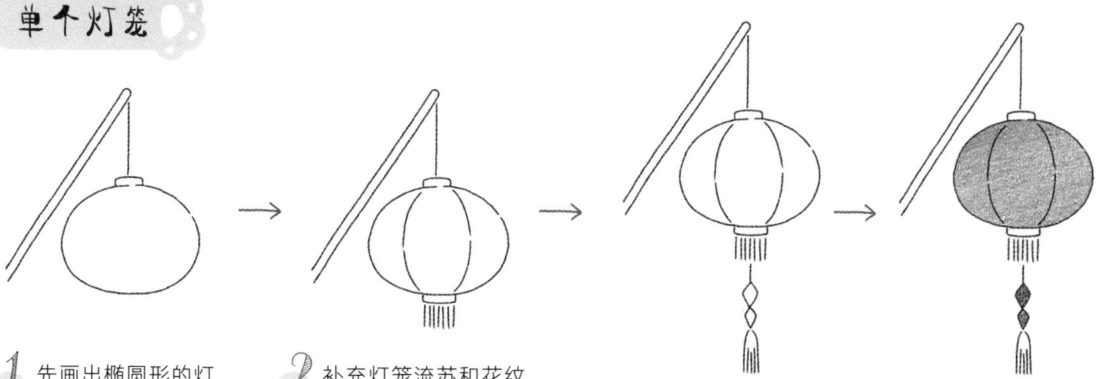

1 先画出椭圆形的灯笼和细木杆。

2 补充灯笼流苏和花纹，注意花纹为弧线，沿着灯笼走向画出。

3 画出长长的流苏装饰。

4 用平涂法给灯笼涂上浅灰色调子。

组合灯笼

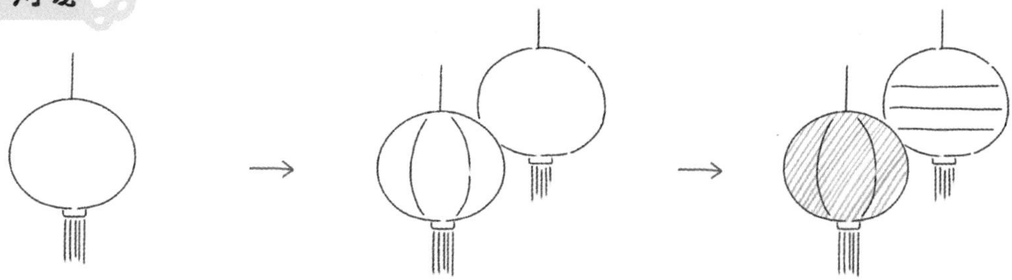

1 先画出一个圆形的小灯笼。

2 再画一个灯笼，两个灯笼要有高低不同，还要局部遮挡。

3 用斜排线给其中一个灯笼上色，另一个画横线做花纹。

小贴士 留白的制作方法

方法一：提前画好留白的区域。

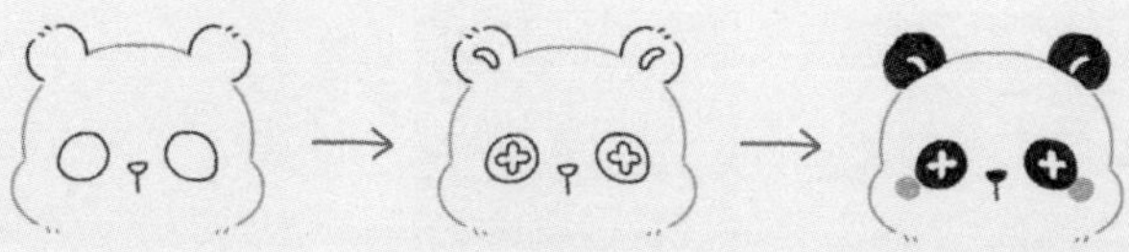

勾出头部和五官外轮廓。

将眼睛和耳朵上的留白形状勾画出来。

平涂留白区域外的部分。

方法二：直接用高光笔画。

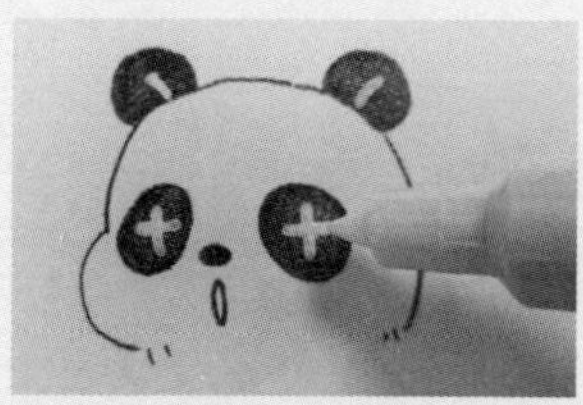

鲨鱼先生牙疼了

海洋里的生物，为了适应水中生存，都有各自不同的特性，鲨鱼表面光滑，而小鱼有鳞片，海草长而细密，这些特征都可以用不同的排线方式表现出来。

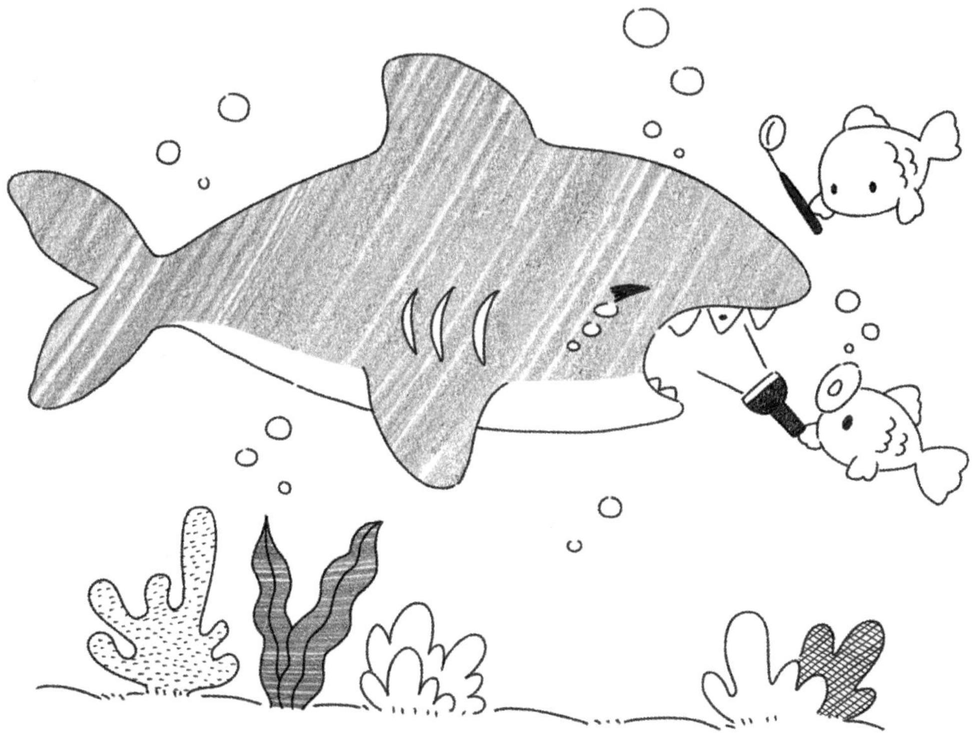

牙疼鲨

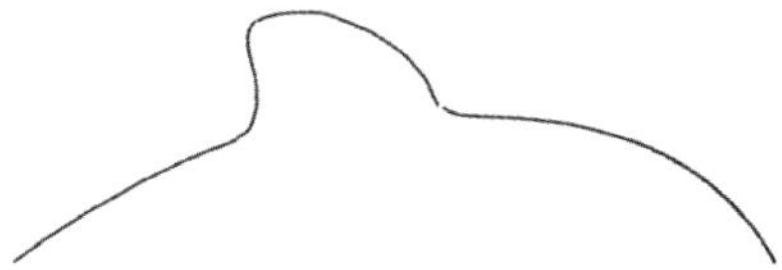

1 用流畅的连续弧线画出背部和背鳍。

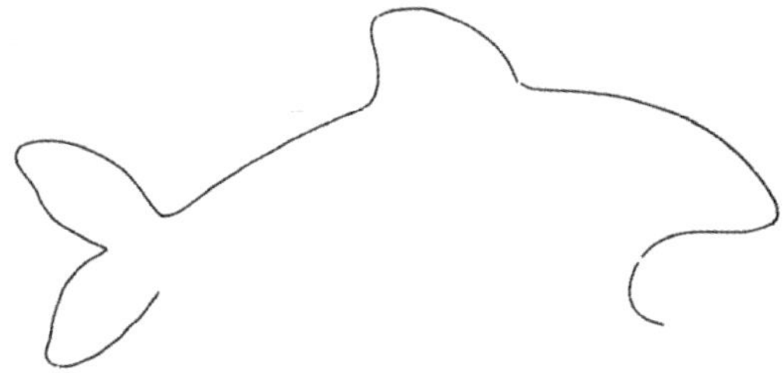

2 两端补充出尾巴和嘴巴。

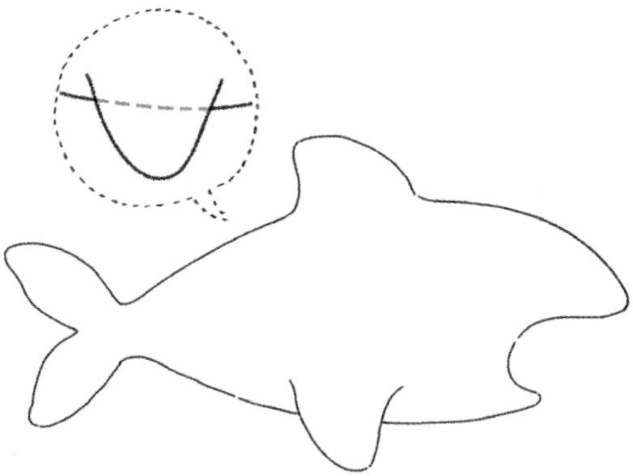

3 补充出肚子，完整鲨鱼轮廓。

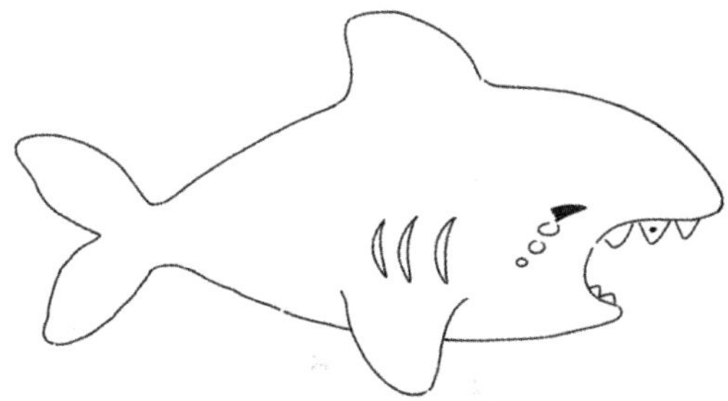

4 添加出眼睛、牙齿和鱼鳃几个小细节，加上眼泪更显可爱。

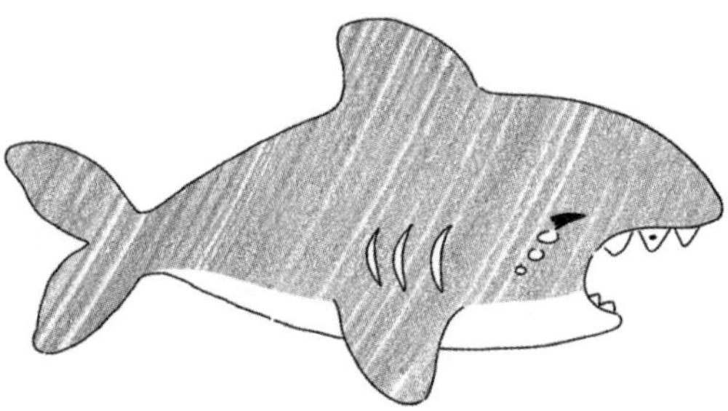

5 用斜排线平涂的方法给鲨鱼上色，注意留出肚子的白色。

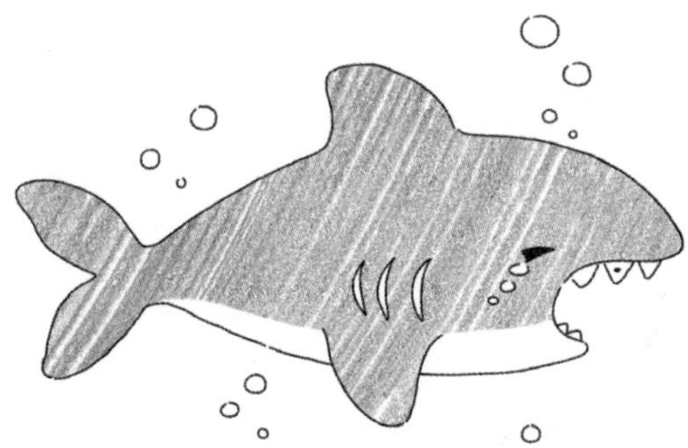

6 加上水中的小气泡，就画好啦！

牙医小鱼

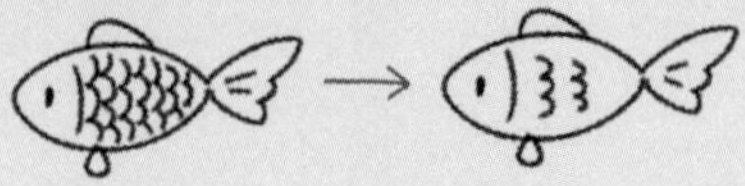

案例小知识

如果将鱼鳞简化，只保留部分线条表现，小鱼造型会更显简洁。

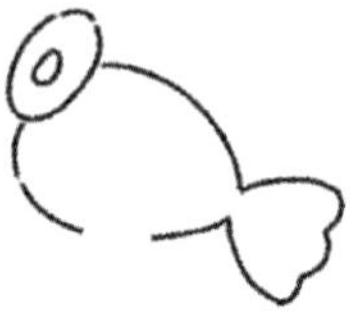

1 在鲨鱼嘴巴的下方用流畅的弧线画出小鱼身体。

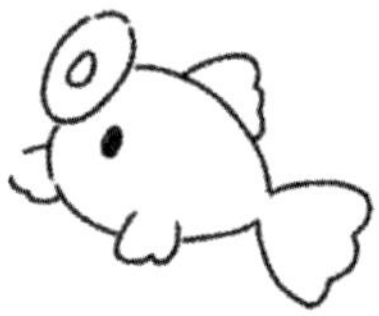

2 补充鱼鳍和眼睛，注意鱼鳍边缘是连续的弧形。

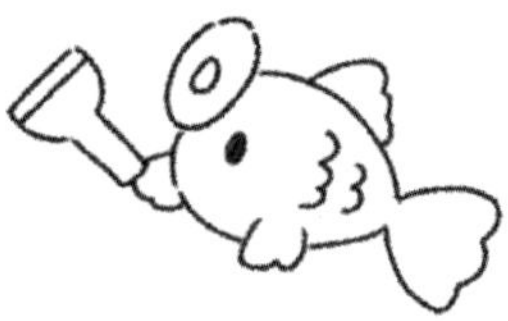

3 让鱼医生拿着手电筒检查吧。

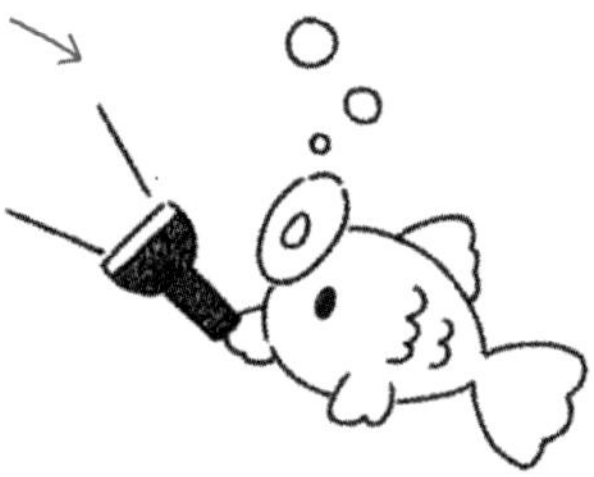

4 给手电筒涂上黑色。用两条直线代表灯光。

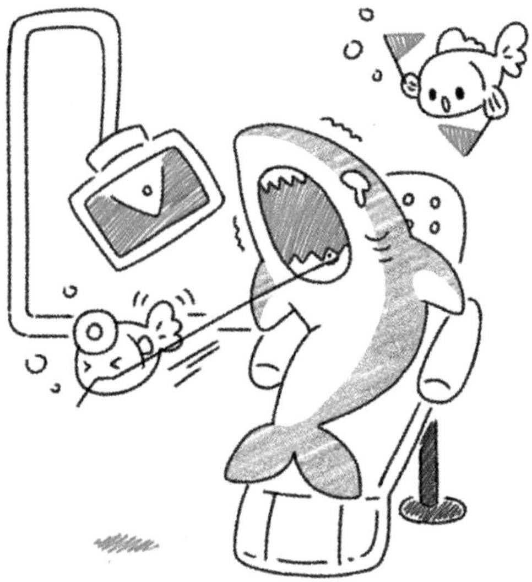

助手小鱼

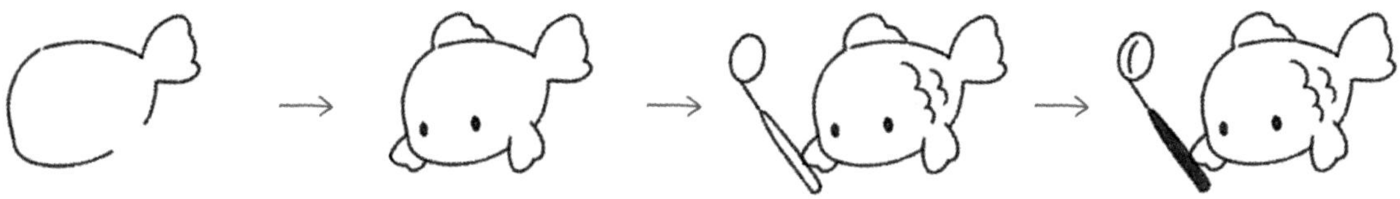

1 在鲨鱼嘴的上方画出小鱼身体。

2 补充鱼鳍和眼睛。

3 画出鱼鳞细节，再给鱼鳍处画上工具。

4 最后给工具简单上色。

珊瑚

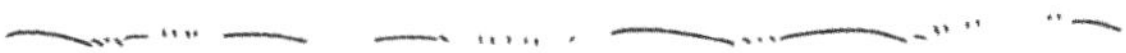

1 用较为平缓的弧线和虚线表现水底。

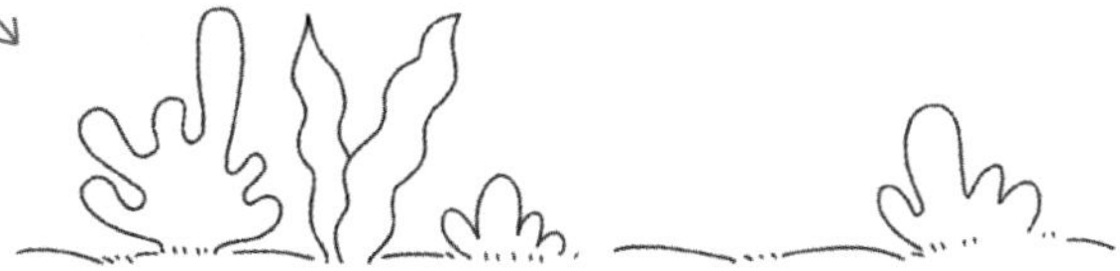

2 用流畅的线条画出不同形状的水草，水草间可留出一些空间。

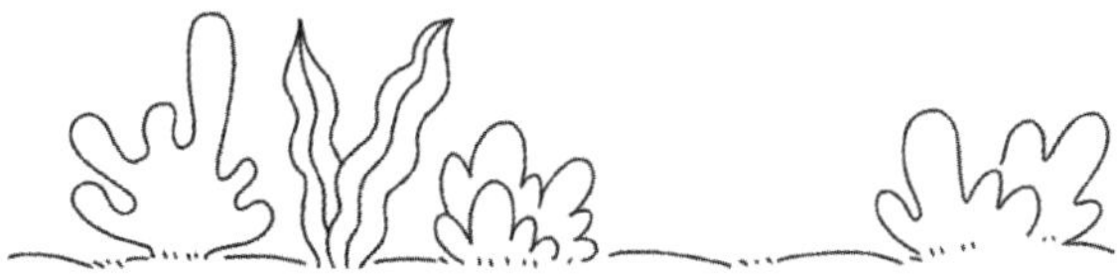

3 补充第二层水草，丰富画面。

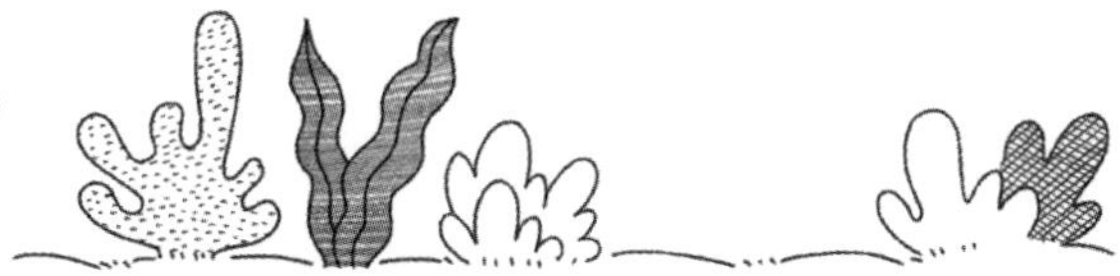

4 最后用不同的排线方式给水草上色，也可以直接留白。

小贴士 不同造型的鱼类

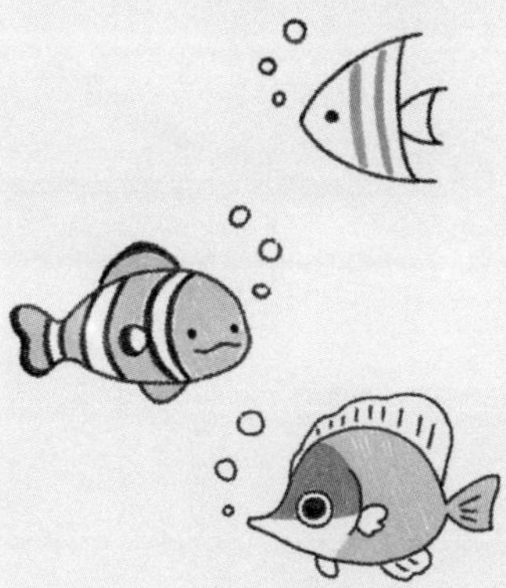

可爱的小型鱼类

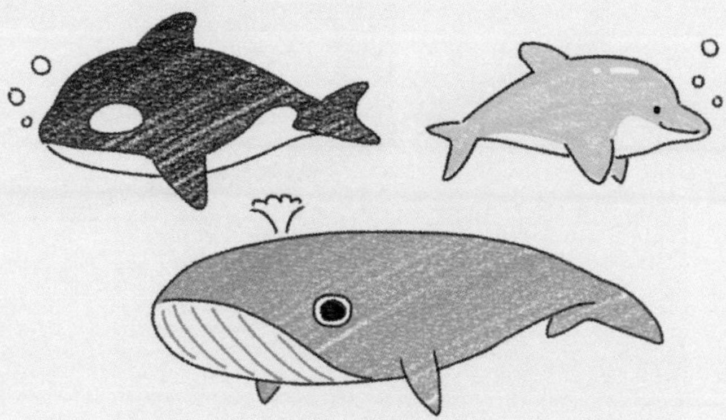

温柔的大型鱼类

看！是一排小肥啾！

虽然小鸟身上的羽毛又多又细密，但我们依然可以用长弧线来表现，注意羽毛的线条要和翅膀的外轮廓一致哦！

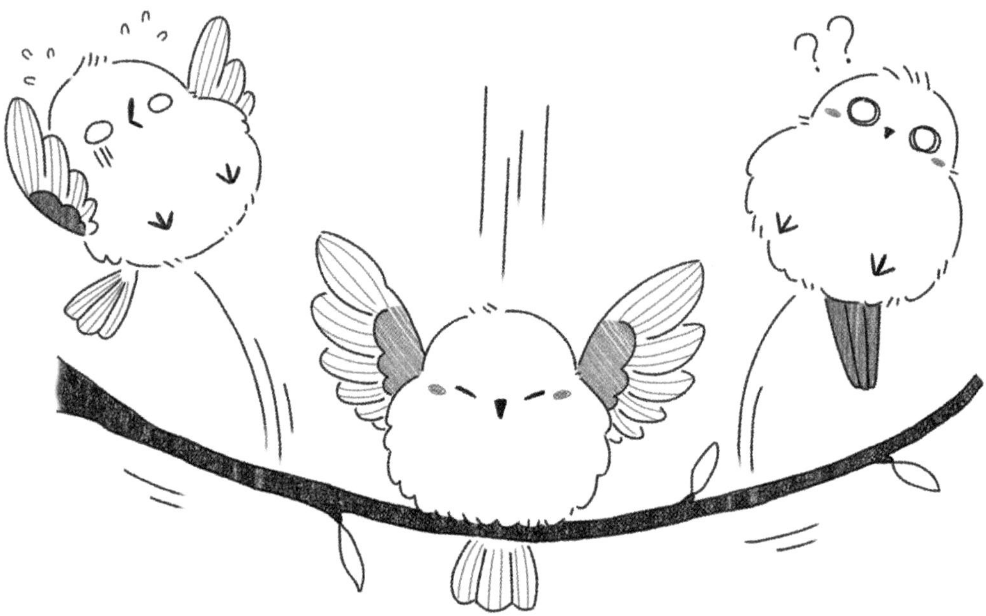

开心的小鸟

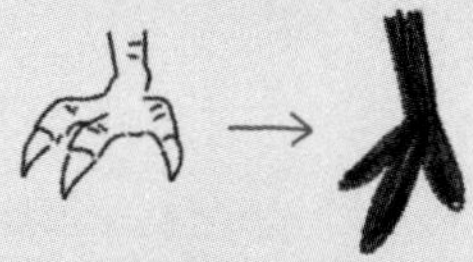

案例小知识

将鸟爪的细节简化为三条短直线，画面会更加可爱简洁哦！

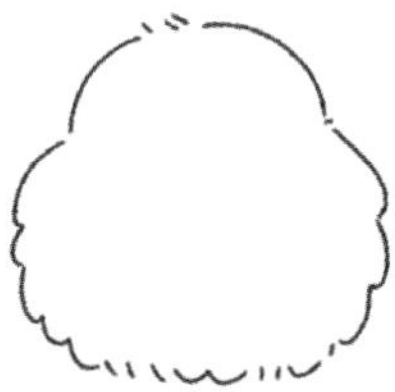

1 用连续的小弧线画出身体轮廓，一定要胖胖圆圆的哦。

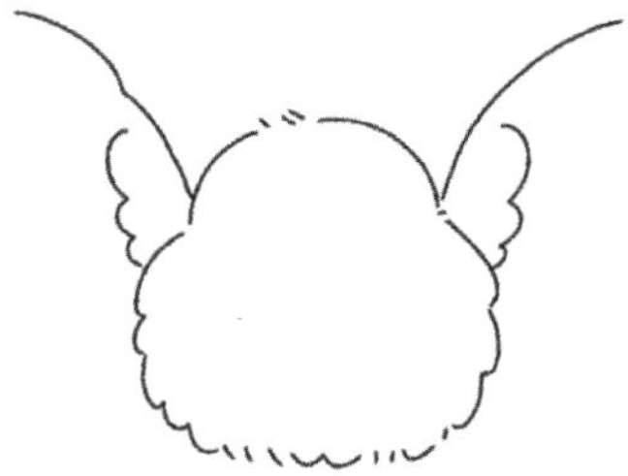

2 在身体两侧画出展开的翅膀。

3 画出翅膀羽毛的细节。

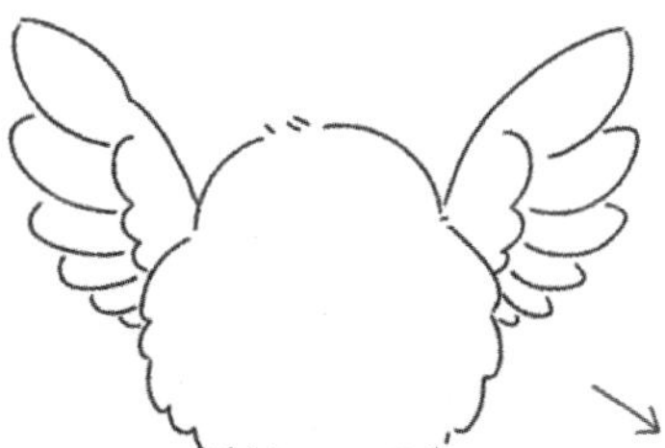

4 用三片羽毛组成尾巴，鸟爪被肚子挡住了可以省去不画。

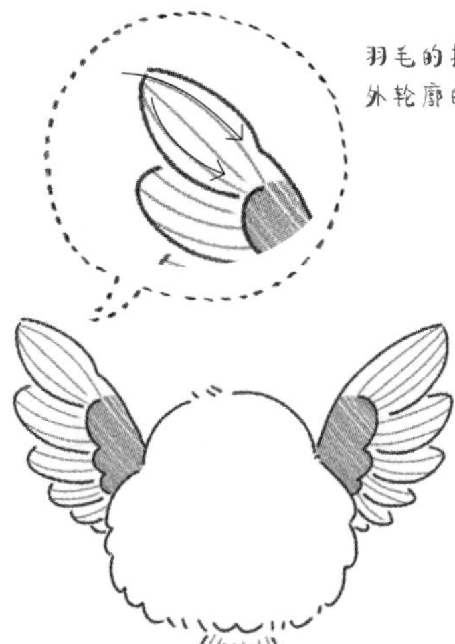

羽毛的排线顺着外轮廓的走向。

5 用略带弧度的线条勾画羽毛细节花纹。

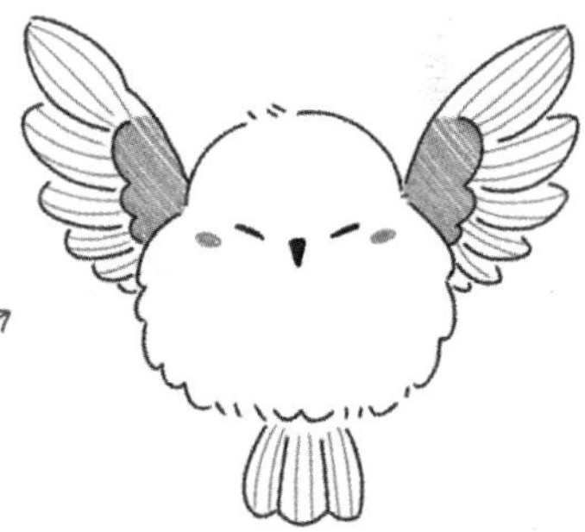

6 最后画出五官和可爱的小红晕就完成啦！

受惊吓的小鸟

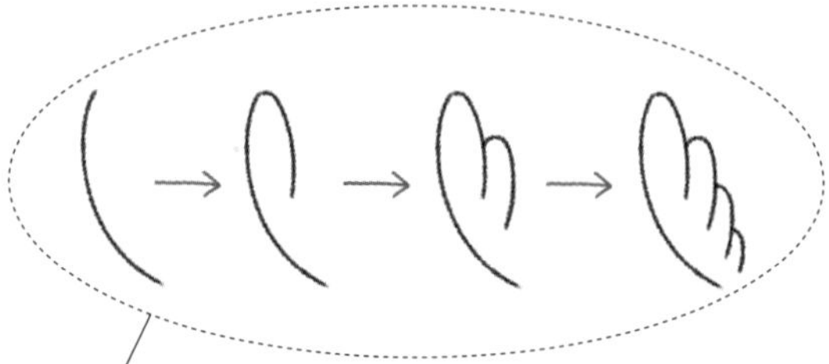

先画翅膀的外骨线，再用连续的波浪线画羽毛。

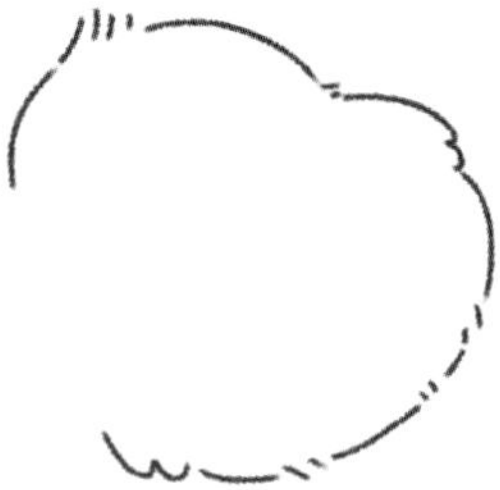

1 同样先画出肥啾胖胖的身体，注意整体向左倾斜，并留出左边翅膀的空隙。

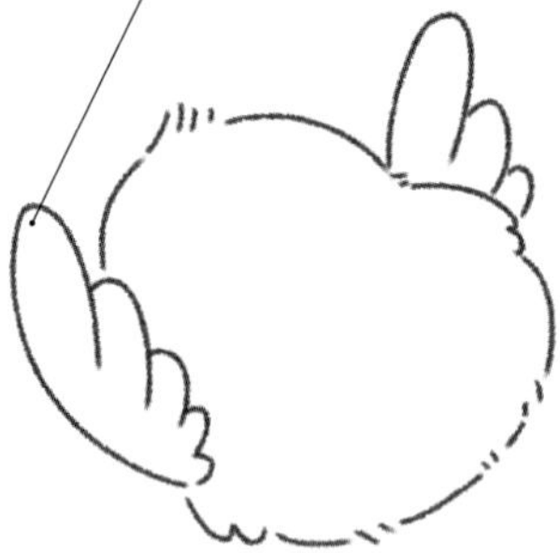

2 补充向上的翅膀羽毛。

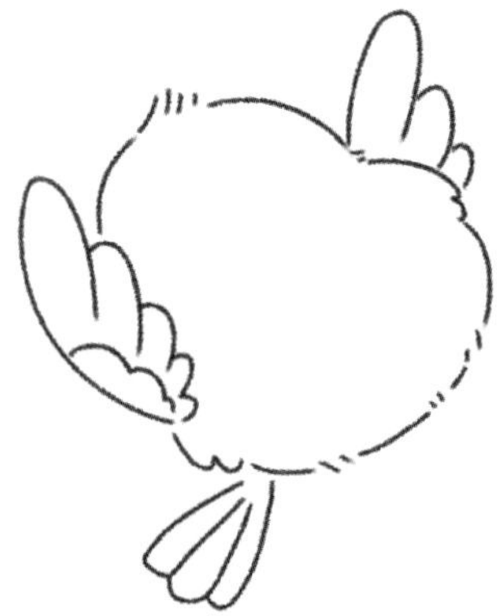

3 绘制出翅膀的层次和小巧的尾巴。

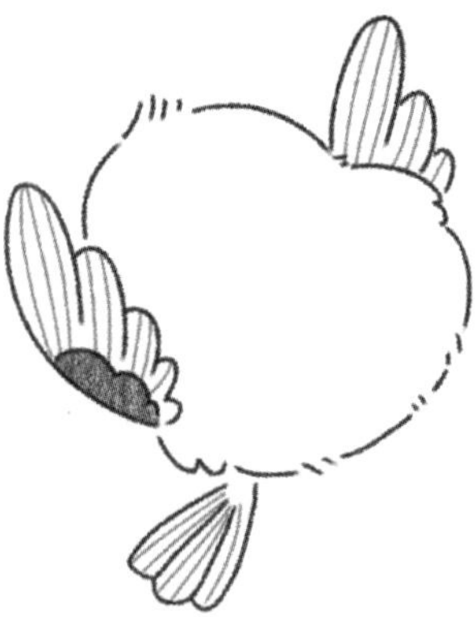

4 用弧形线条勾画出翅膀花纹。

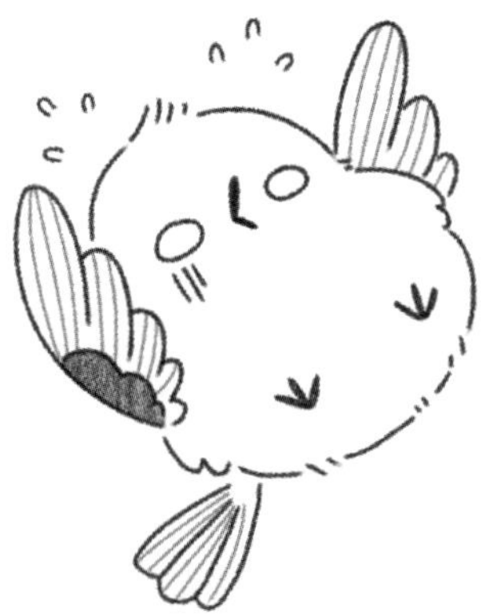

5 最后画出惊吓的表情和小小的鸟爪。

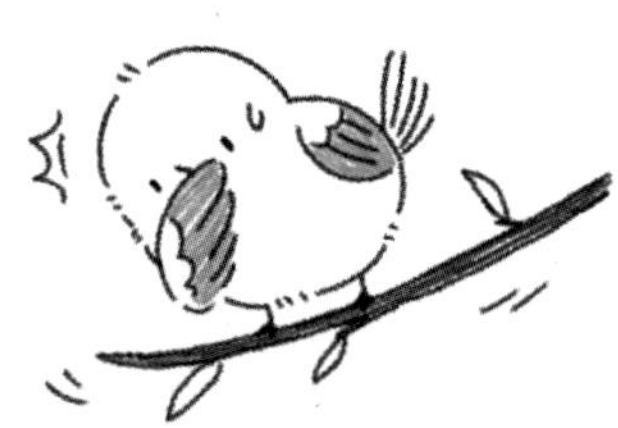

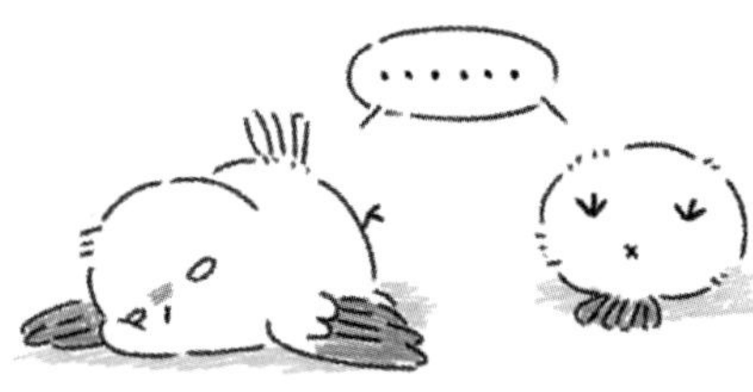

呆萌的小鸟

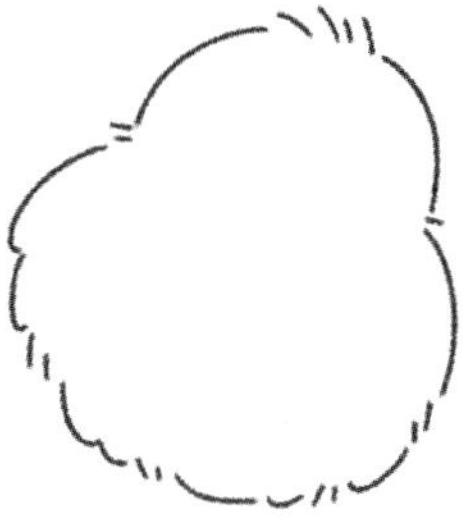

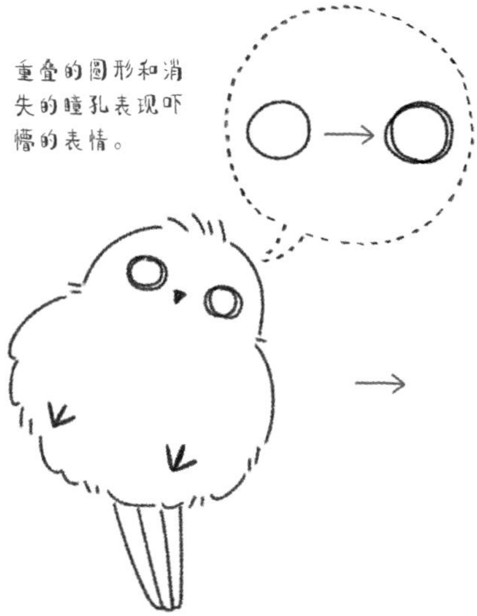

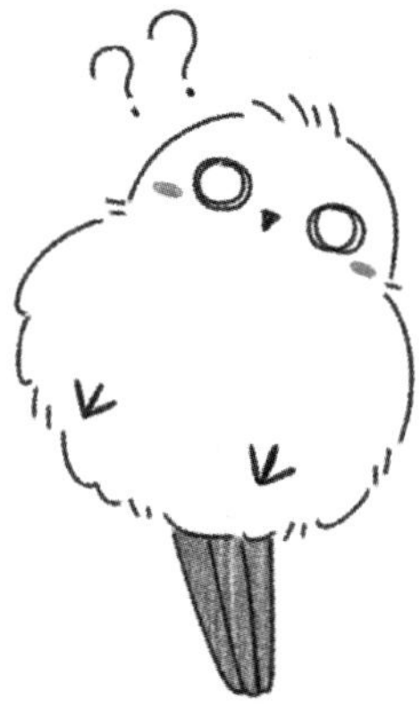

1 绘制身体时一定要注意羽毛的蓬松感。

2 用画环形打圈的方式画出椭圆形的眼睛，再用三条短直线一组画出鸟爪。

3 画出腮红后用平涂法给尾巴涂上中灰色，完成！

小贴士 各种姿态的肥啾画法

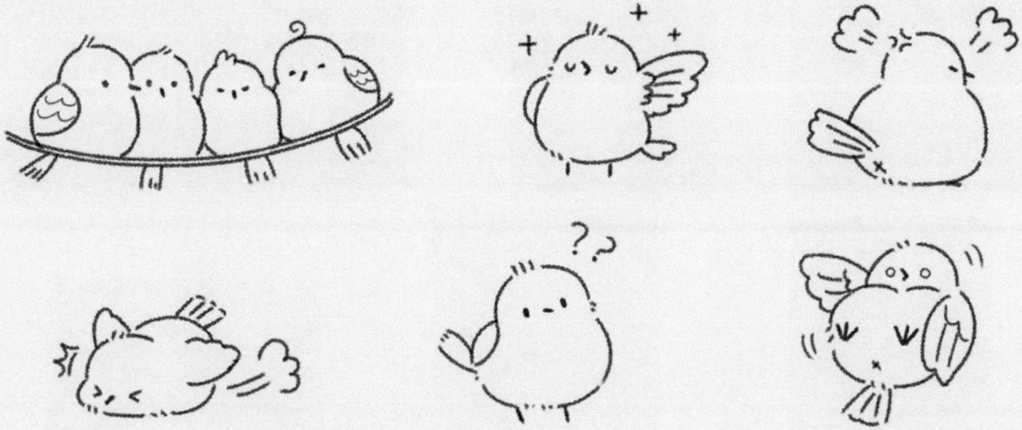

不同动作的肥啾，可爱的点也是有所不同的，快来发现吧！

为白兔小姐献上鲜花

当我们在画白色动物的时候，可以简单地用浅色短线点缀一下毛发质感，千万不要乱用重色导致画面变脏哦！

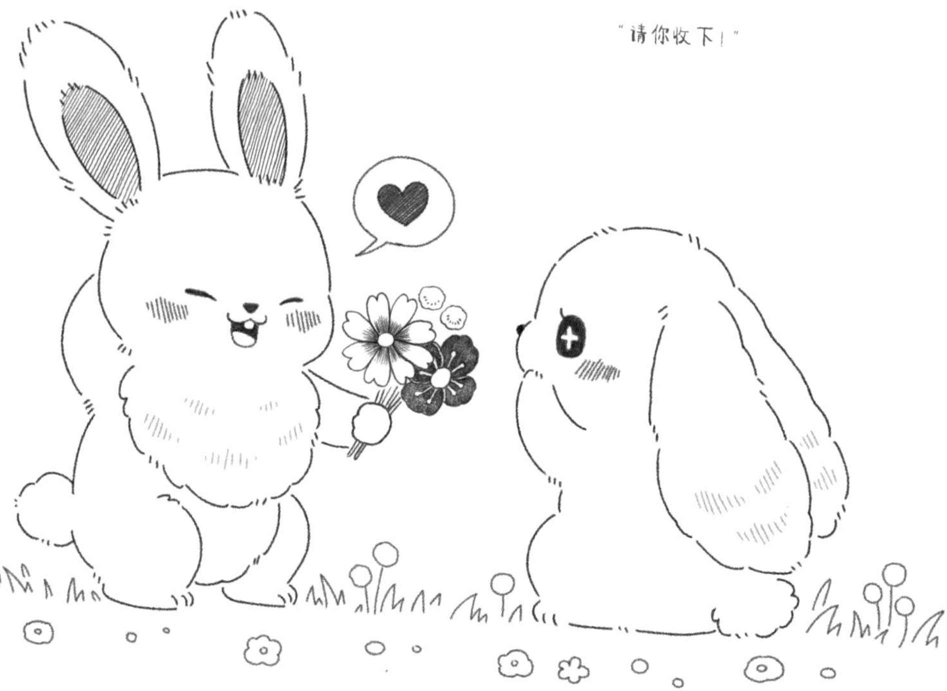

兔子先生

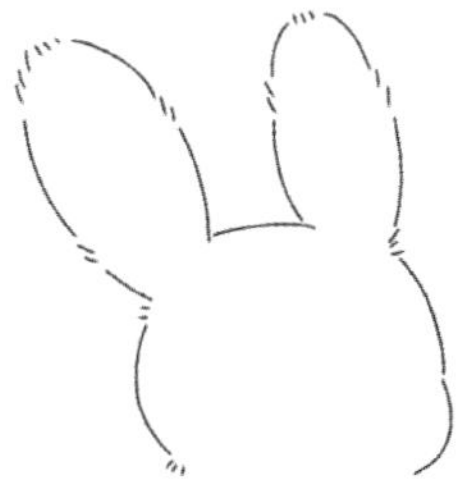

1 在流畅的弧线中间穿插短促的线条，表现毛茸茸的质感。

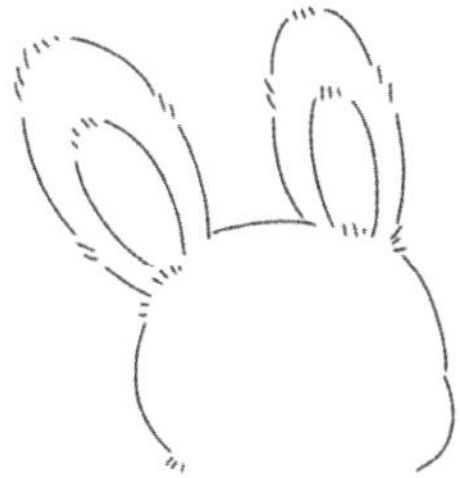

2 补充耳朵里的细节，造型和外轮廓一样。

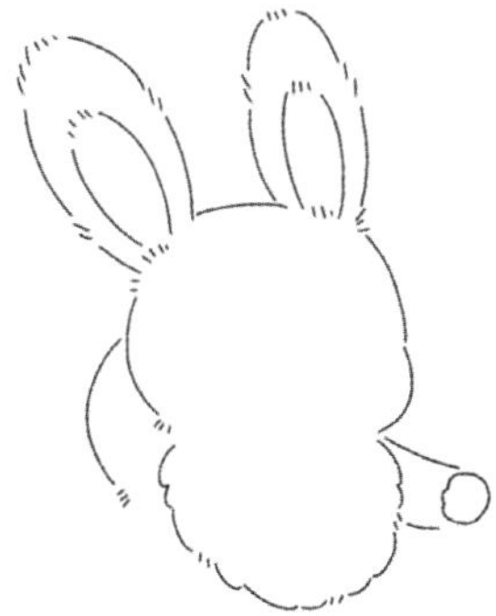

3 画出胸口蓬松的绒毛与双手。

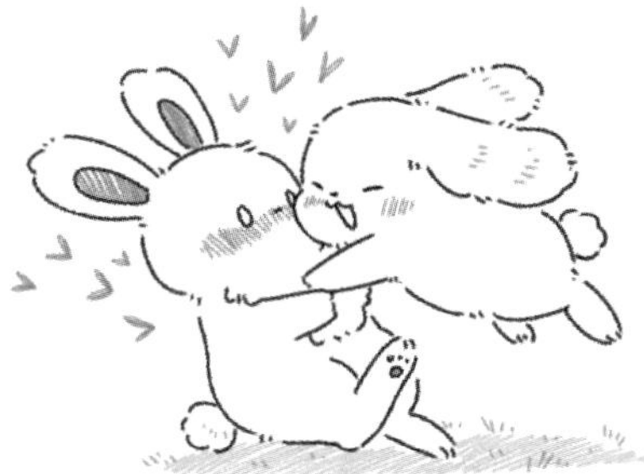

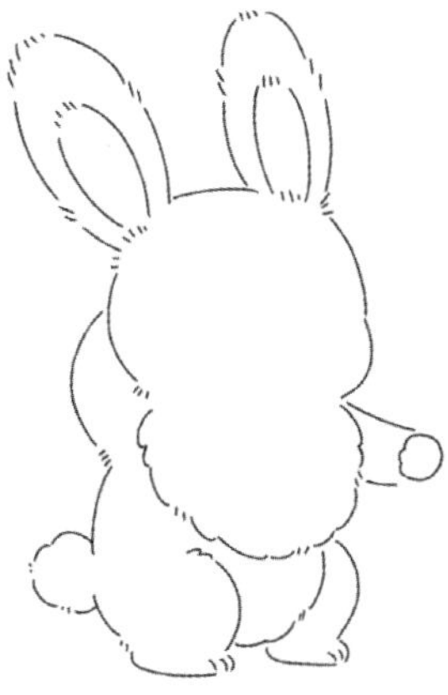

4 接着向下补充完整的身体和脚。

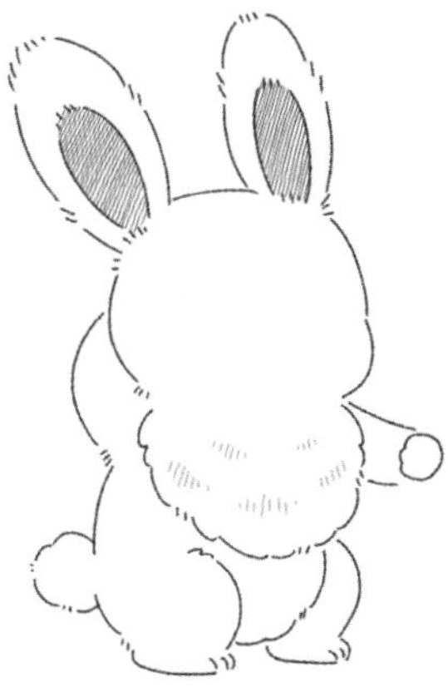

5 用密集的斜线排线填充耳朵内部。再用小短线画出胸口绒毛的蓬松感。

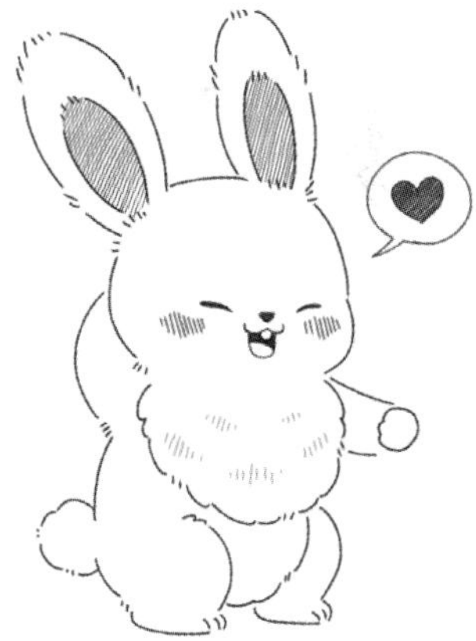

6 最后添加五官，用短线排线画出可爱的红晕。

兔子小姐

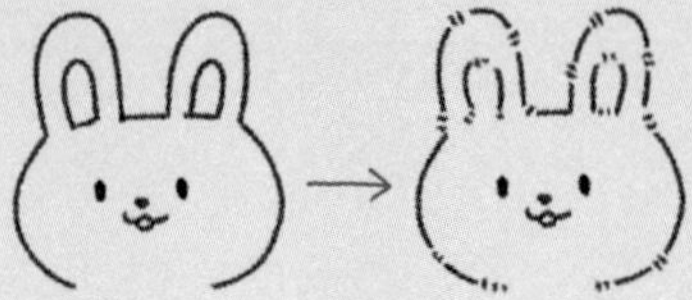

案例小知识

灵活的画线方式，比死板的勾线更显得毛绒绒。

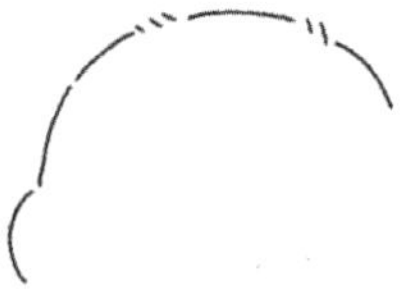

1 用弧线和短直线结合勾勒出头部轮廓。

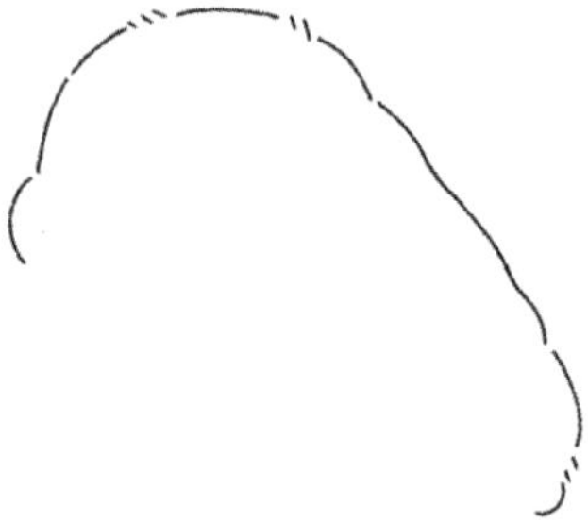

2 继续向下勾画出长长的下垂耳。

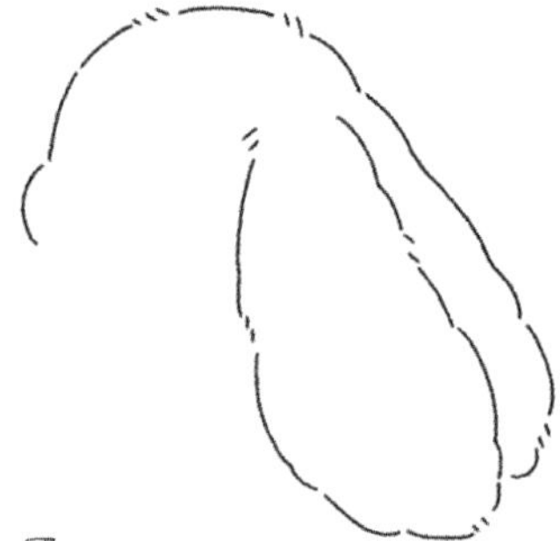

3 补充完整耳朵的形状，前端画宽一些会更加可爱哦。

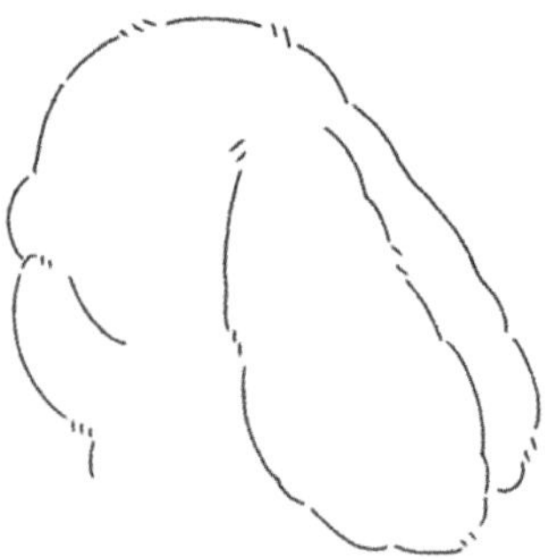

4 接着画出短胖的兔爪。

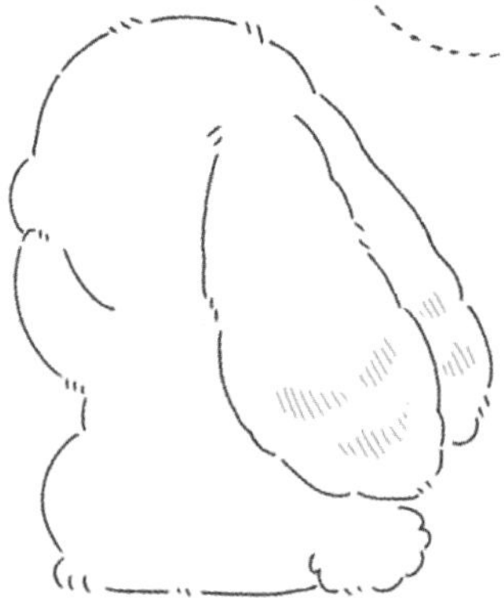

5 向下画出身体和尾巴，注意尾巴是圆形。再用短直线画出耳朵的绒毛。

可通过绘制眼睫毛区分角色性别哦。

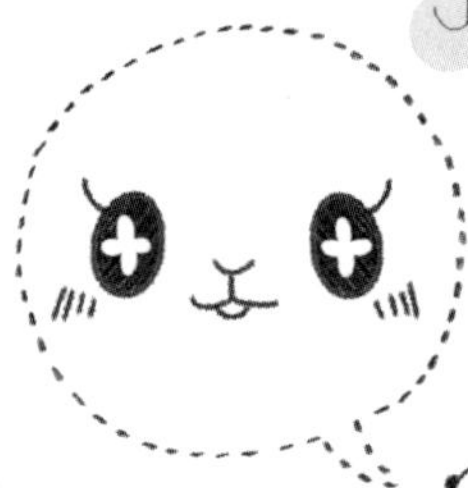

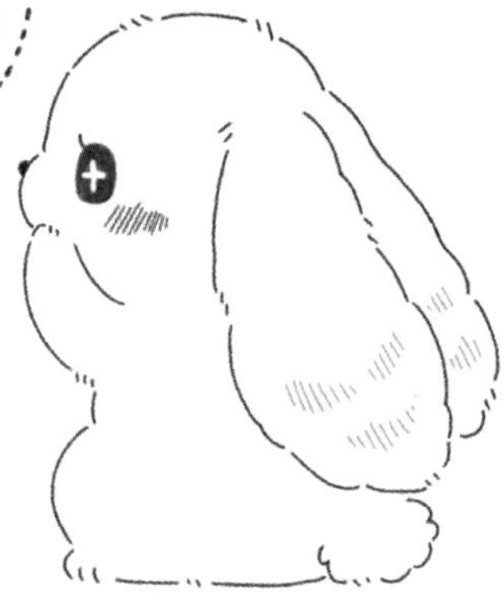

6 画出眼睛，里面的十字形花纹要提前留白。

小花束

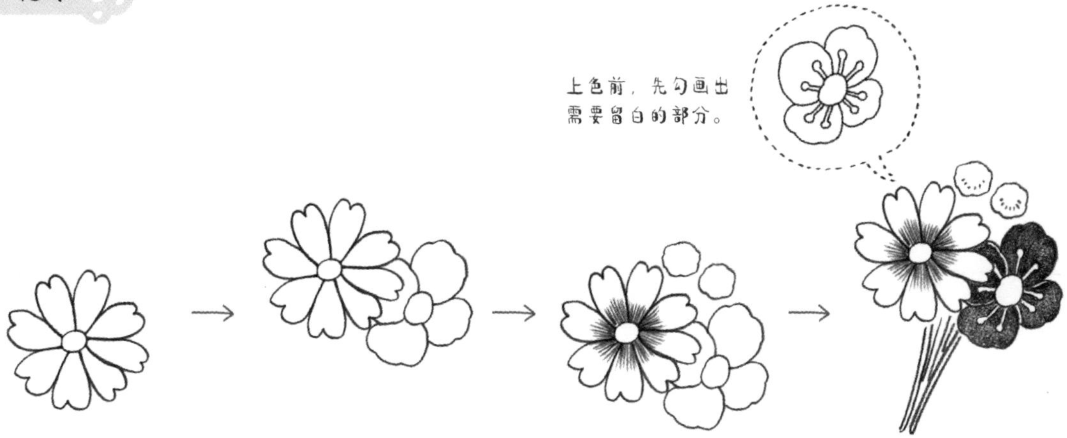

1 围绕着圆形花心画出有着爱心形状花瓣的小花。

2 接着画一朵四瓣小花，注意花瓣被第一朵遮挡住了一点。

3 用中灰色在花心周围排线，画出花纹。

4 用平涂法填涂出深色的小花。

小贴士 简单光影画出白色的动物

表现白色的动物有两种常用的添加阴影的方法。

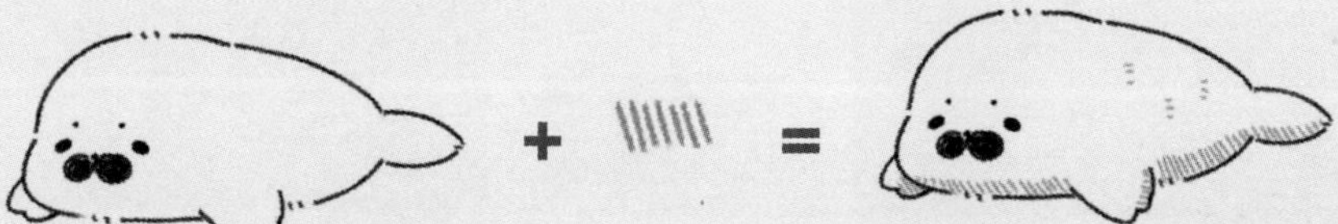

表面比较光滑的动物，可以用倾斜的短线沿着下方轮廓边缘排线，就能表现出阴影。

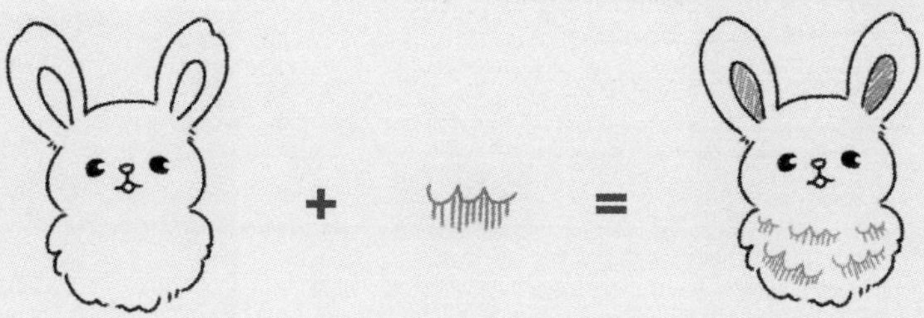

绒毛较多的动物，可以选用小弧线和直线排线结合的方式，表现阴影和蓬松的质感。

绵羊奶奶织围巾

为了画出绵羊软绵蓬松的质感，可以使用连续的绕圈线条来画外轮廓，但是注意面部的波浪线是朝内起伏的，一定要区分开呀！

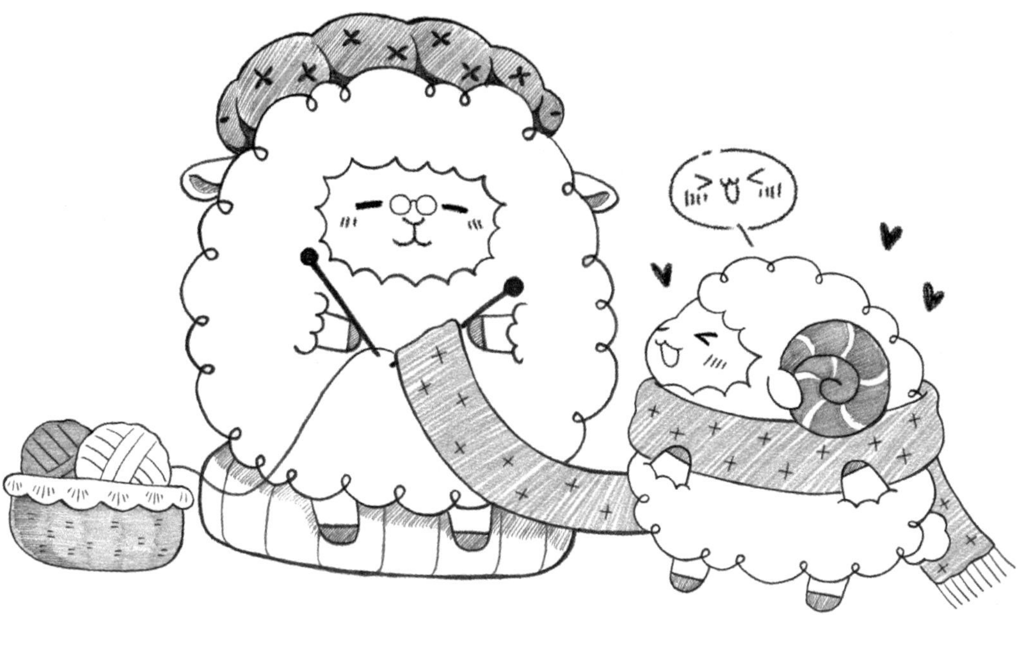

绵羊奶奶

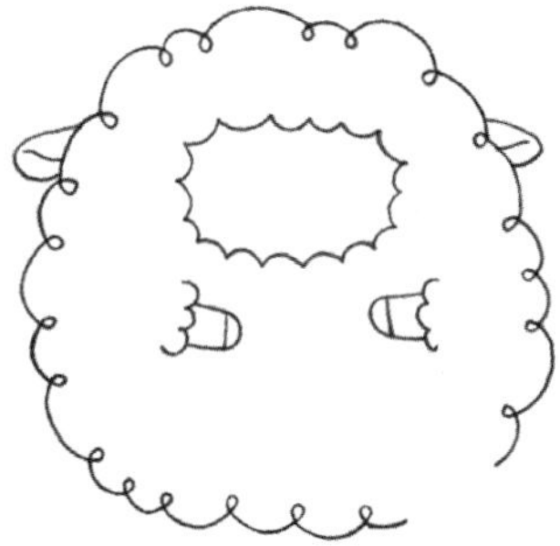

2 补充出耳朵和小手。

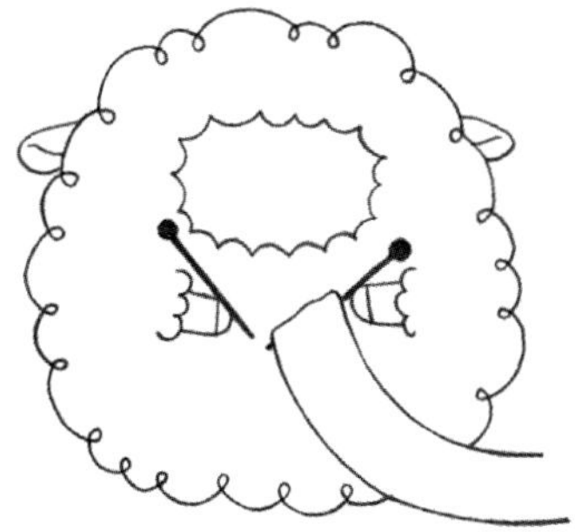

1 身体呈一个圆圆的鸡蛋型。

3 画出一长一短的毛衣针，顺势画出围巾。

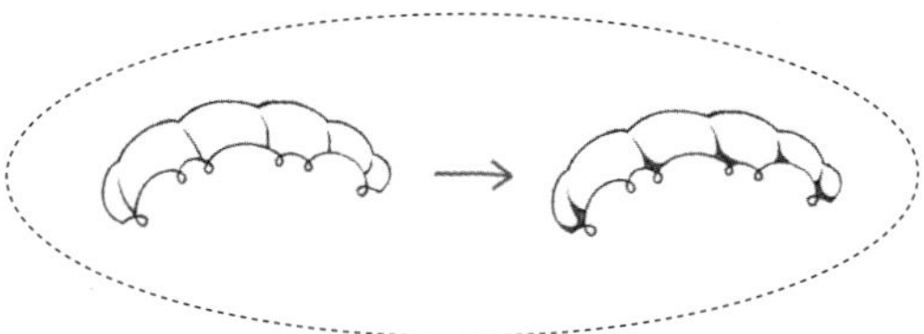

在皱褶与轮廓衔接的凹陷处添加阴影。

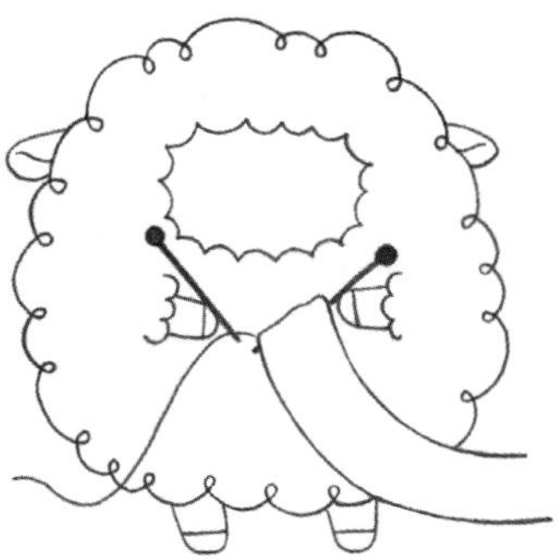

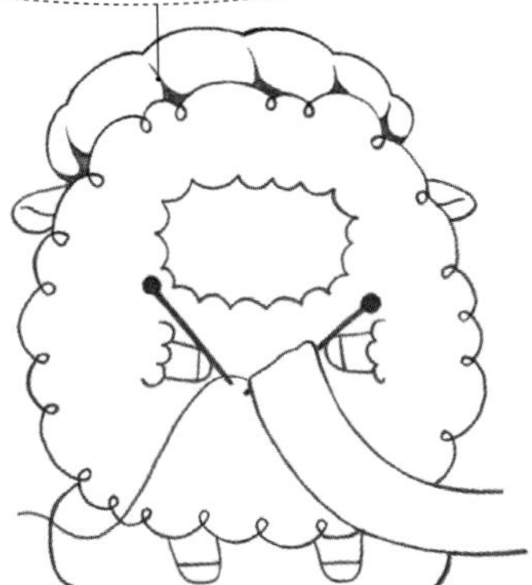

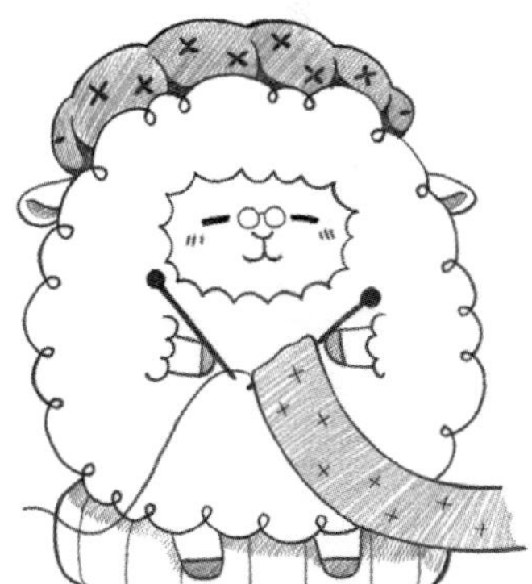

4 在身体下方画出圆柱形的脚。

5 再给奶奶画上好看的帽子、软软的垫子。

6 画出五官等细节。用浅灰色给围巾帽子涂上调子，画出碎花。

暖暖的羊宝宝

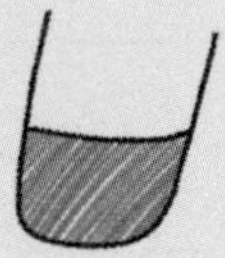

案例小知识

绘制蹄类动物时，不要忘记绘制蹄子的结构哦！

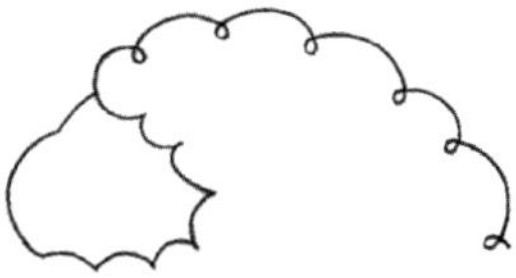

1 用流畅的连续弧线画出头部毛发。

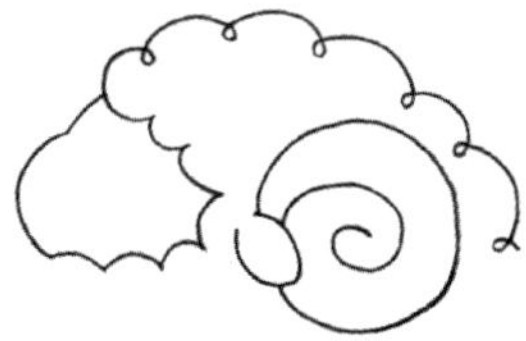

2 接着用流畅光滑的线条勾出螺旋状的羊角。

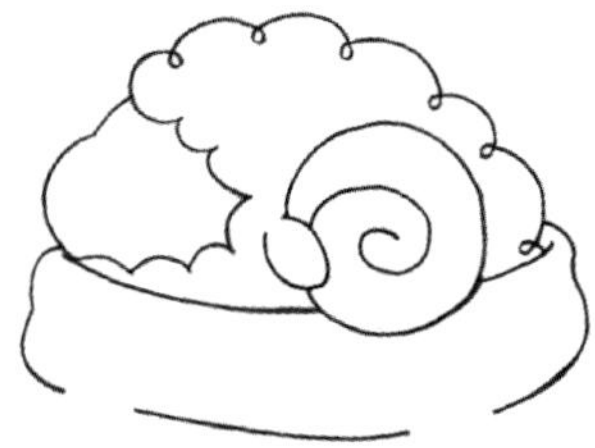

3 用厚厚的围巾裹住脖子。注意留出手的位置。

顺着羊角螺旋的走向用双线画出留白区域。

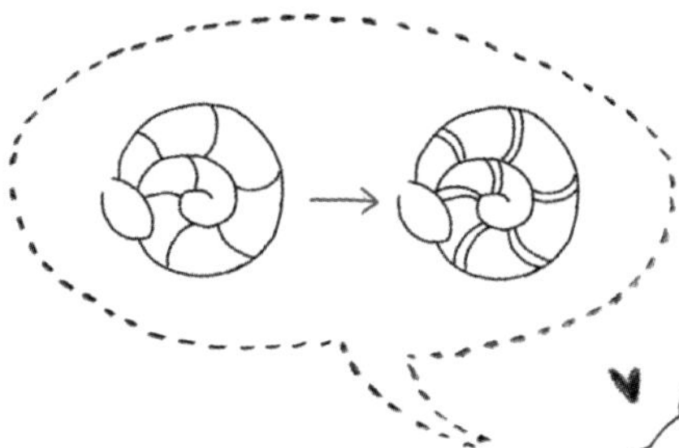

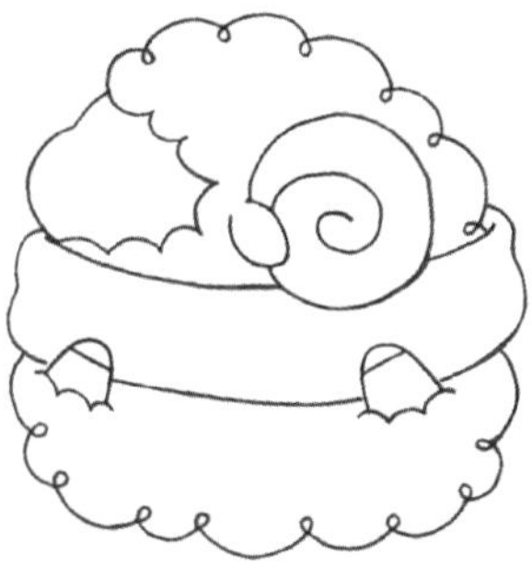

4 在留白处加上小胖手，再画出圆滚滚的身体。

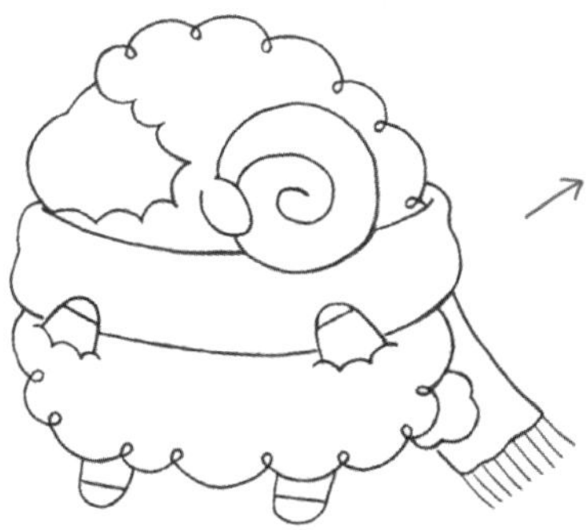

5 画出长长的围巾局部和双腿。

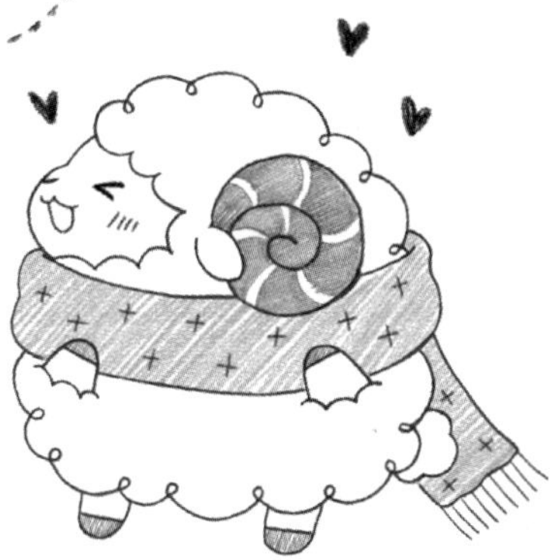

6 用斜排线的方式平涂围巾和羊角，再立起笔尖添加十字花纹。最后加上五官就画好啦！

毛线球

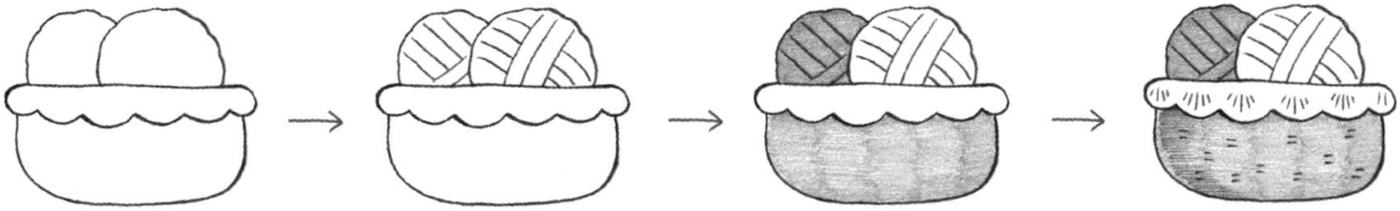

1 画出篮子和毛线球的轮廓。

2 用弧线添加上缠绕的毛线。

3 采用平涂法，给篮子和毛线球涂上浅灰色的调子。

4 加深篮子上的阴影，补充出花纹等细节。

小贴士 各种好看的围巾花纹

我们可以改变围巾的轮廓和内部装饰线条，画出不同质感的围巾。

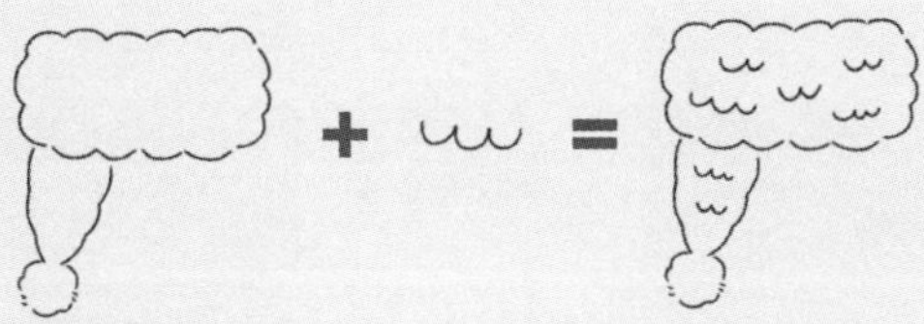

毛绒质感的围巾。在内部多画2~3个连续的弧线线条，几笔就能表现毛绒感。

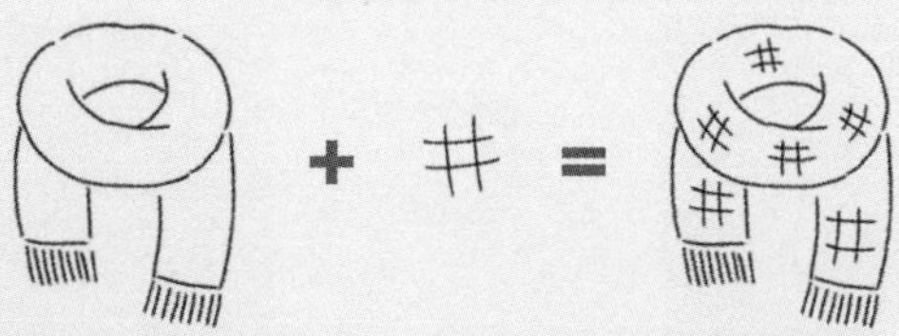

表面平整或光滑的围巾。可以内部添加井字型花纹，同样只需几组。

还能用不同的花纹去填补围巾内部。

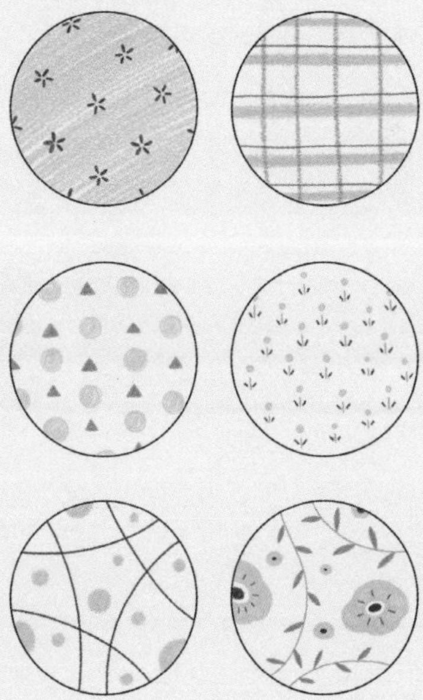

狐狸先生的大尾巴

为了让狐狸的大尾巴更加温暖可爱，可以用密集的短线沿着尾巴尖的方向依次涂画，从而得到蓬松的质感。

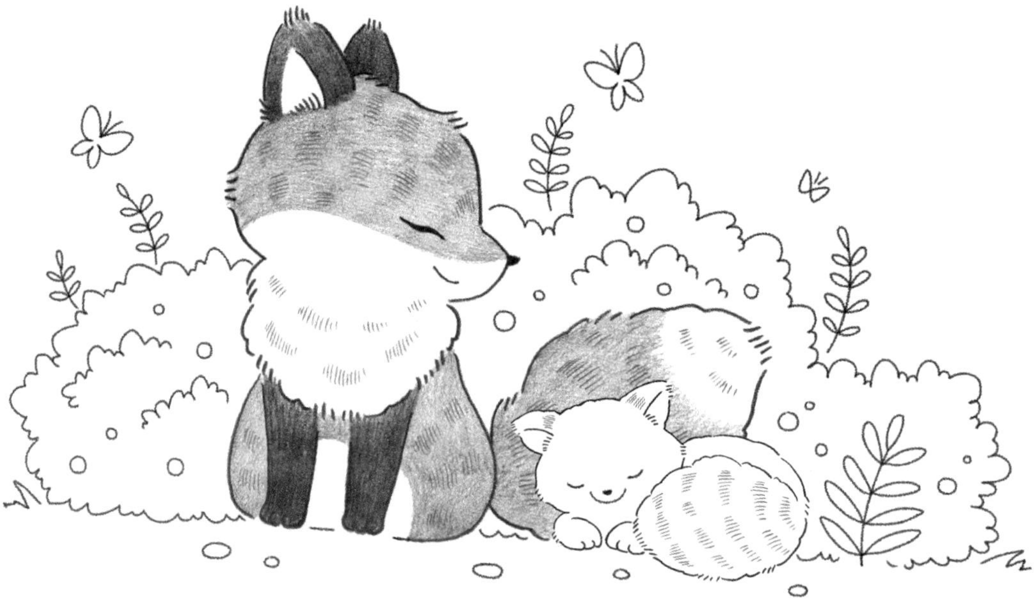

暖心的红狐

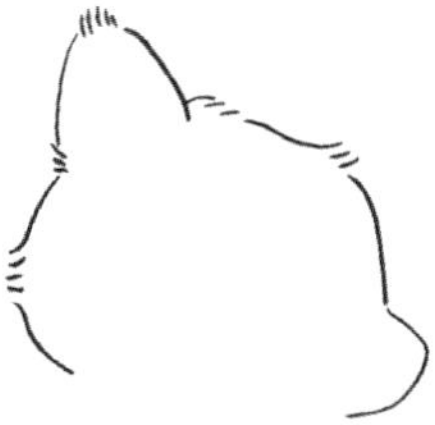

1 勾画头部时，可以画几根翘起来的短毛，更加可爱生动。

→

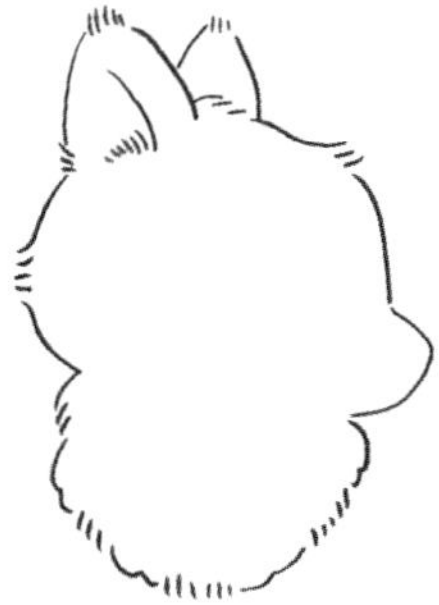

2 小弧线和小短线结合使用，画出具有蓬松感的胸口。

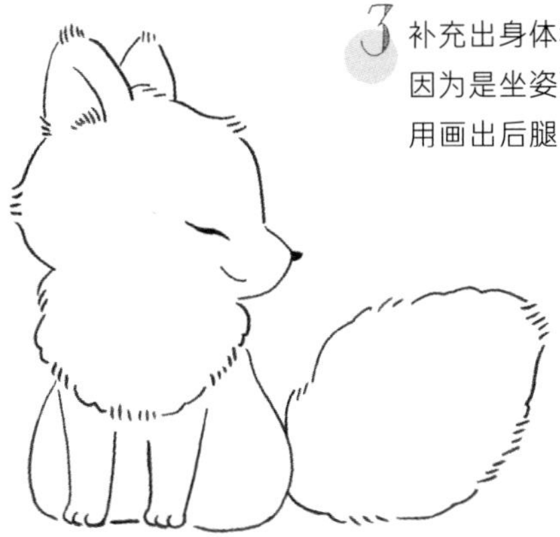

3 补充出身体和尾巴，因为是坐姿可以不用画出后腿。

→

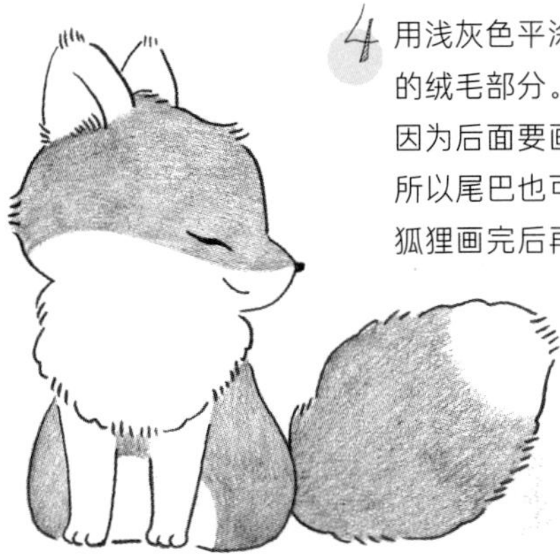

4 用浅灰色平涂出灰色的绒毛部分。注意，因为后面要画小狐狸，所以尾巴也可以等小狐狸画完后再添加。

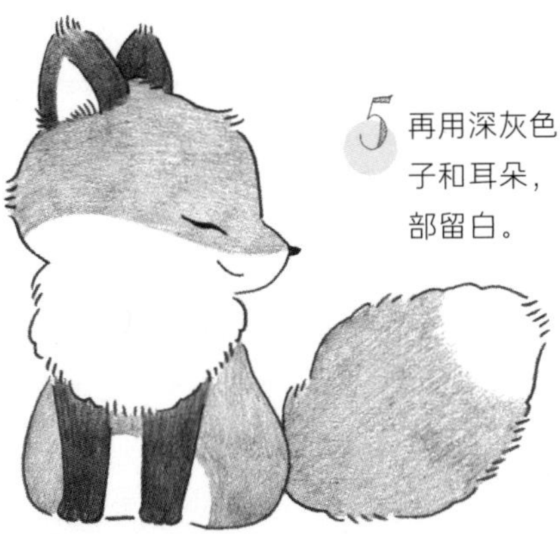

5 再用深灰色平涂爪子和耳朵，耳朵内部留白。

→

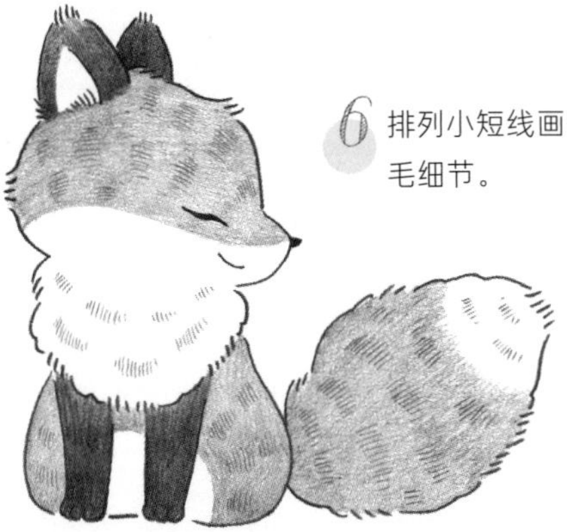

6 排列小短线画出绒毛细节。

午睡的小白狐

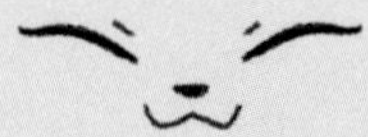

案例小知识

狐狸的眼睛除了用圆形还可以用带弧度变化的线条表现，眯眼更显可爱。

白狐和红狐的尾巴大小差不多。

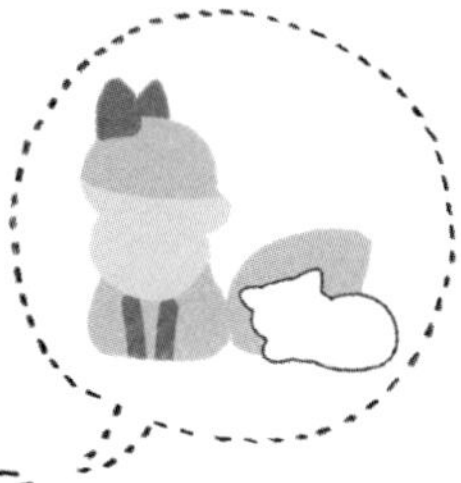

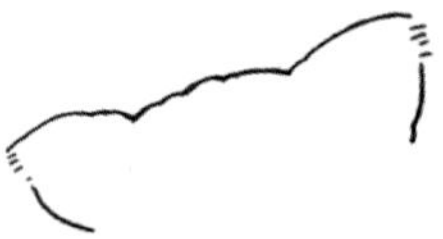

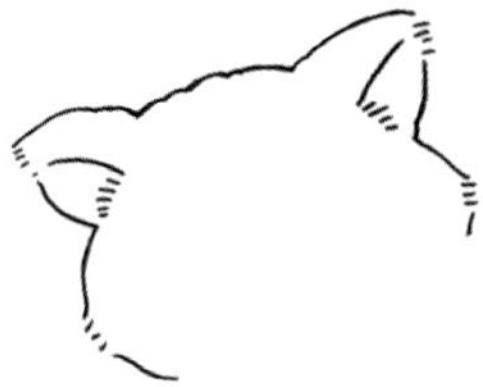

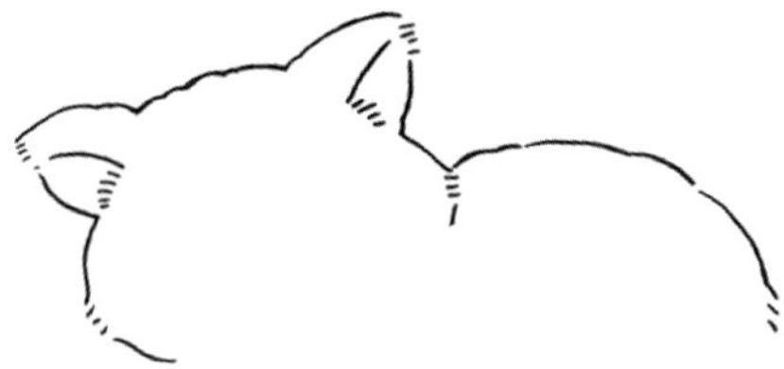

1 画头部轮廓时，耳朵尖用短线能体现毛绒手感。

2 画出耳朵里面的细节，同时勾出脸型。

3 接着画出弧形的背部。

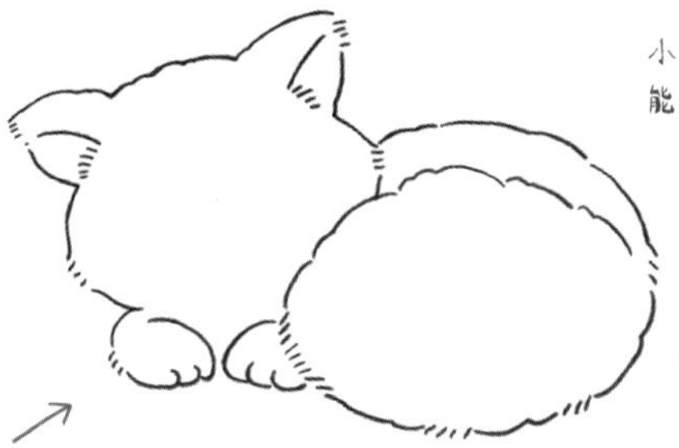

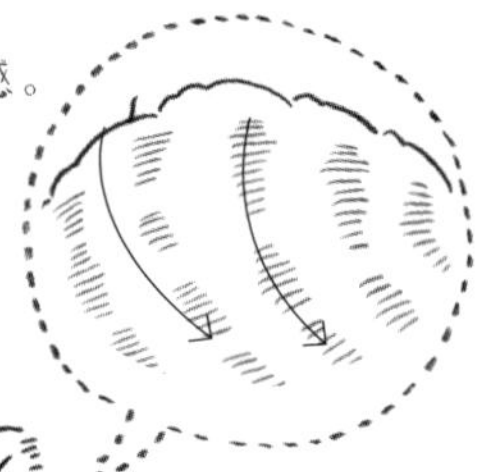

5 画出互为对称的前爪。

小短线呈弧形排列，能使尾巴更有体积感。

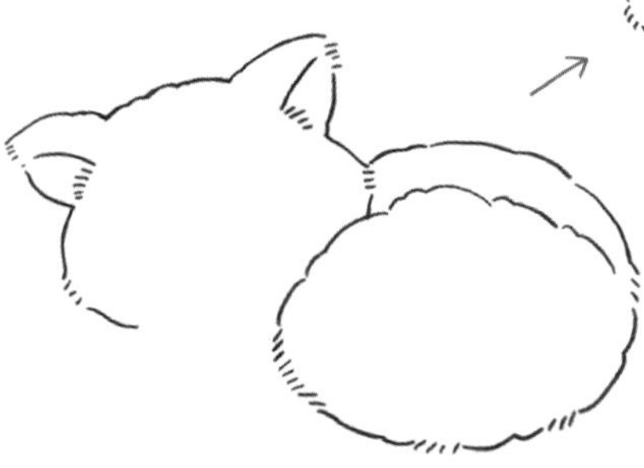

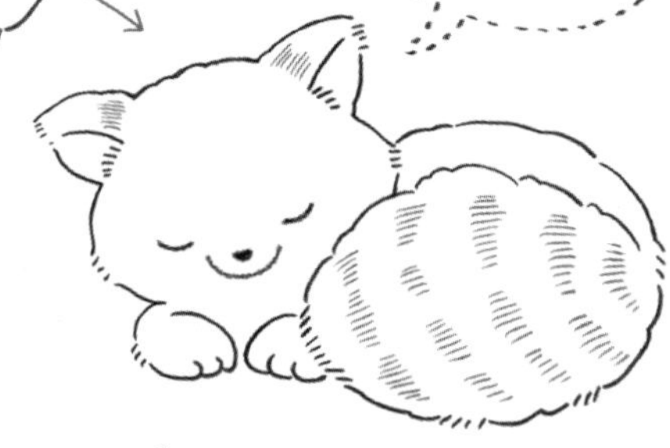

4 用弧线和小短线的搭配画出毛茸茸的大尾巴。

6 补充五官，用小短线简略排出尾巴上的阴影就完成啦！

草丛

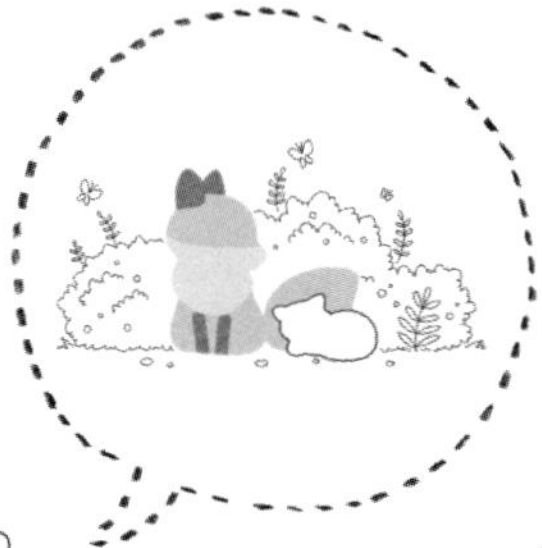

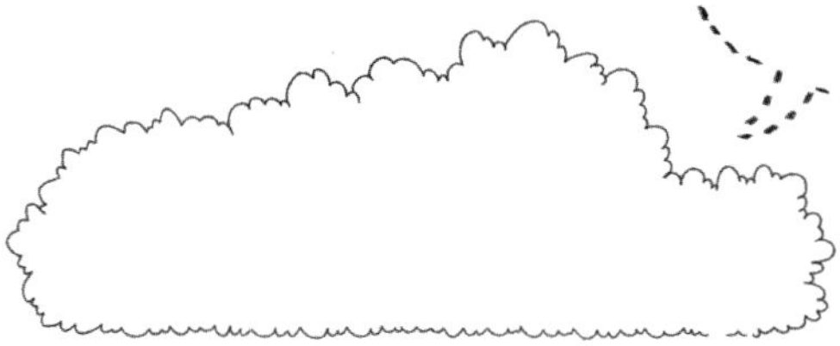

1 在狐狸的身后，用轻松的连续性弧线勾出草丛的轮廓。

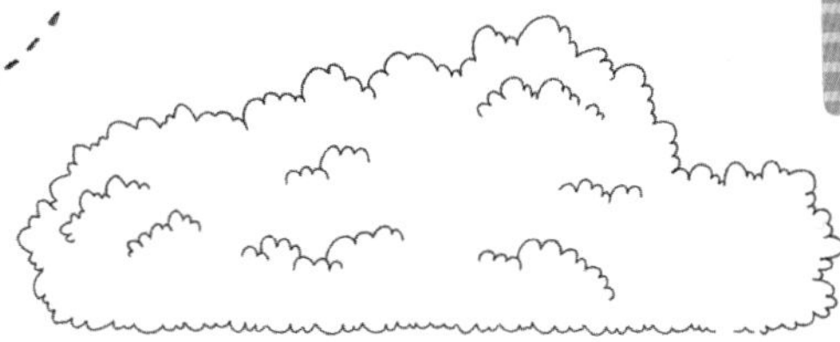

2 补充内部叶片形状，不要过多。

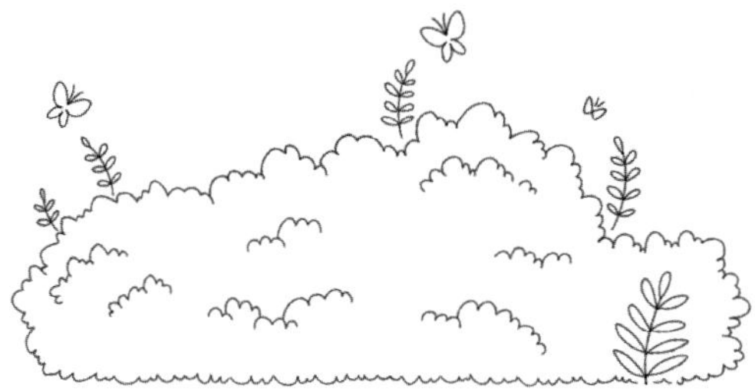

3 添加小蝴蝶和伸展出来的枝条。

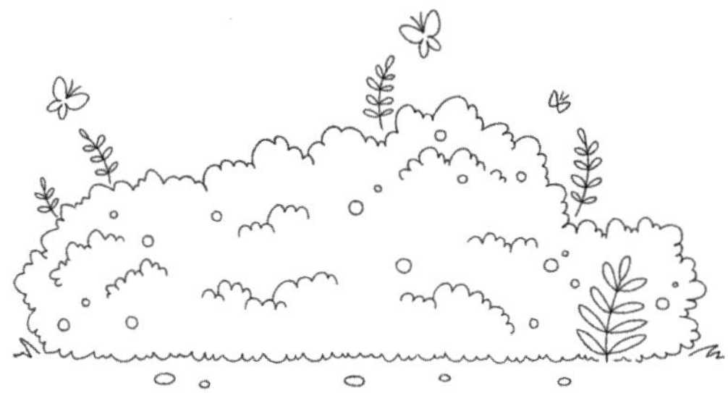

4 点缀一些圆点，就完成啦！

小贴士 各种毛绒绒尾巴的画法

其实我们只要学会线条的几种形态和用法，就能搞定各种毛绒绒的尾巴啦！

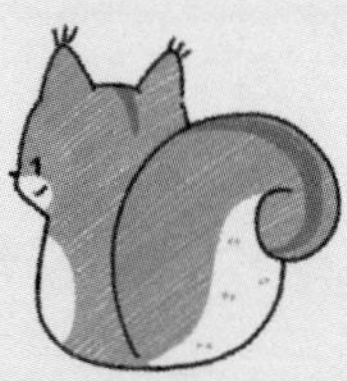

较为顺滑的尾巴可用流畅的弧线。

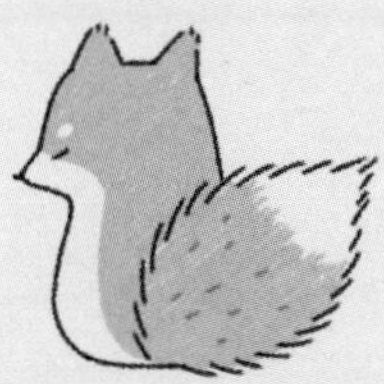

绒毛蓬松的尾巴可以用小短线。

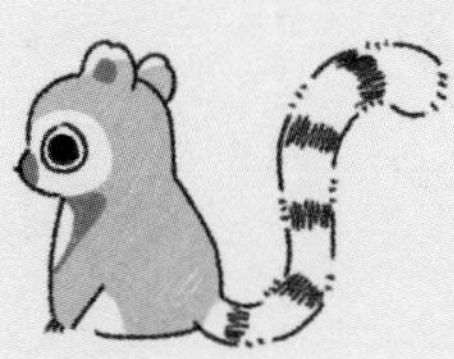

弧线和短线轮流使用，既有清楚的轮廓又有毛绒的质感。

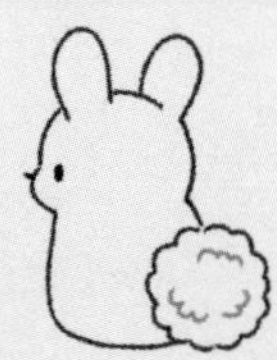

圆形的小尾巴可以用轻松的小弧线。

猪猪的大餐

憨憨的小猪正在为你准备一份可口的大餐哦！为了画出小猪胖墩墩的可爱造型，外轮廓线一定要圆润，一起来试试吧！

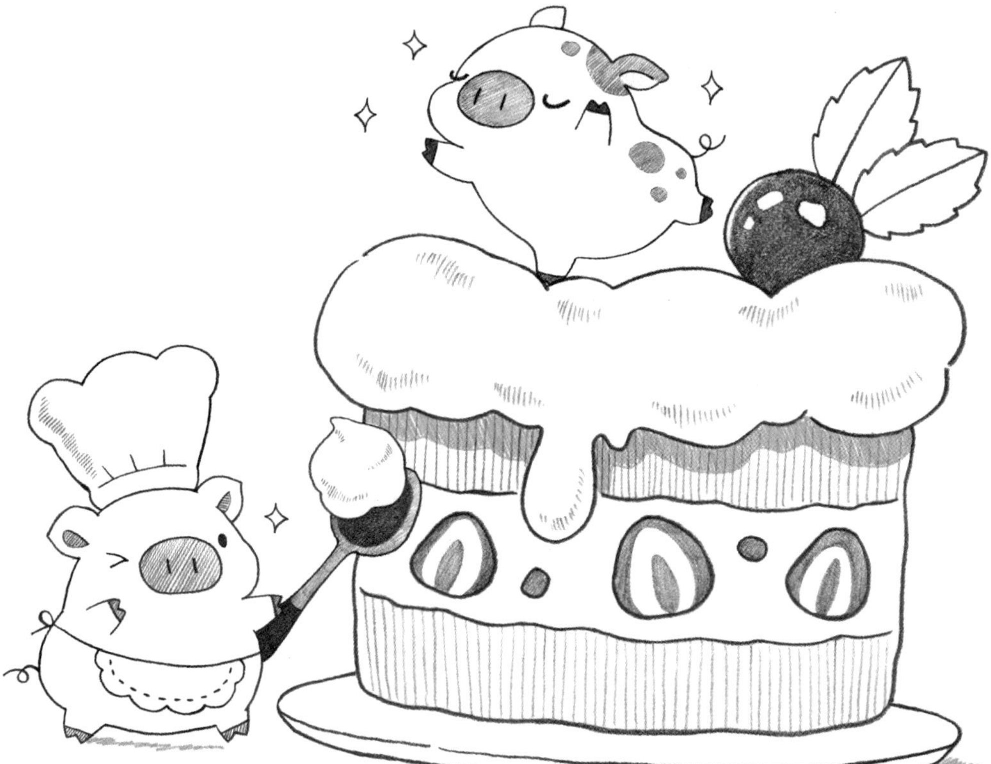

小花猪

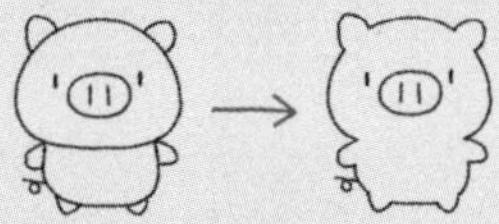

案例小知识

如果去掉一些区分线，只保留身体最外轮廓的线条，动物会更可爱哦！

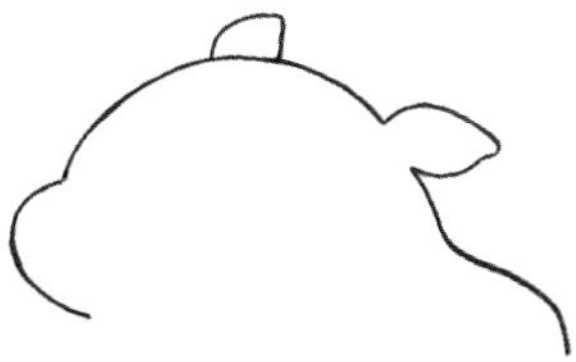

1 用流畅的弧线画出头、背轮廓线条。

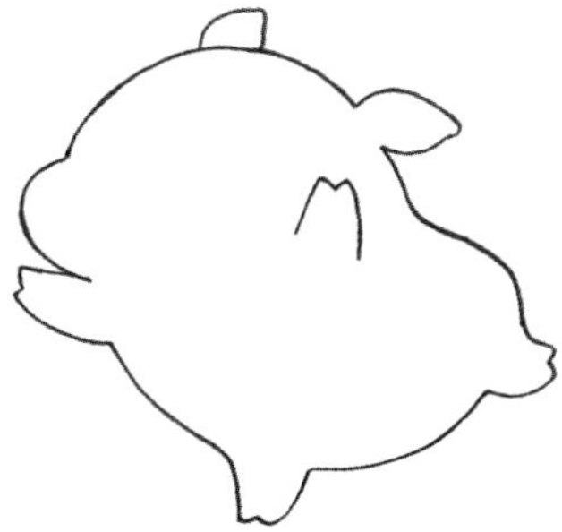

2 补充四肢和肚皮，注意小猪的蹄尖是凹陷的。

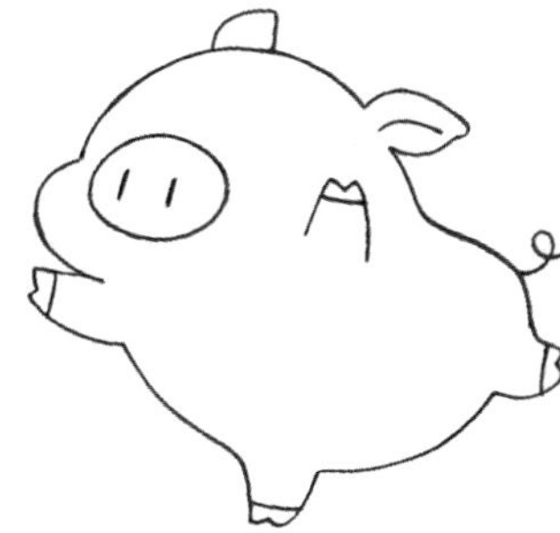

3 画出鼻子等细节。

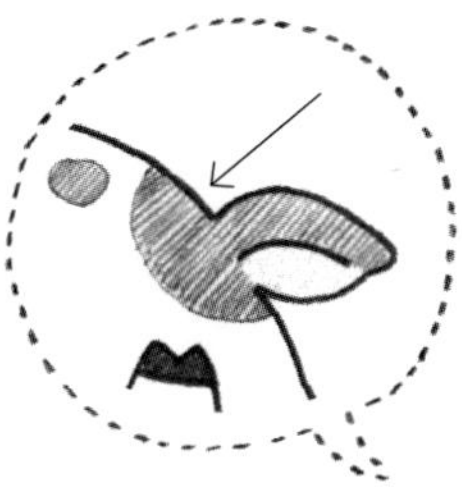

用斜排线的方式涂出身上花纹和鼻子。

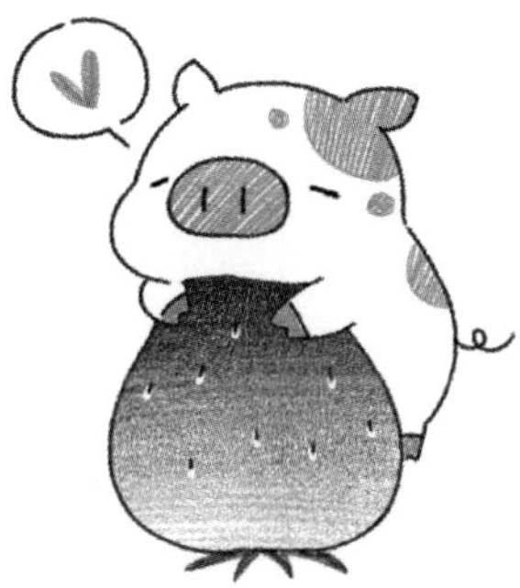

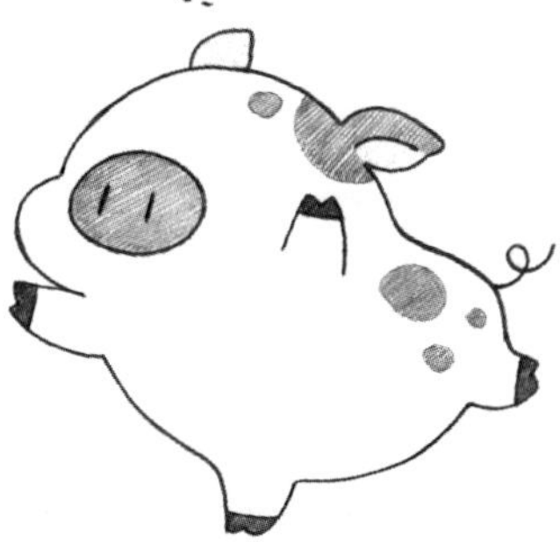

4 为小猪添上浅灰色的花纹和深色的蹄子。

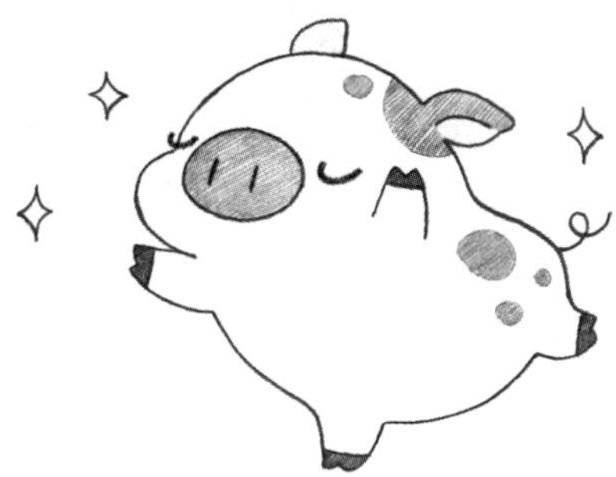

5 最后画出小猪的眼睛，并用小星星表现得意的情绪。

奶油蛋糕

蛋糕比两只小猪大很多。

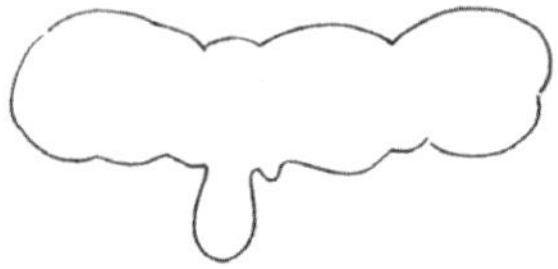

1 在小猪的下方，用弧线随意地画出蛋糕的奶油。

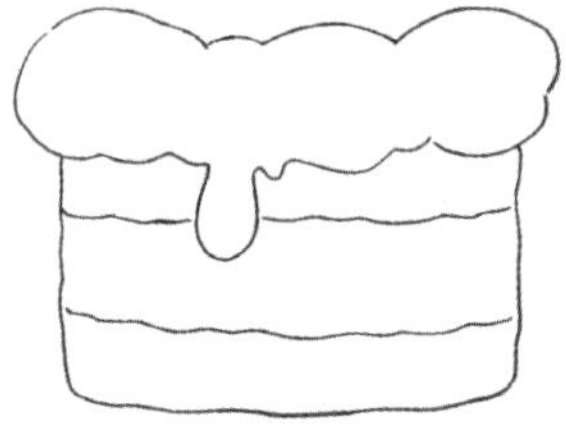

2 向下补充长方形的蛋糕主体轮廓。

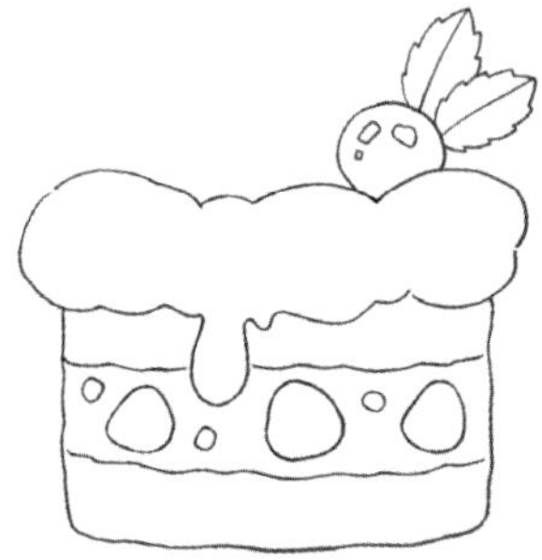

3 添加蓝莓和草莓的细节。

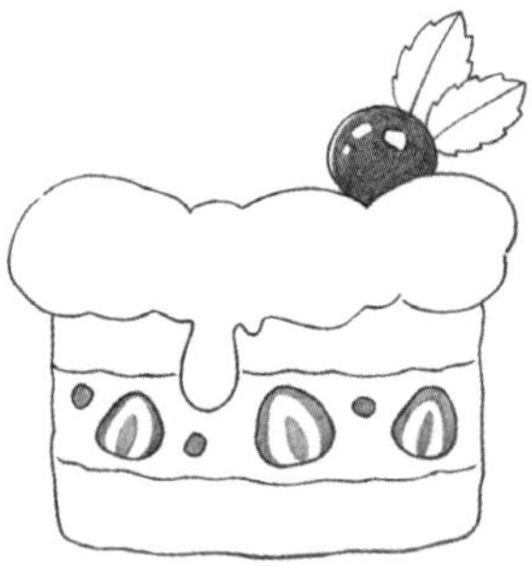

4 平涂出水果的深色区域，注意蓝莓要点出高光。

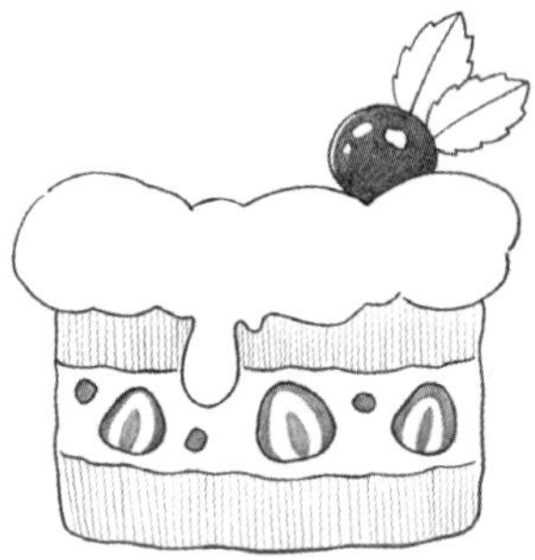

5 用均匀的竖线装饰蛋糕。

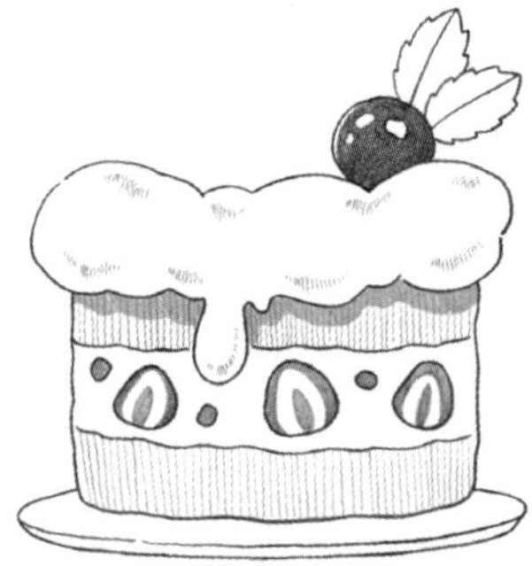

6 用小短线画出奶油的蓬松感。再沿着奶油的外轮廓上一层阴影。

小贴士 怎样将小猪画得更憨萌

我们可以改变小猪耳朵和鼻子的形状和比例，得到不同的外形特征。

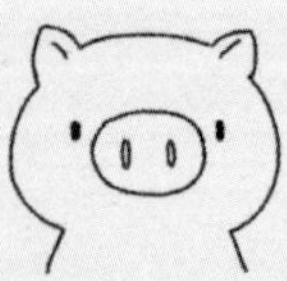

小耳朵和大鼻子形成反差萌。

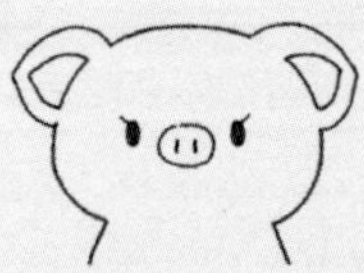

试试将大耳朵画成圆润的大三角形。

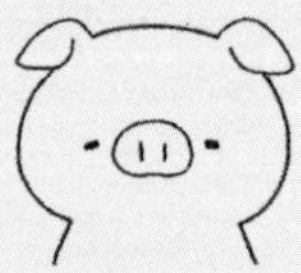

耷拉下来的耳朵也很可爱。

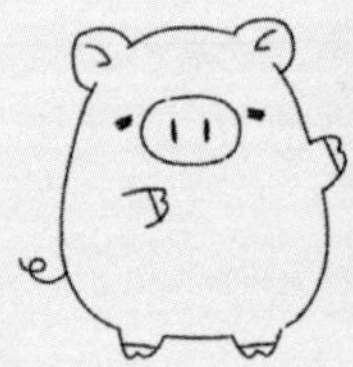

头身没有明显区别

大厨猪

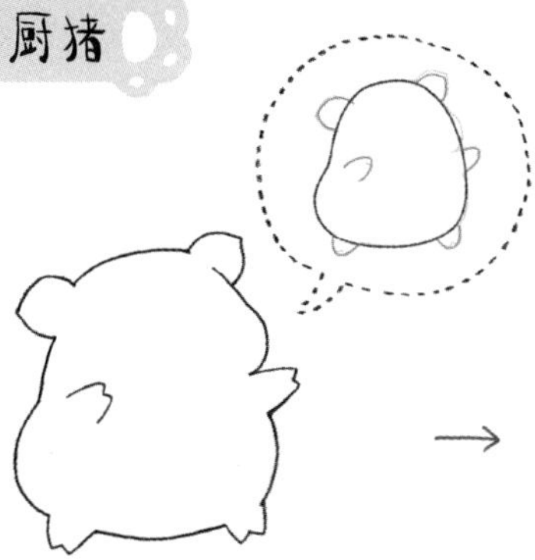

小猪的轮廓像一个蚕豆。

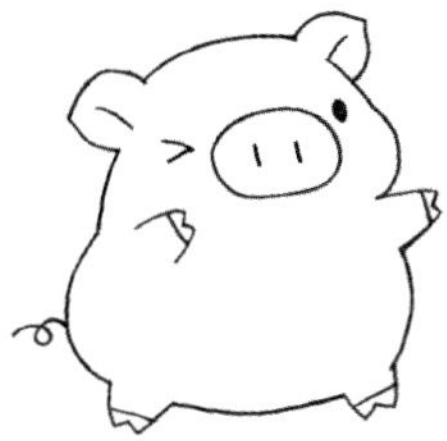

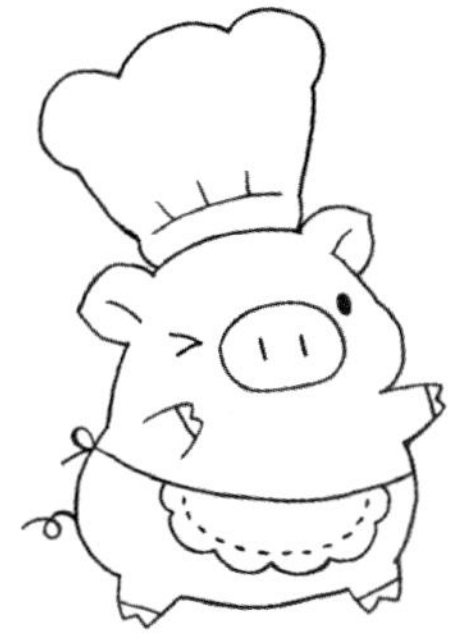

1 在蛋糕的左侧画出小猪的身体外轮廓线。

2 加上五官等细节。

3 用波浪线画围裙和厨师帽。

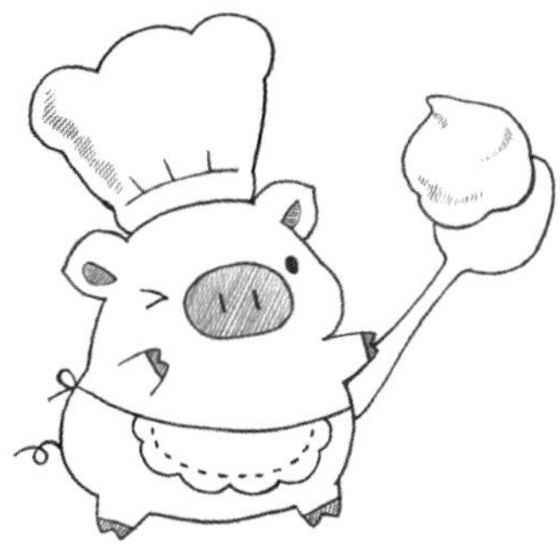

4 再让小猪拿一把勺子吧！

5 用斜排线为小猪上调子，帽子的阴影用密集的小短线画出。

6 用深色的调子平涂勺子，完成作品！

试试画出不同头身比例的小猪吧！

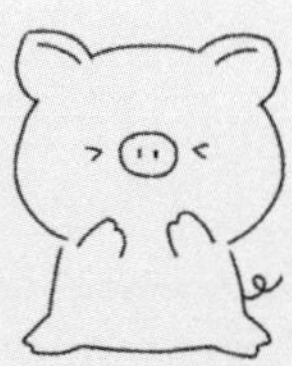

两头身比例

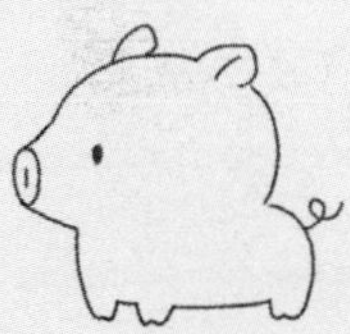

侧面角度

小猪还有很多的花纹颜色哦！

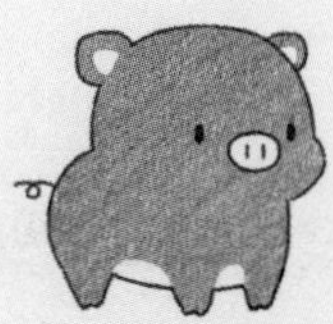

黑皮小猪

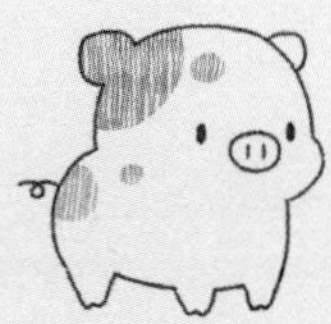

花斑小猪

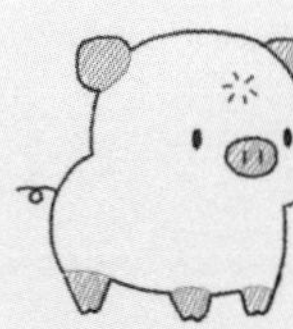

花额小猪

采坚果的小仓鼠

想画出坚果的立体感，可以利用渐变的上调子手法，从受光部开始逐渐加重，但别忘了留出高光呀！

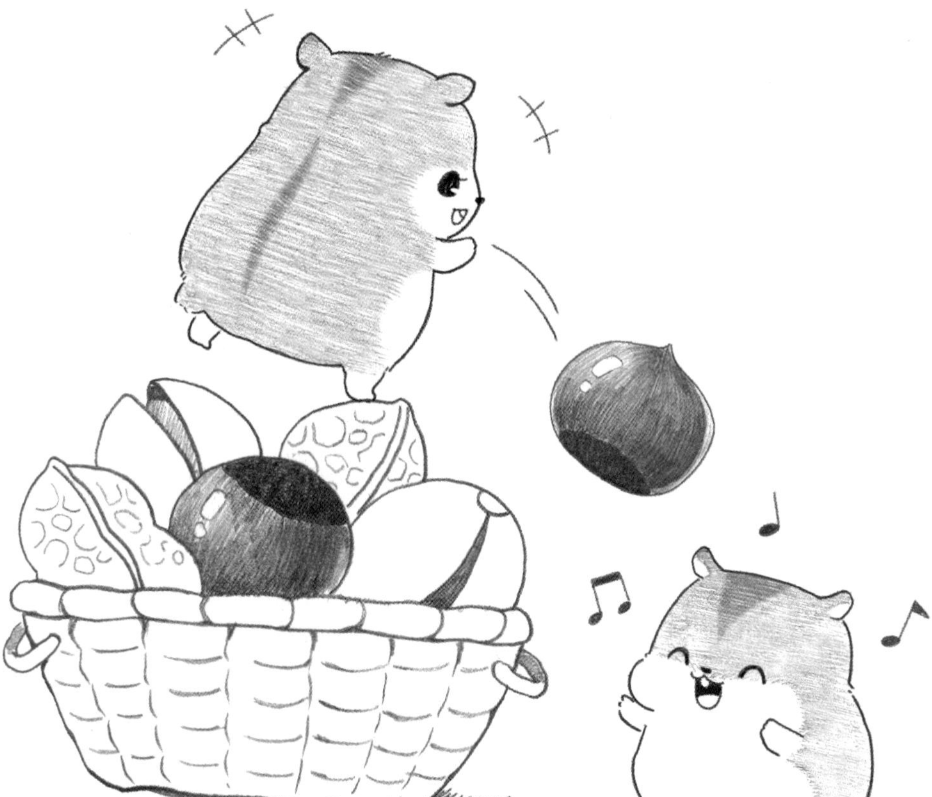

坚果篮子

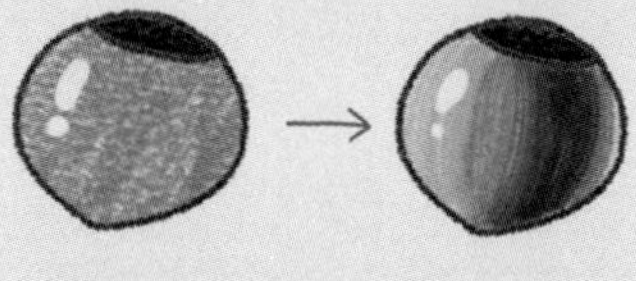

案例小知识

铅笔调子的渐变越强烈，物体的立体感就越强。

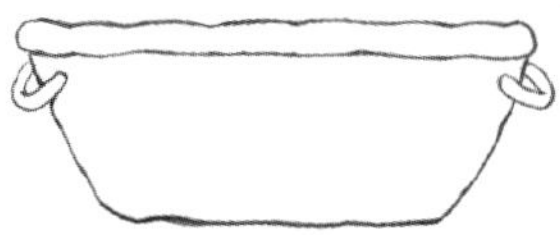

1 勾勒出篮子的轮廓，注意整个篮子要画大一些，才能让仓鼠站在上面。

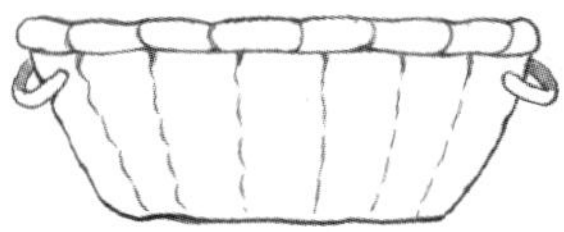

2 用轻松抖动的线条画出竖向的花纹。

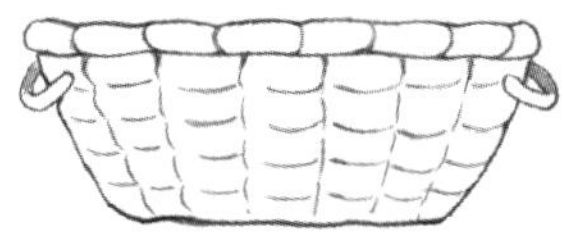

3 再勾勒出横向花纹。

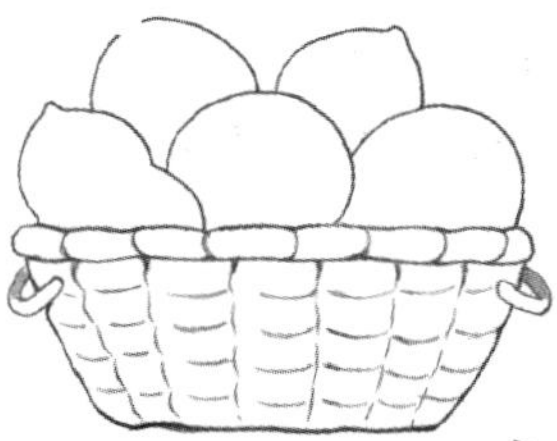

4 补充出饱满的坚果外形。

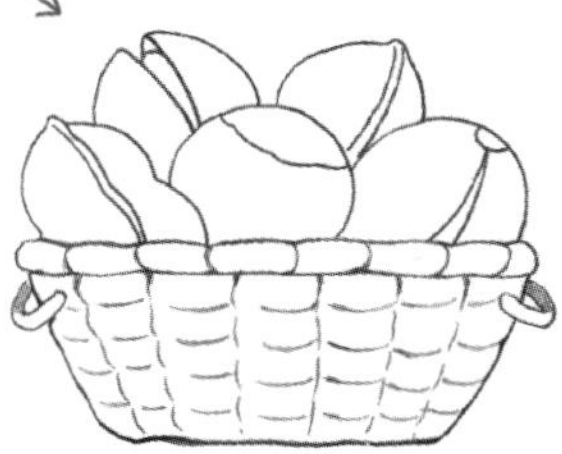

5 添加坚果的形态细节。

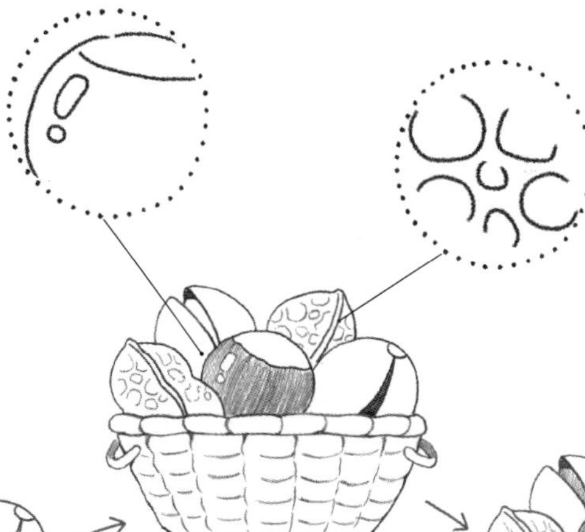

6 平涂出栗子的浅灰色，同时勾画出花生的花纹。

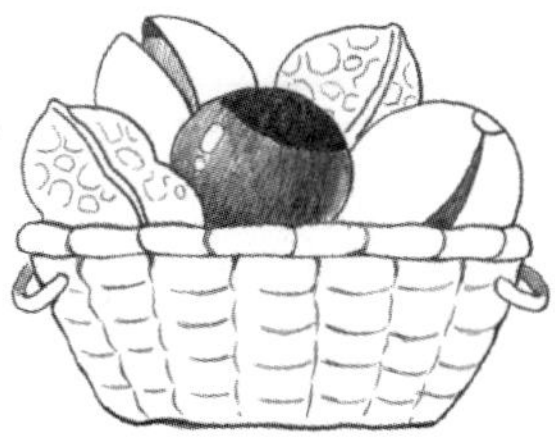

7 用深灰色加深细节阴影。

仓鼠哥哥

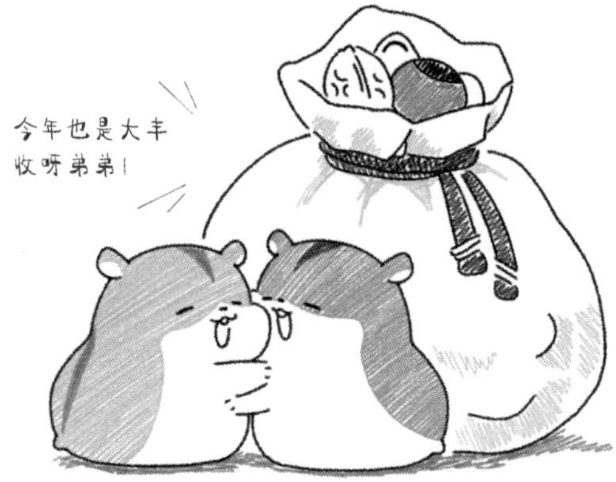

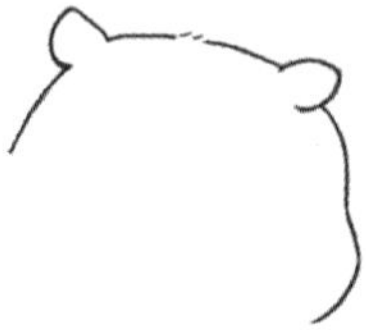

1 用流畅的弧线画出头部线条。

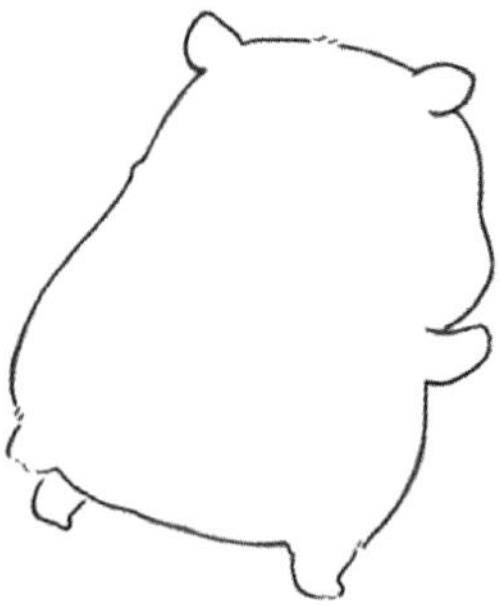

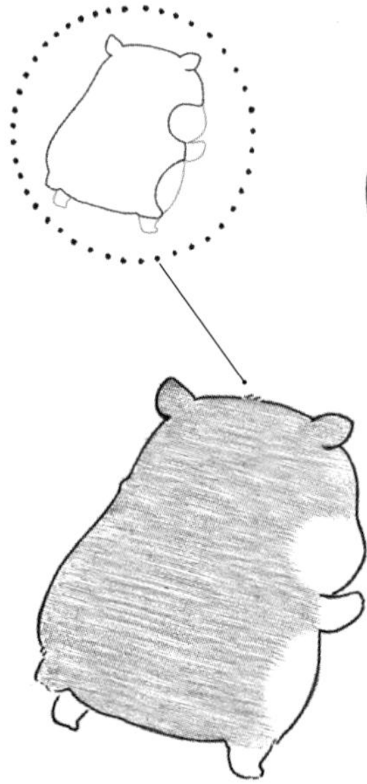

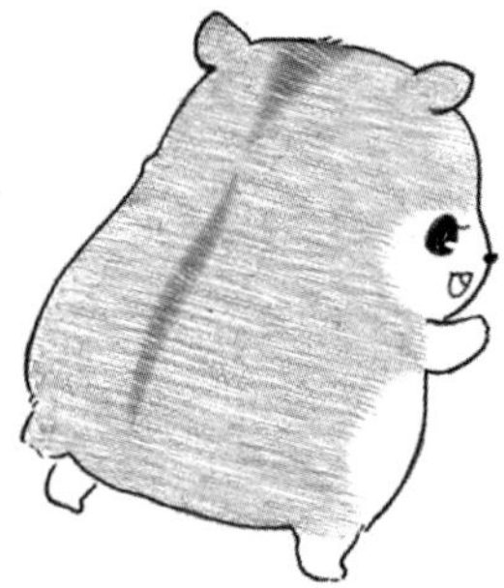

2 补充背部和肚皮，小脚翘起，增添萌点。

3 用浅灰色平涂出头、背灰色的绒毛底色。

4 再用中灰色排出头、背的条状花纹，画出五官细节，完成！

仓鼠弟弟

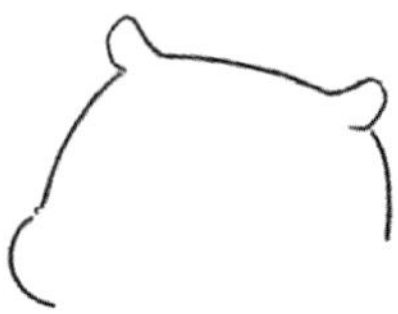

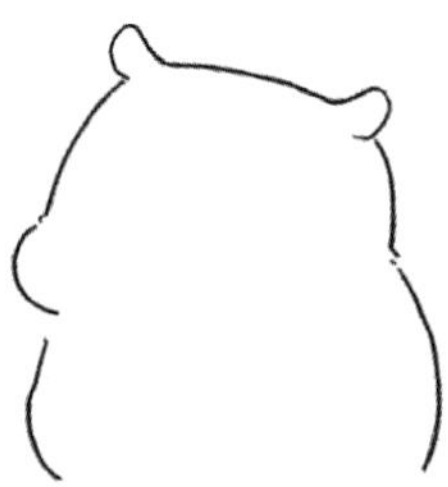

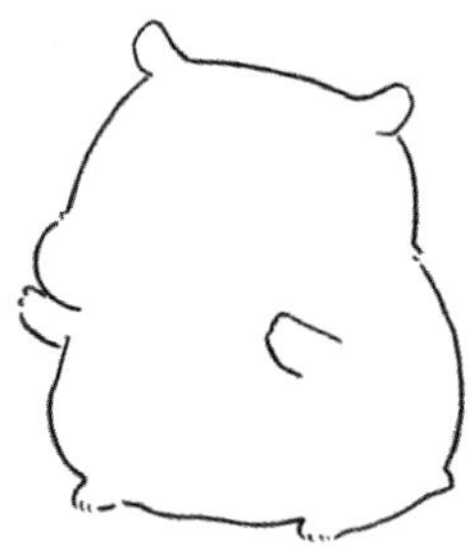

1 画出仓鼠的头部外轮廓线。

2 用较大的弧线画出胖胖的身体。

3 补充出短短的爪子。

可以先用铅笔轻轻勾出分界线。

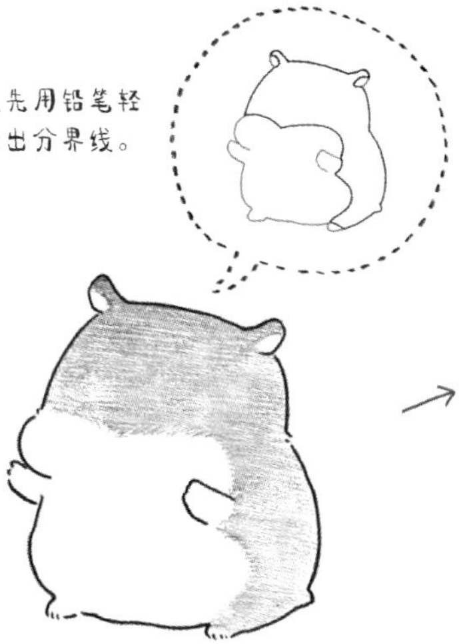

4 用浅灰色平涂出灰色绒毛的部分。

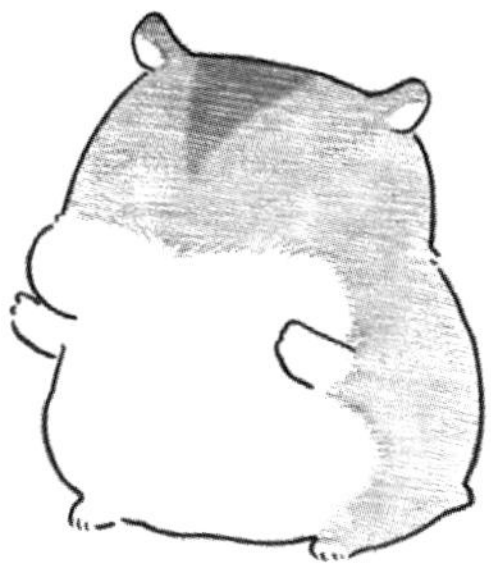

5 再用中灰色画出额头上的三角形花纹。

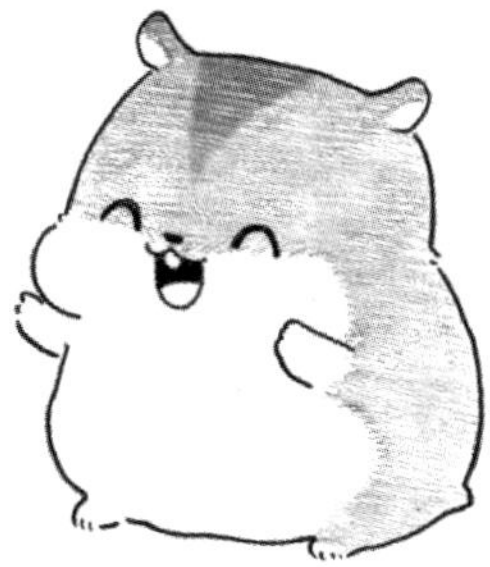

6 画出五官细节，将门牙露出会更加可爱哦！

小贴士 各种蠢萌的仓鼠

无论是萌萌的吃相还是各种傻傻的动作，都是仓鼠的萌点呀！

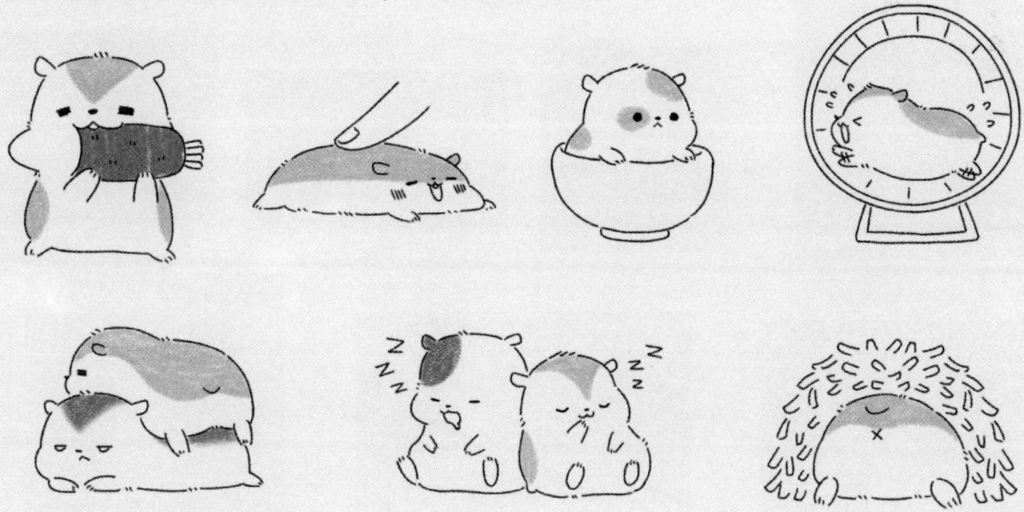

熊熊的圣诞夜

叮咚！圣诞节开始啦，用流畅的线条给熊熊穿上可爱的圣诞服装吧，还有各种好看的圣诞元素，简单地平涂就可以完成哦！

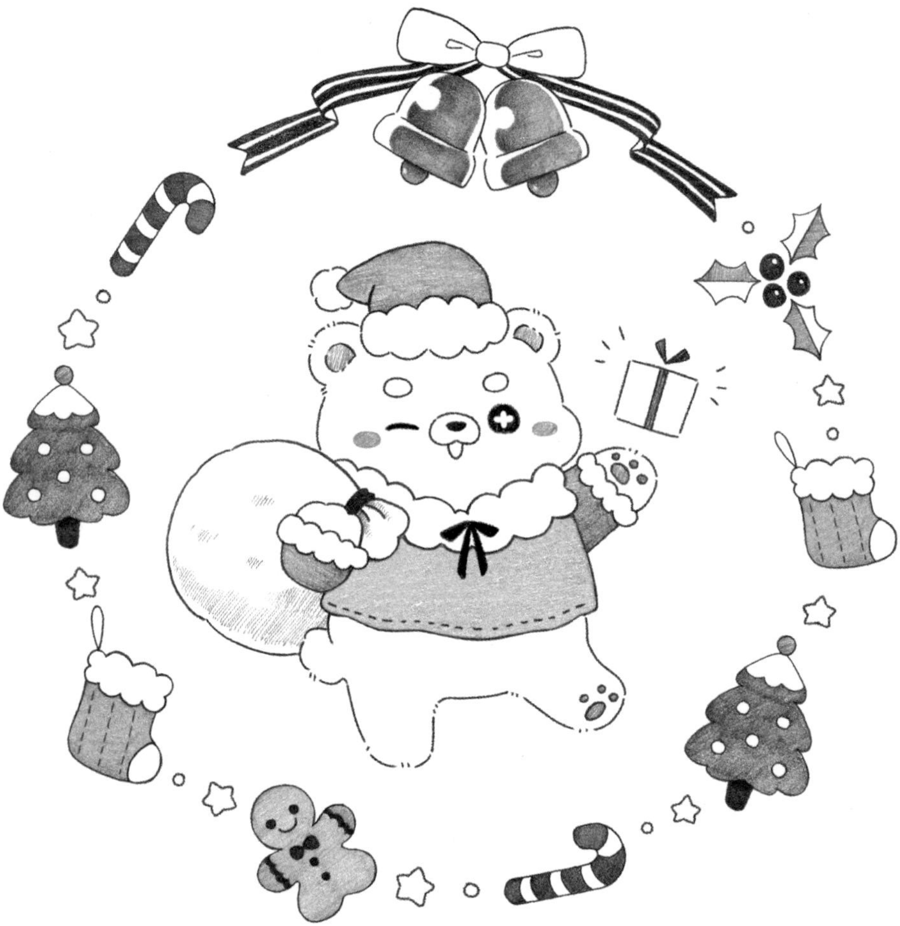

圣诞小熊

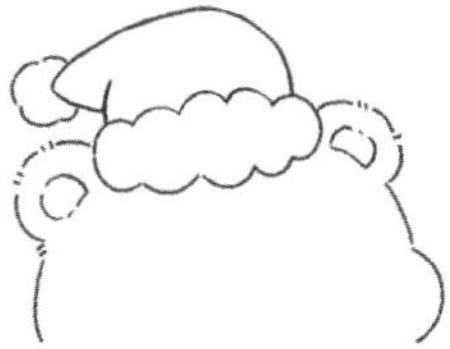

1 画出圣诞帽和头顶轮廓。

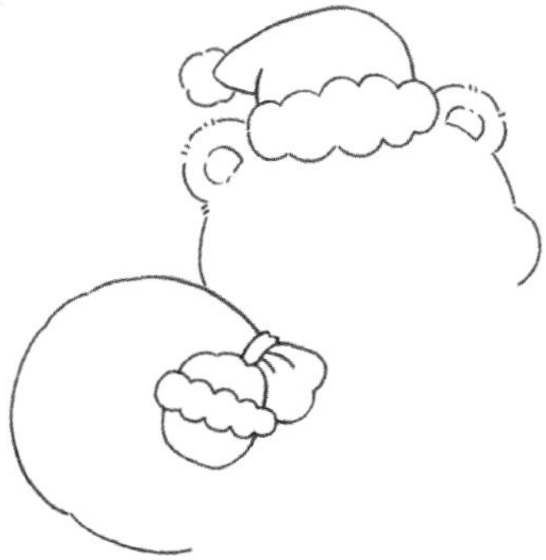

2 添加袋子和小圆手，注意手臂是椭圆形的，毛袖口要宽于手臂哦！

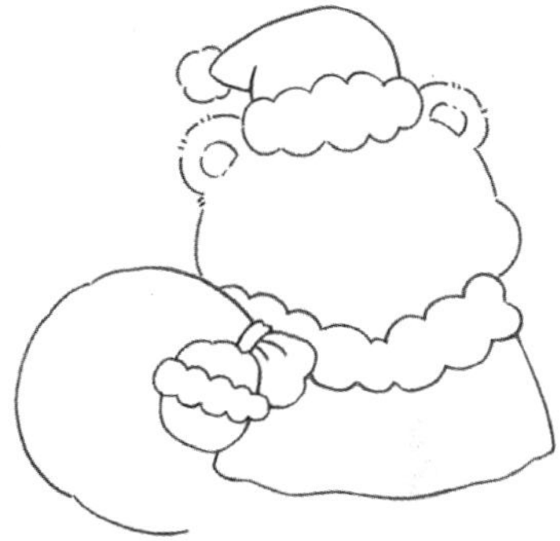

3 继续添加衣服，短短的衣服更添萌点。

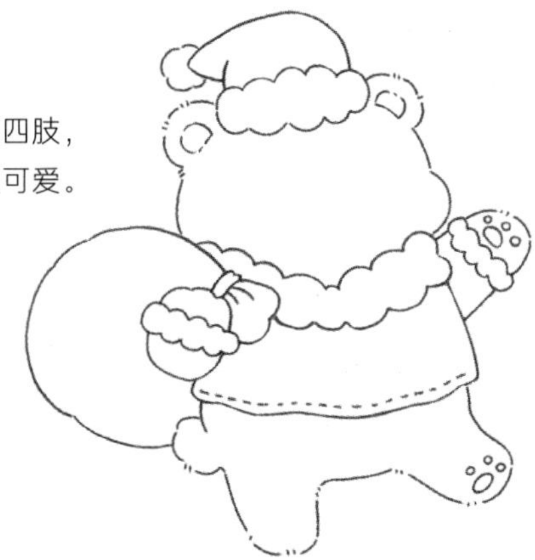

4 补充剩余的四肢，画出肉垫更可爱。

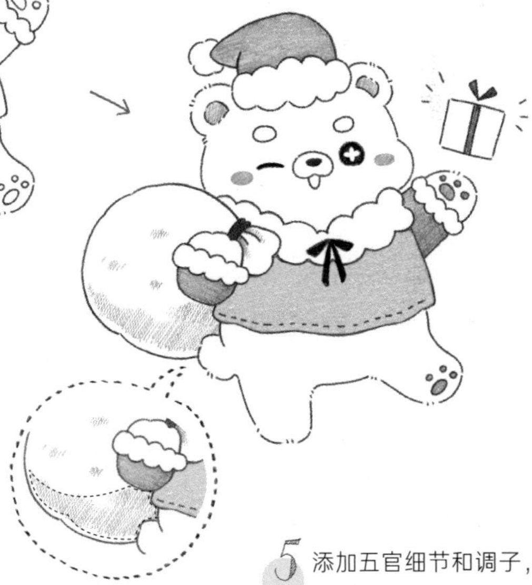

5 添加五官细节和调子，完成！

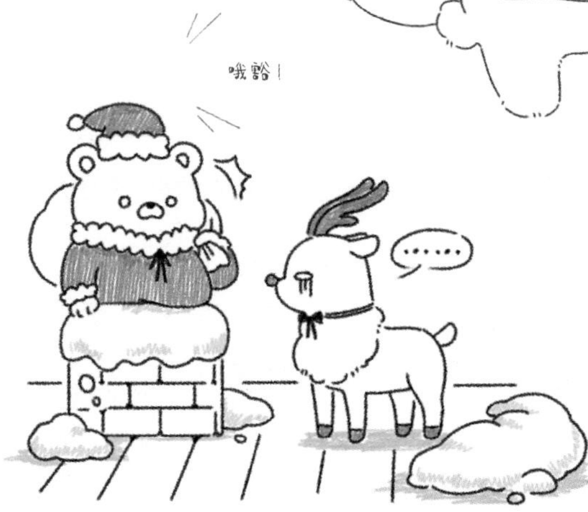

圣诞铃铛

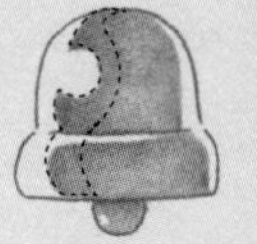

案例小知识

加强高光和调子交界的地方，能让金属光泽感更强哦。

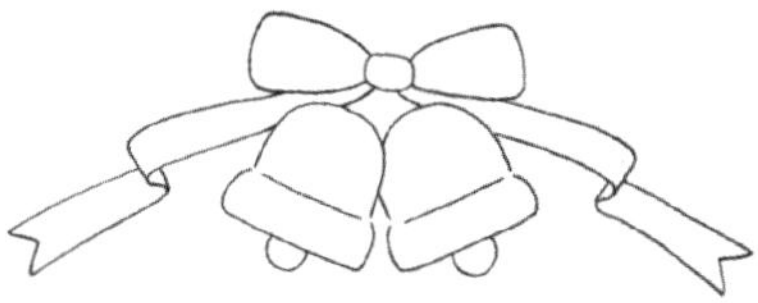

1 画出铃铛和丝带的轮廓线，注意铃铛是一个半圆形。

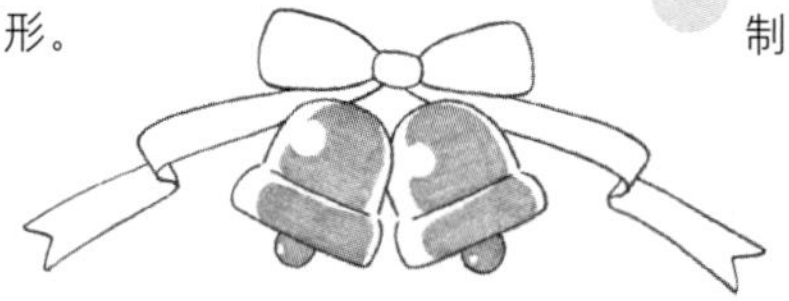

2 用浅灰色平涂铃铛底色，注意留白的形状哦！

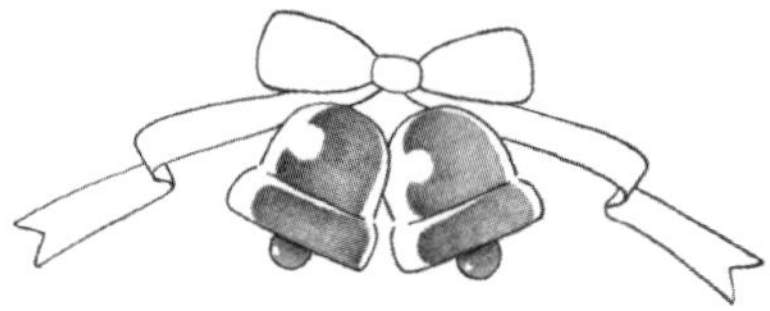

3 平涂加深铃铛的暗部，制造立体感。

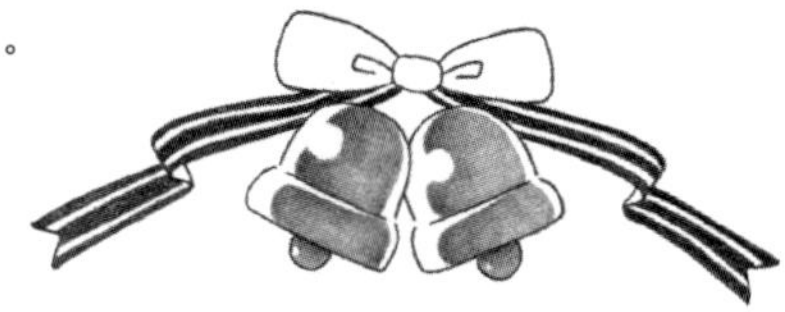

4 用深灰色平涂丝带，完成！

圣诞树

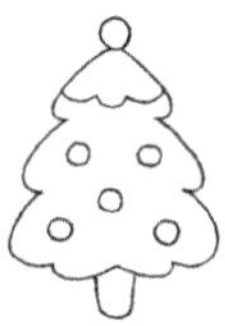

1 画出圣诞树的外轮廓，不要忘记画圆形装饰哦。

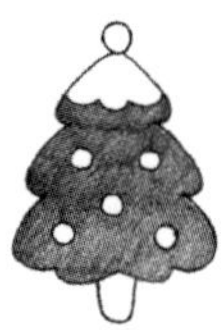

2 平涂圣诞树，注意树顶留白。

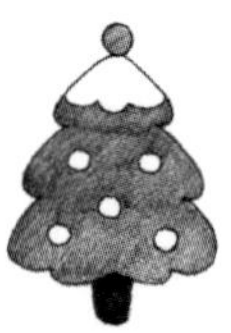

3 用重一些的灰色平涂树干。

圣诞袜

1 用轻松的线条画出云朵状的袜子边。

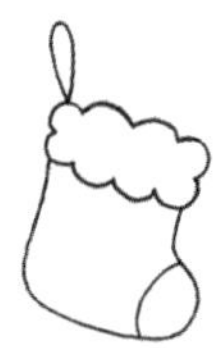

2 再用流畅的线条画出袜子。

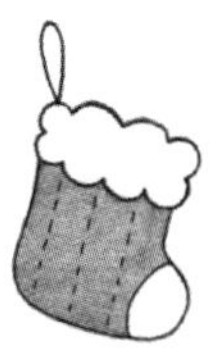

3 平涂出袜子底色后，用笔尖画出花纹细节。

圣诞糖果

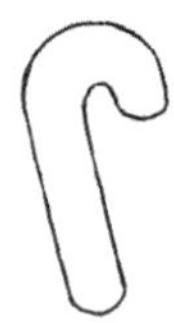

1 用流畅的线条画出一个倒立的 J 字形。

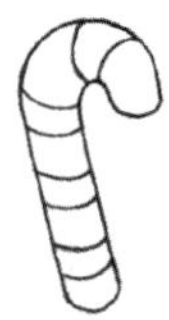

2 添加糖果花纹细节时，要用弧线哦。

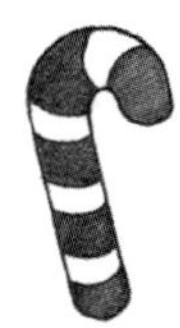

3 用深灰色平涂花纹，灰白两色交替排列。

小贴士 好看的圣诞元素画法和文字写法

还有许多可爱又简单的圣诞元素等待我们去绘制！

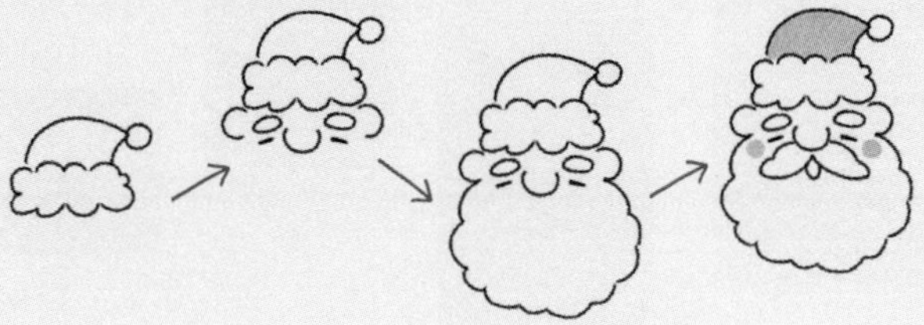

画圣诞老人时，注意他的胡子和耳朵是连在一起的哦！

花环和小碎花更配。

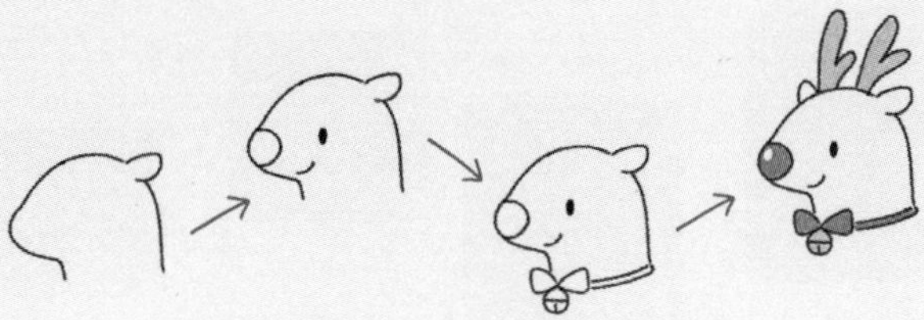

画麋鹿时，注意要平涂出它可爱的红鼻头哦。

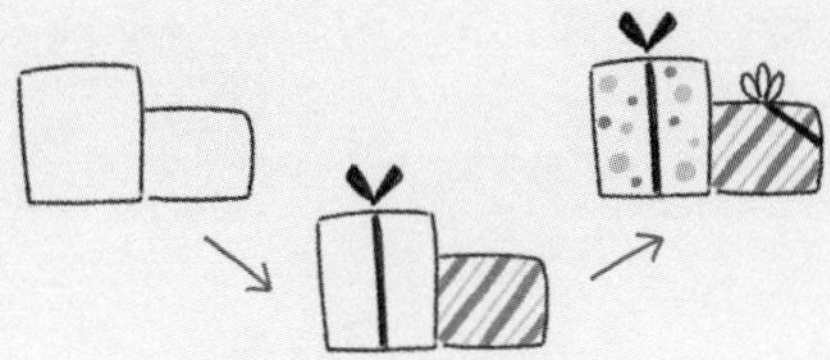

包装的花纹不相同才更显丰富。

各种好看的圣诞小元素和艺术字写法参考。

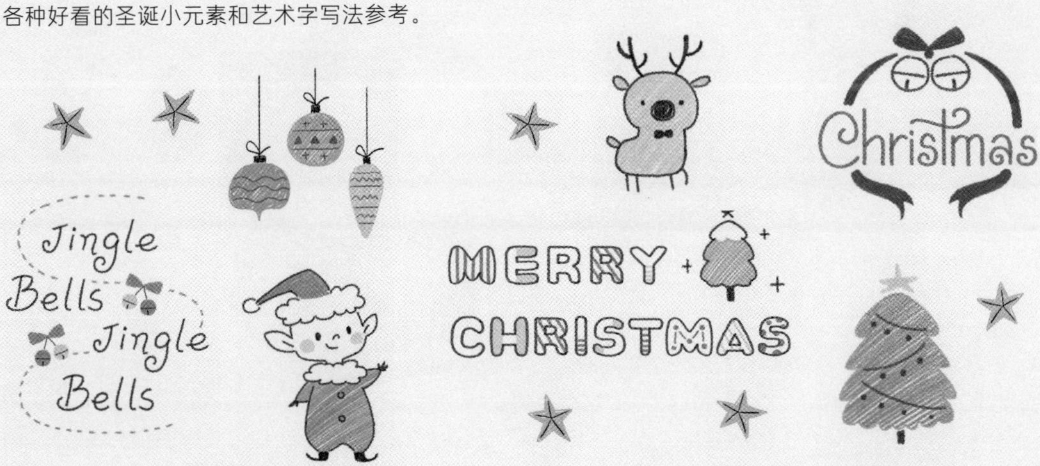

一起来唱喵喵歌

可爱的小猫咪有着毛茸茸的手感，用细密的小短线绕着外轮廓线排列，就能画出来哦！

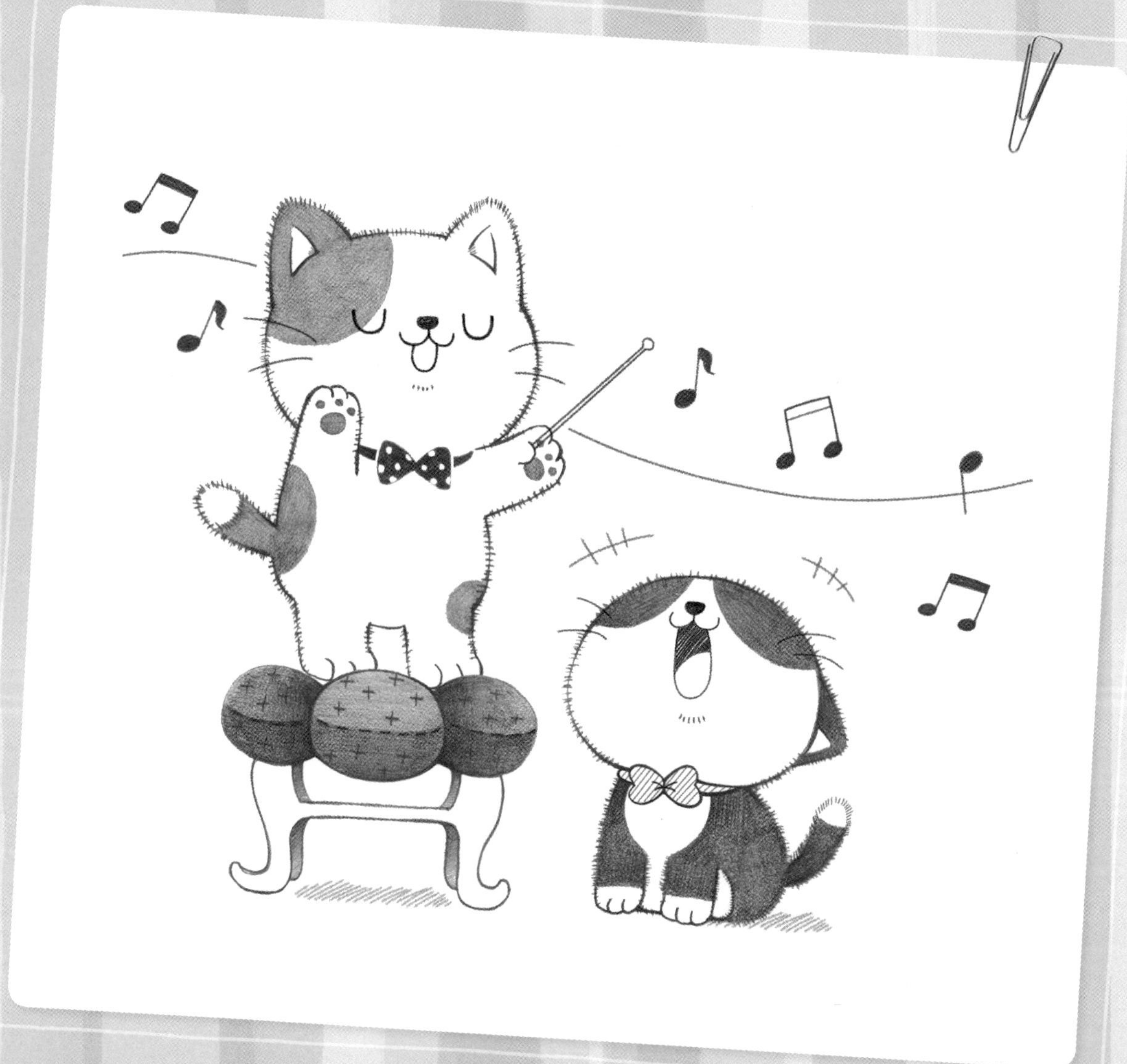

指挥猫

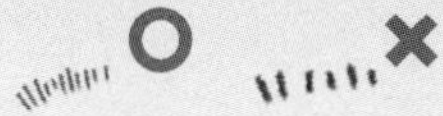

案例小知识

笔要削尖，下笔时才能得到细密的毛发质感。

短线的走向要随着轮廓起伏，不需要很规则，随意一些会更自然。

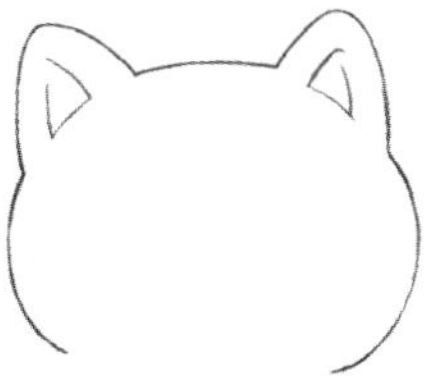

1 先画出猫咪圆形的头部和三角形的耳朵。

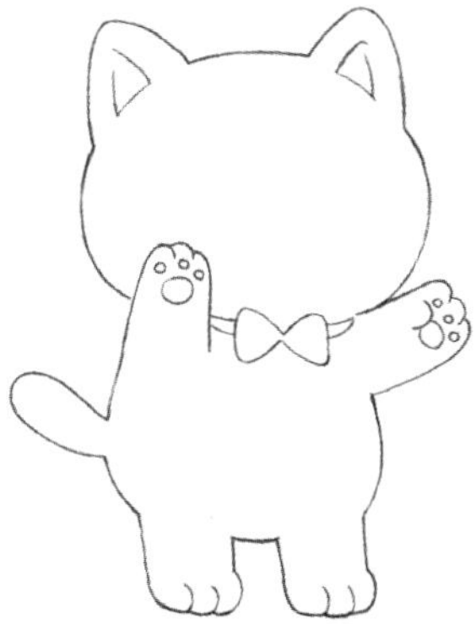

2 添加躯干和四肢，别忘了肉垫、蝴蝶结等细节。

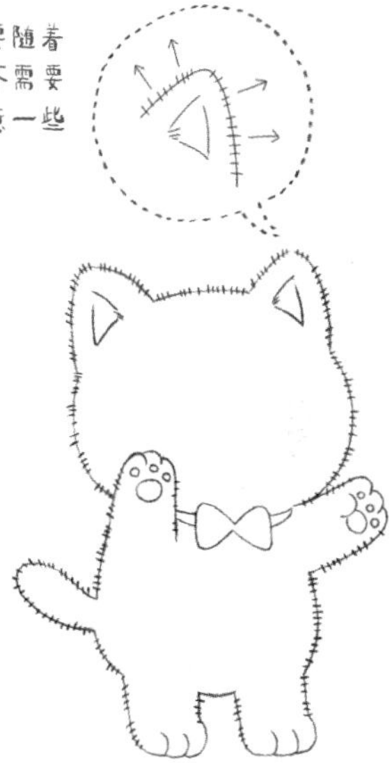

3 稍稍擦浅轮廓，用短线条沿边画一圈绒毛。

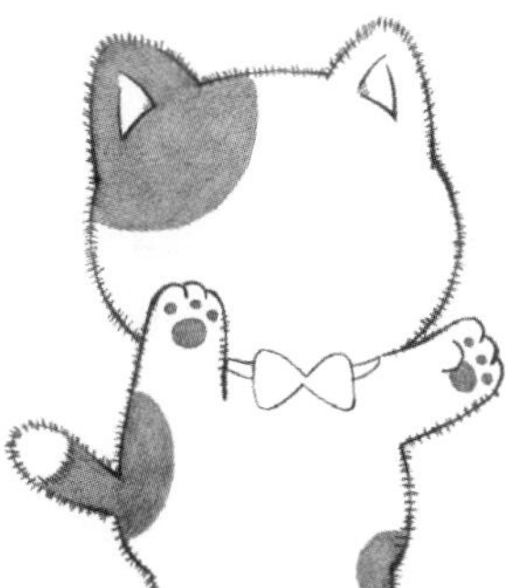

4 使用平涂法，为猫咪画一些中灰色的底色。

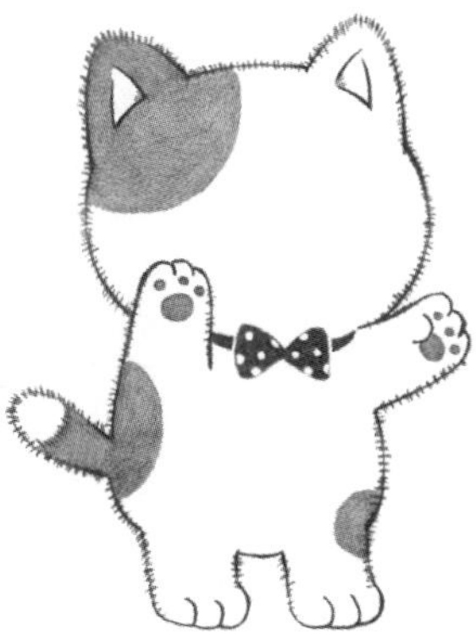

5 用重一些的灰色涂蝴蝶结，注意白色波点要提前留白。

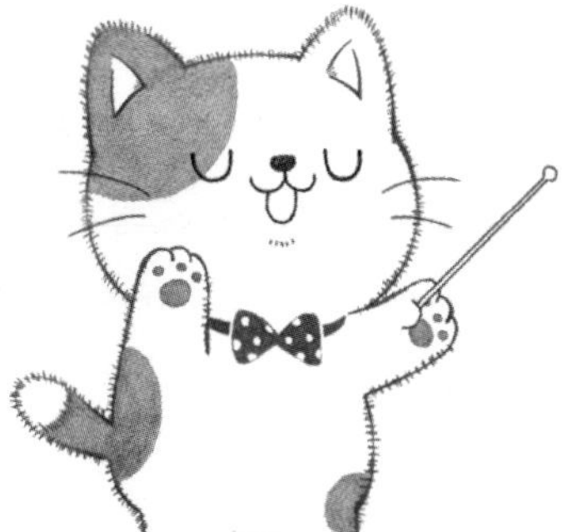

6 画出五官和指挥棒等细节，指挥猫就完成啦！

牛奶猫

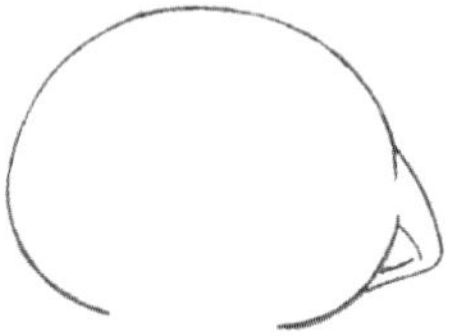

1 画头部时，注意耳朵是向后向下的。

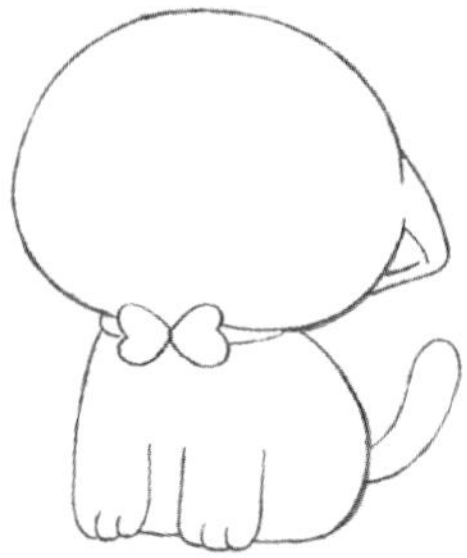

2 画出前爪和身体。

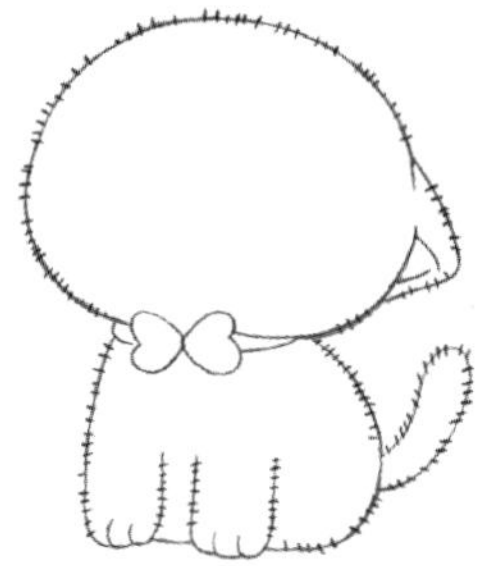

3 沿着轮廓用短直线画绒毛。

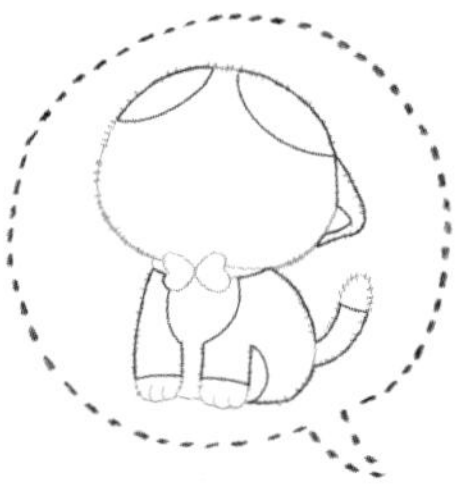

牛奶猫的毛发黑白分明，要看清涂黑的区域哦。

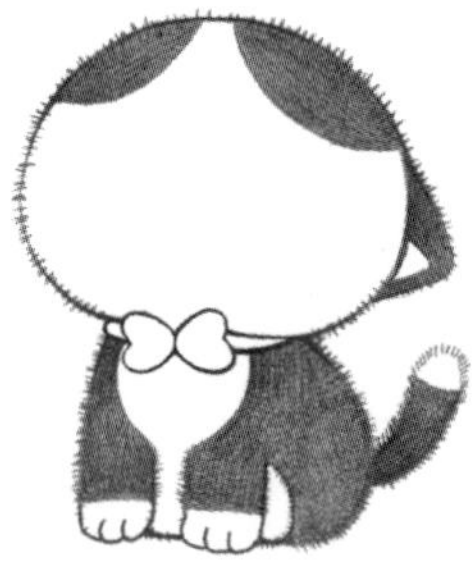

4 平涂出深灰色的毛发，并补充更加细密的绒毛。

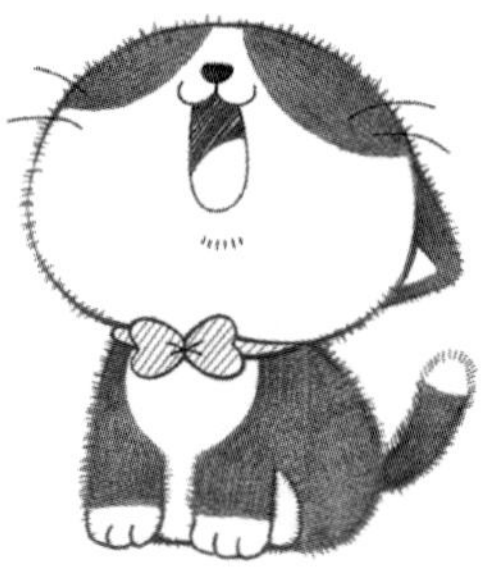

5 画出嘴部细节和胡须，因为猫咪仰着头，所以看不到眼睛哦。

小矮凳

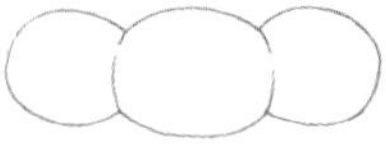

1 画出软垫的外形。

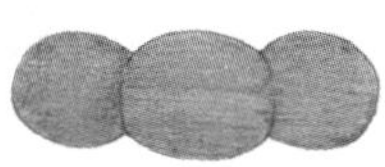

2 用中灰色平涂底色。

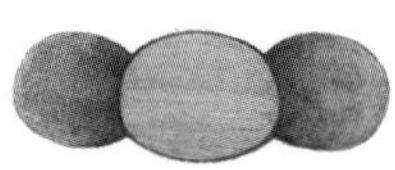

3 加深左右两块区域，使软垫更立体。

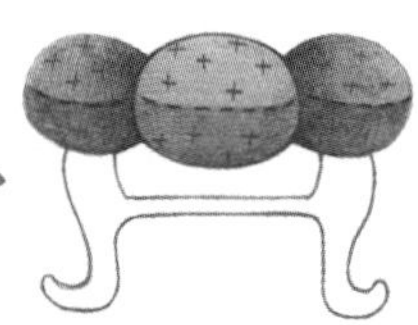

4 给软垫画上花纹和边线，再画出凳脚。

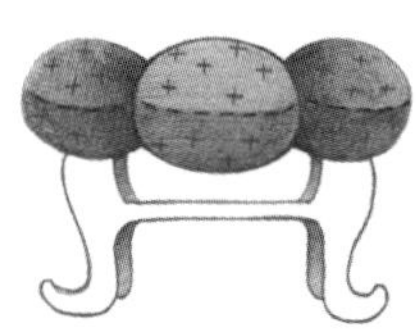

5 用中灰色画出靠后的凳脚，完成。

第3章

清新大自然

自然界中的一花一草都拥有优美的造型和独特的质感。本章将从肌理的运用、远近关系等方面入手，用软萌的案例让你学会自然事物的画法。

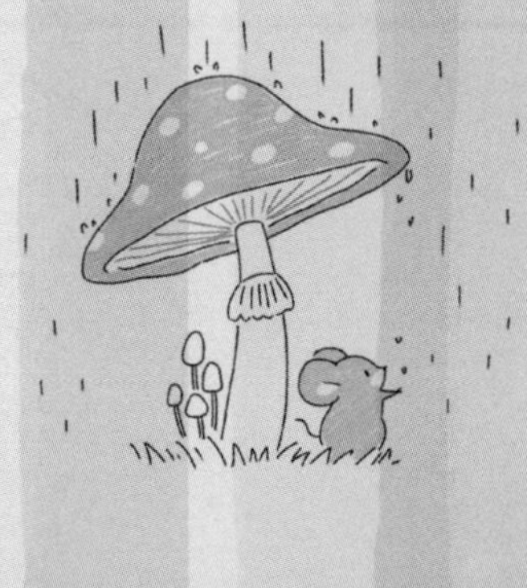

用自然肌理丰富画面细节

还在担心画出的铅笔画很平淡吗？学会下面的肌理画法，
马上能让你的作品更有看点。

常见的肌理表现

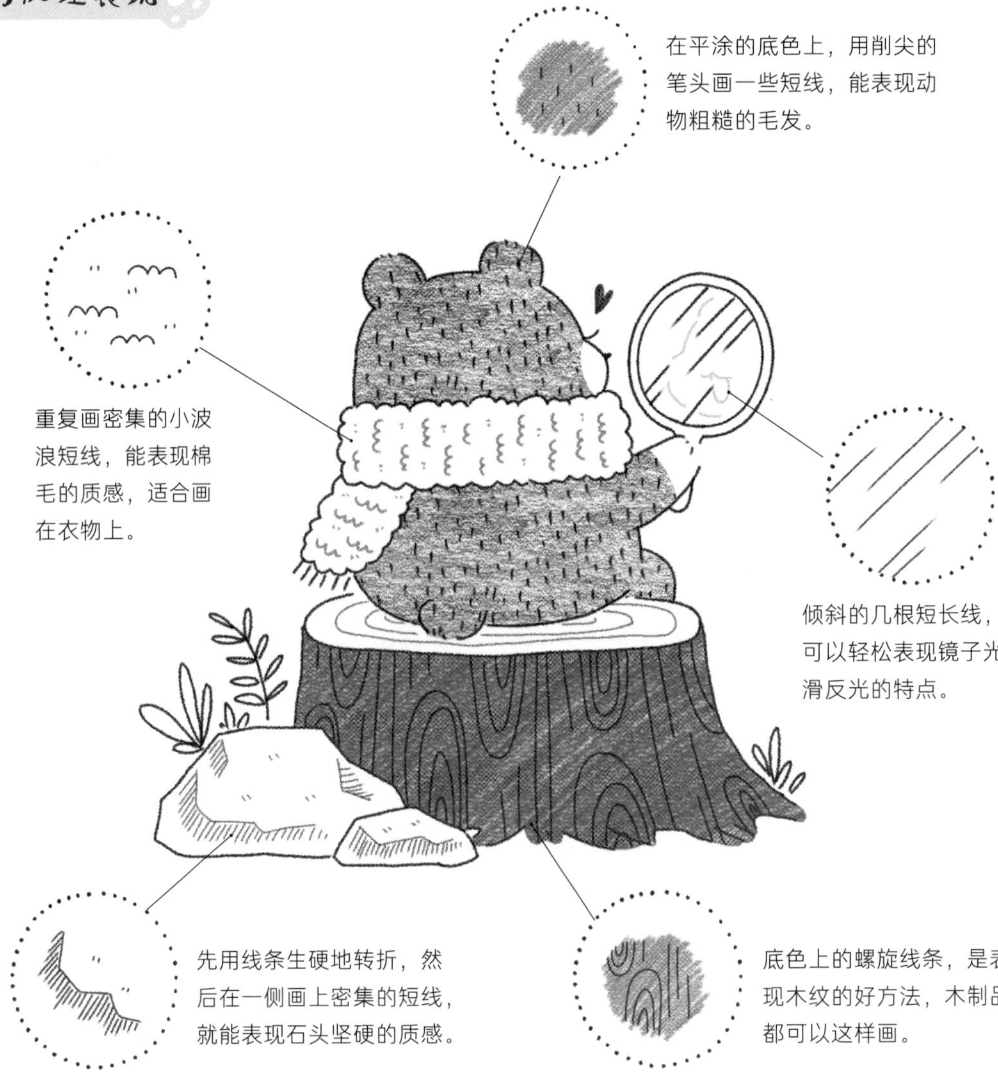

在平涂的底色上，用削尖的笔头画一些短线，能表现动物粗糙的毛发。

重复画密集的小波浪短线，能表现棉毛的质感，适合画在衣物上。

倾斜的几根短长线，可以轻松表现镜子光滑反光的特点。

先用线条生硬地转折，然后在一侧画上密集的短线，就能表现石头坚硬的质感。

底色上的螺旋线条，是表现木纹的好方法，木制品都可以这样画。

玻璃、砖墙、衣服纹理

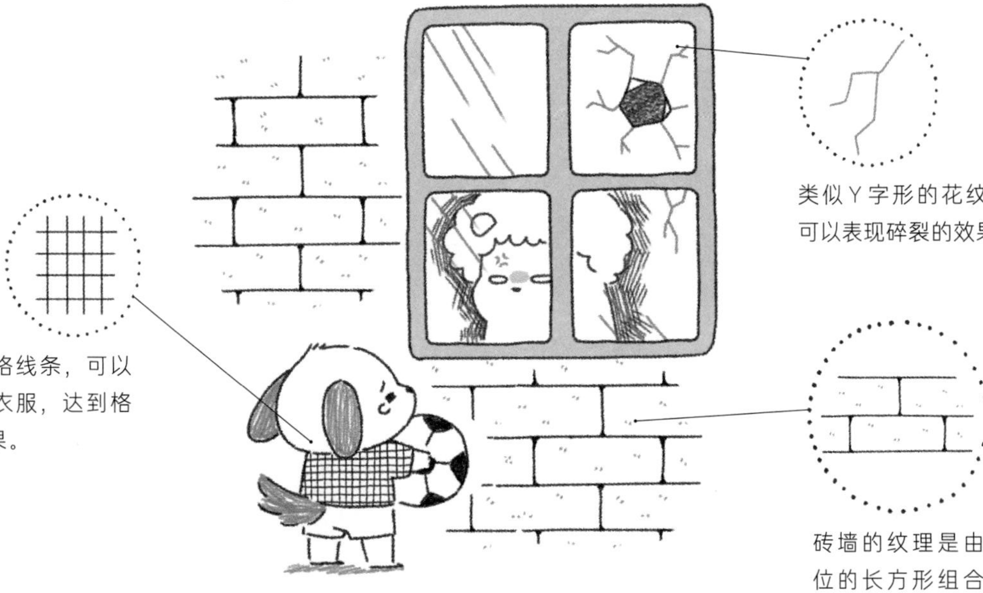

类似Y字形的花纹，可以表现碎裂的效果。

密集的网格线条，可以用来装饰衣服，达到格子衫的效果。

砖墙的纹理是由错位的长方形组合在一起。

草编、竹编效果

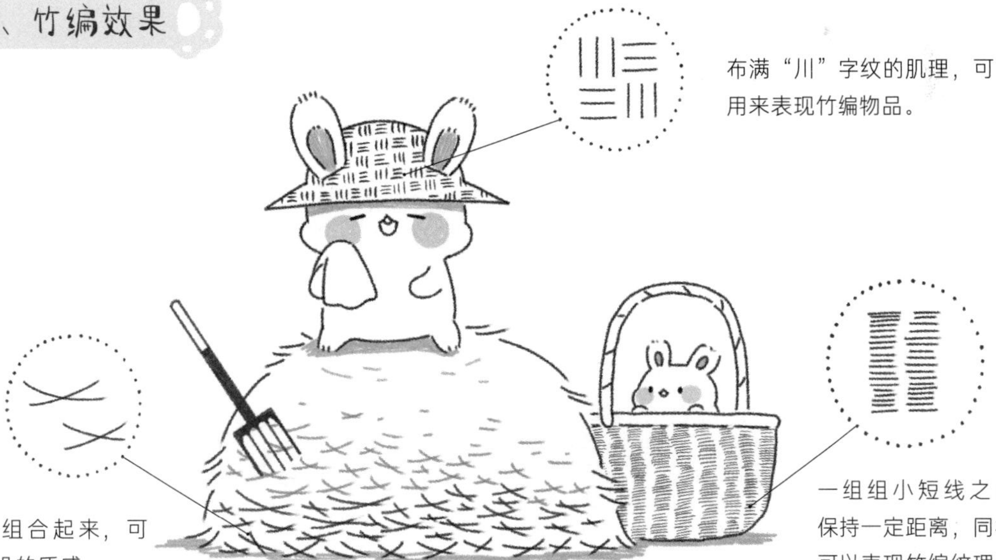

布满“川”字纹的肌理，可以用来表现竹编物品。

扁扁的X组合起来，可以表现草垛的质感。

一组组小短线之间保持一定距离，同样可以表现竹编纹理。

简单的透视诀窍

我们可以通过改变近处和远处物体的大小，
调子深浅和虚实关系，来使距离感更加强烈。

近大远小表现距离感

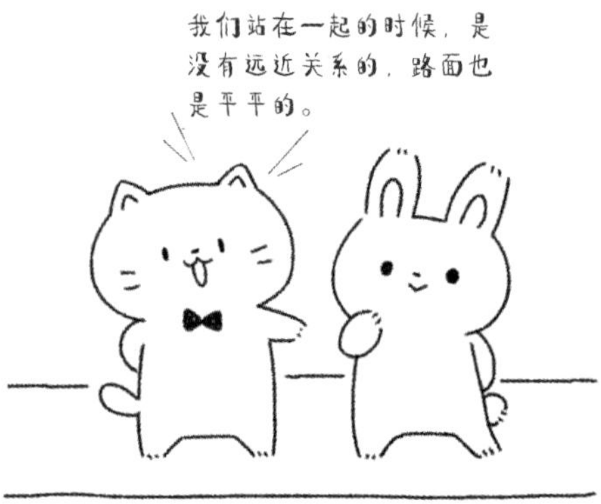

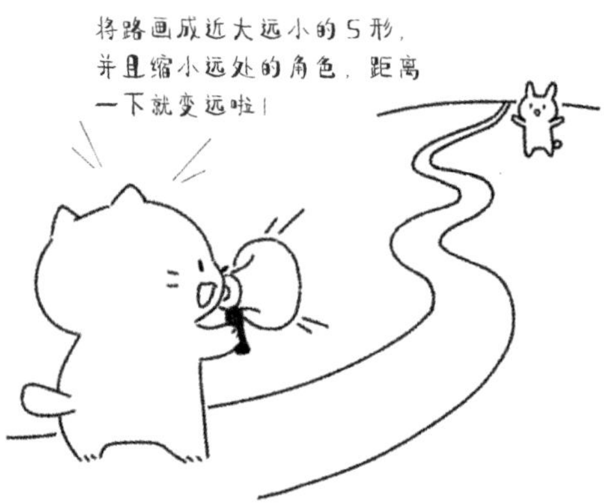

近深远浅表达距离感

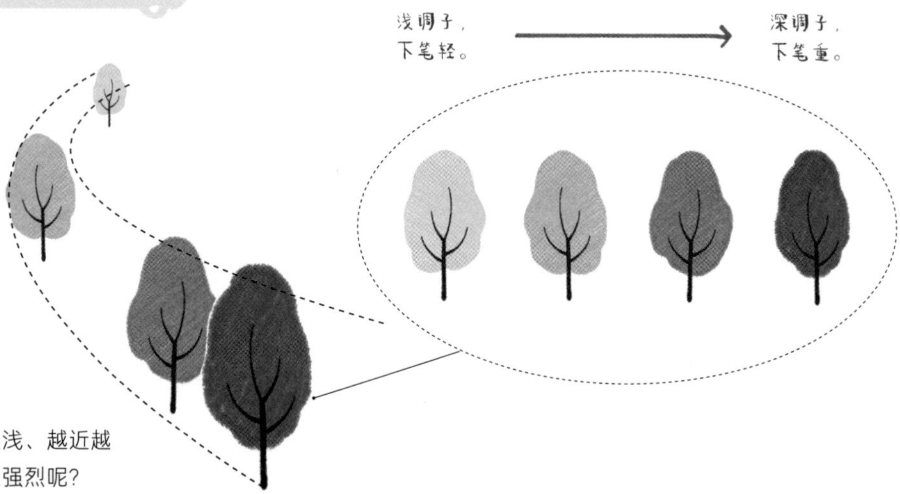

让物体的色调越远越浅、越近越深，是不是对比就很强烈呢？

近实远虚表现距离感

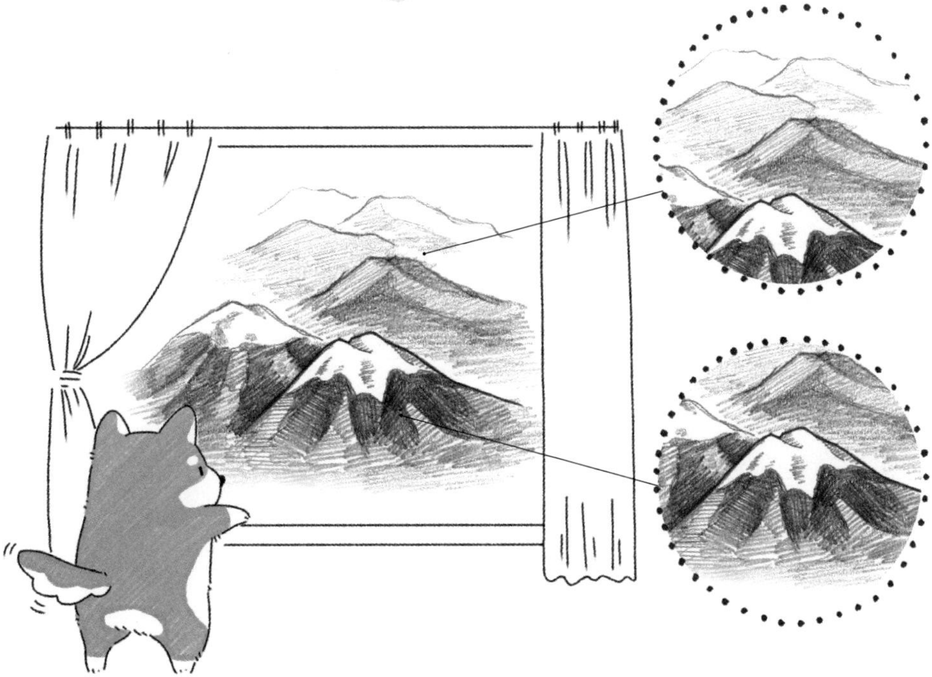

远处山体较模糊，可用简单的线条和忽略不计的调子描绘。

近处的山体能看得很清楚，所以要着重刻画，山体的细节也要表现出来。

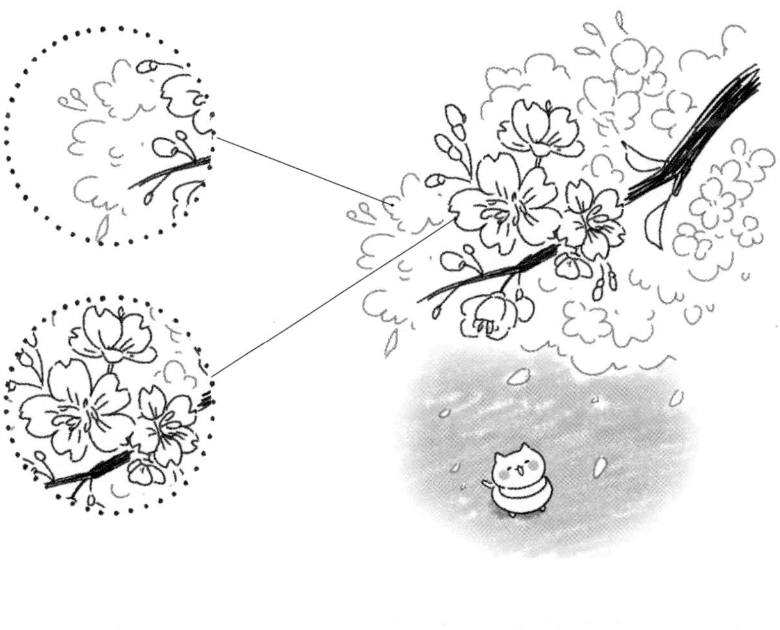

不重要的花边直接用单线勾画，笔触随意一些效果更好。

细节突出的花枝，造型和色调都要重点刻画，这样能拉开视觉距离。

简单的光影知识

影子是体现光源的直观对象，它和光源的方向正好相反，
下面一起来看看光影的秘密吧。

影子的方向

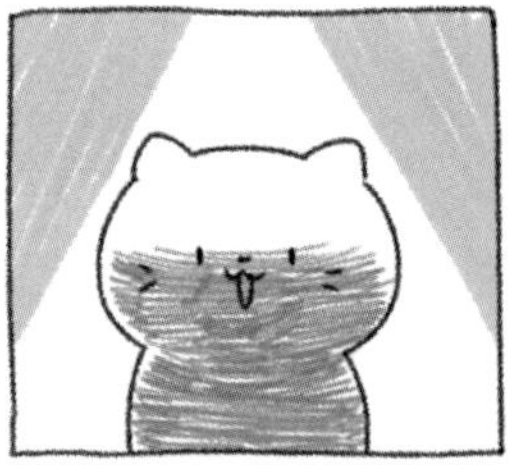

光源在上，影子在下。

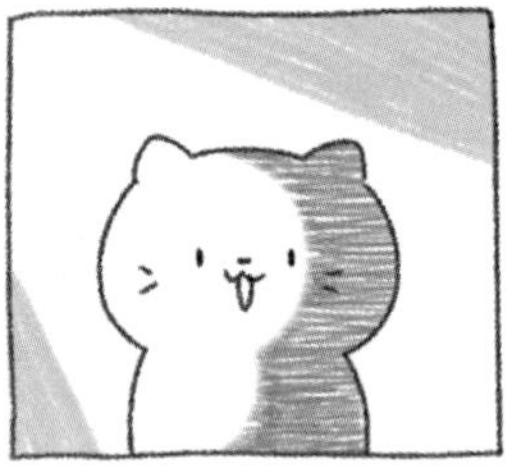

光源在左，影子在右。

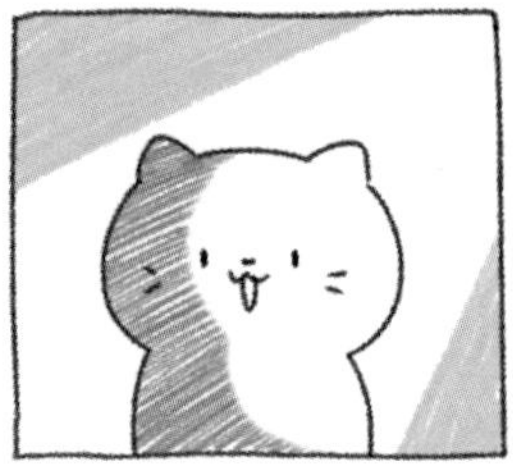

光源在右，影子在左。

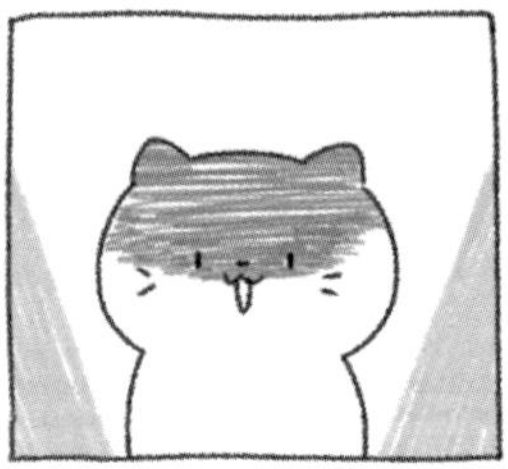

光源在下，影子在上。

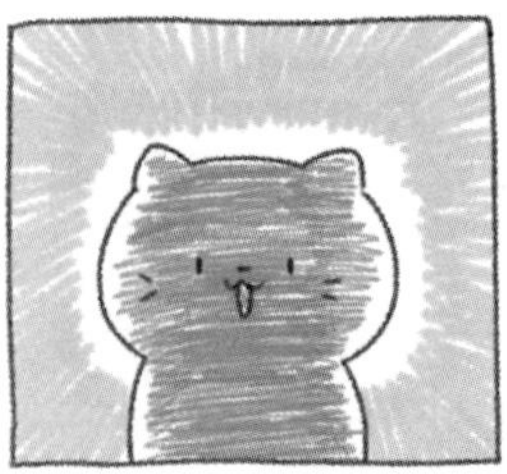

光源在后，影子在前。

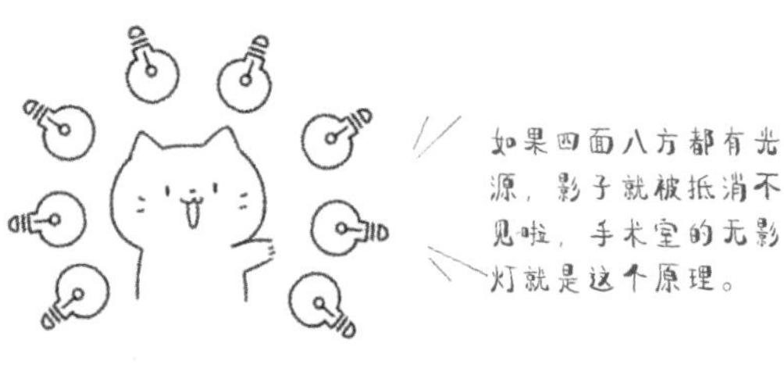

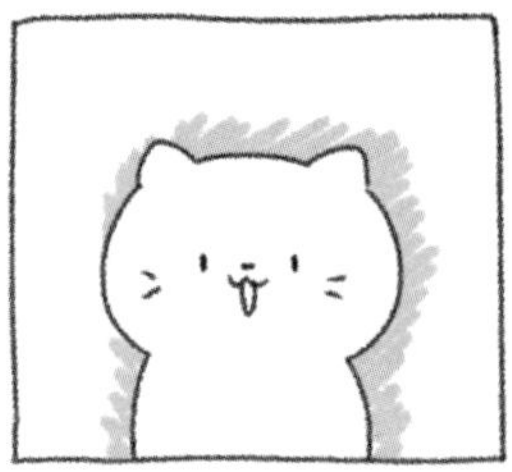

光源在前，影子在后。

明暗交界线

受光部和背光部交界的区域就是明暗交界线，加深这个区域能让物体更立体。不过明暗交界线的位置会受到光源位置的影响，下图就是明显区别。

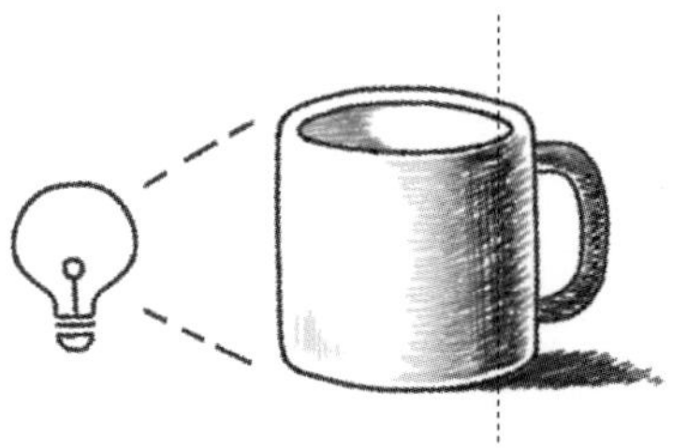

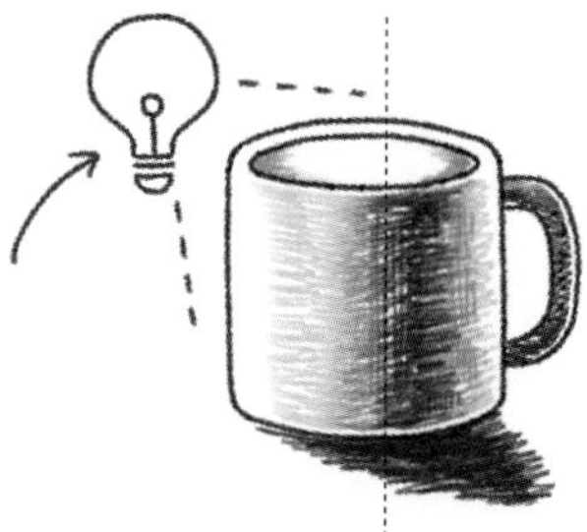

反光

在物体的背光边缘增加一条稍浅的反光，能使物体更有光滑质感。

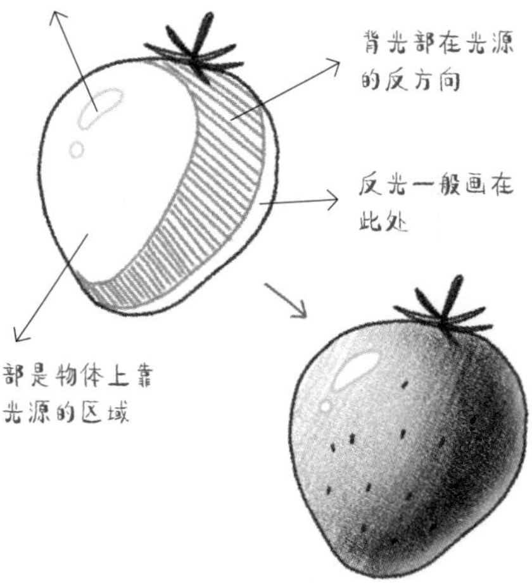

高光

添加了高光的物体，都会显得更有光泽感，有弧度的物体可以用感叹号的形状来表现高兴，平面的物体则用斜线表现。

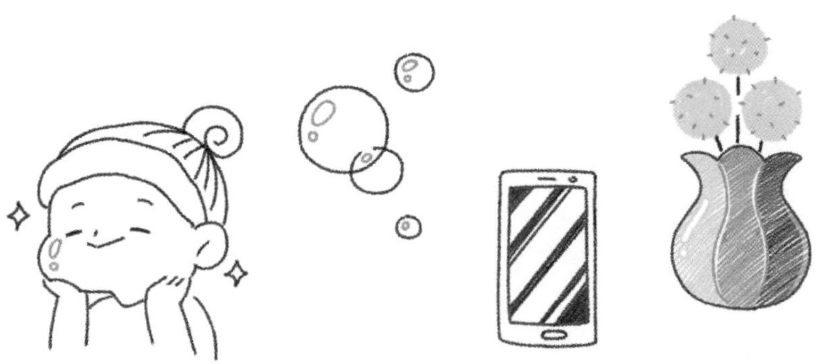

真是一个好天气

说到好天气就会想到太阳、彩虹、白云等元素，一起来动笔画画看吧！

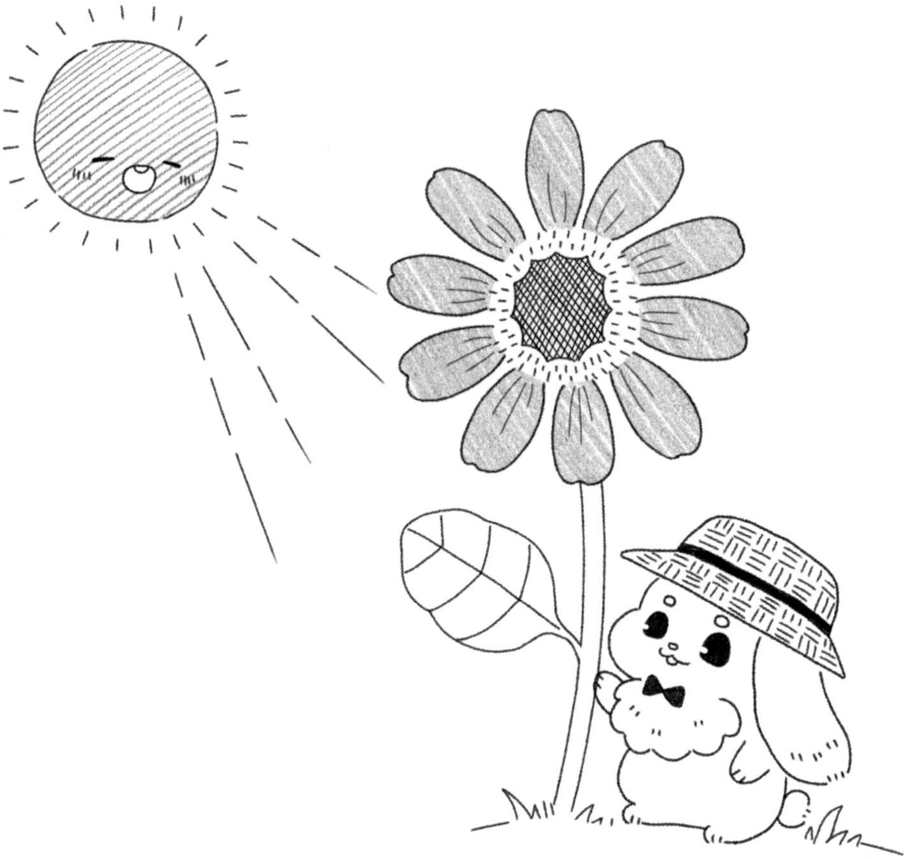

草帽小兔

兔子的高度在向日葵的中间。

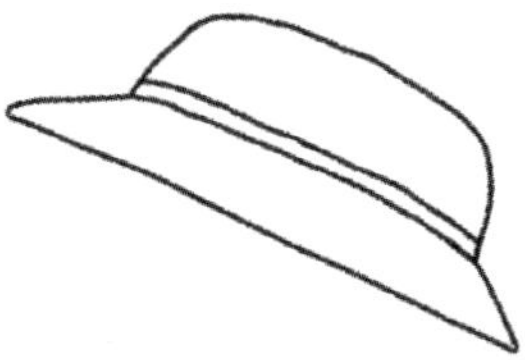

1 草帽的形状像一个扁扁的“凸”字。

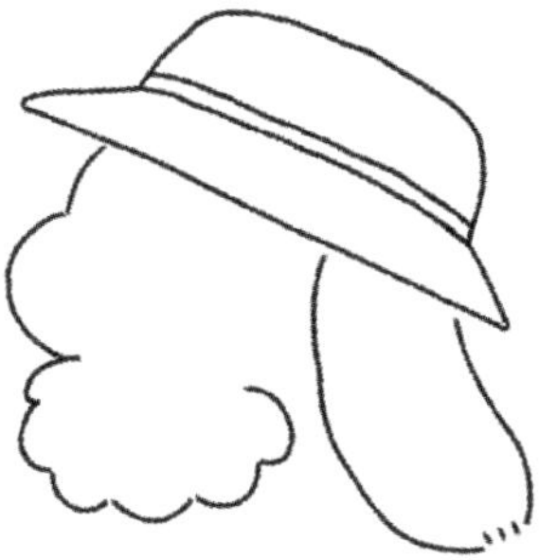

2 向下画出脸部、耳朵和波浪线的胸毛。

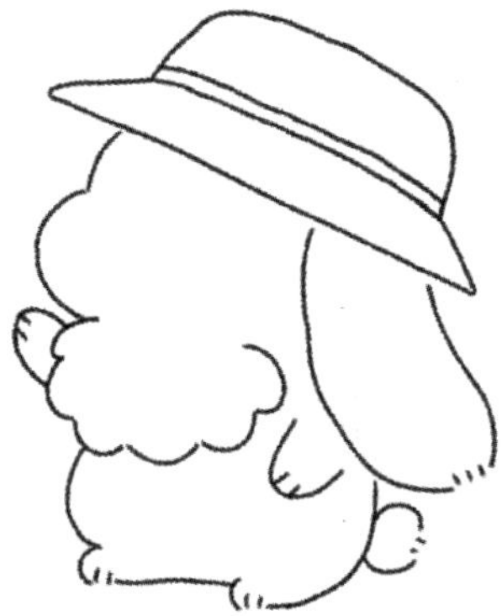

3 身体和四肢可以画得短胖一点，会更可爱。

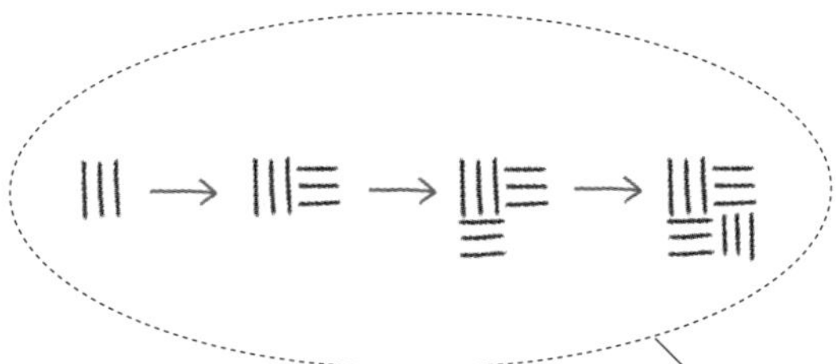

竹编花纹的画法，是四个“川”字互相穿插哦。

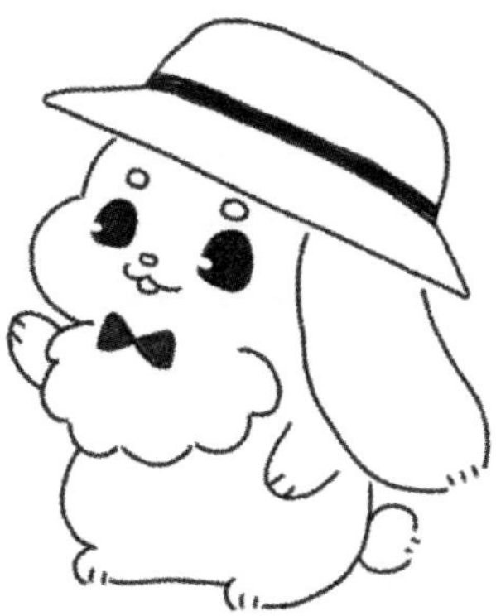

4 补充上可爱的五官和蝴蝶结，涂黑草帽上的缎带。

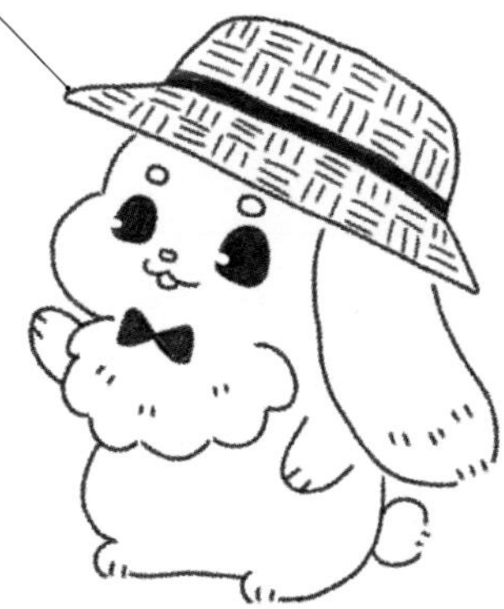

5 用竹编纹装饰草帽，并用小短线点缀毛发细节。

向日葵

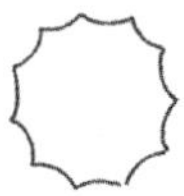

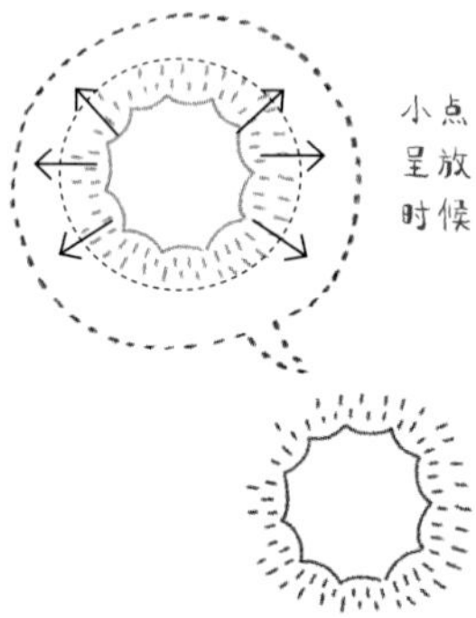

1 用向内的波浪线作为花心的轮廓。

2 在花心的四周画两圈小点。

3 用椭圆形画出大片的花瓣，注意花瓣的尖端会微微凹陷。

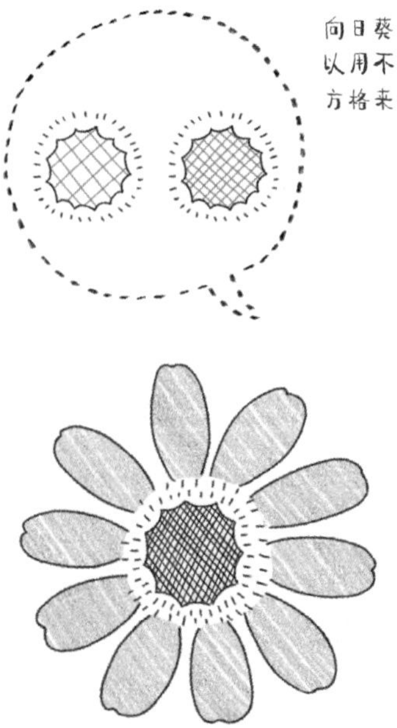

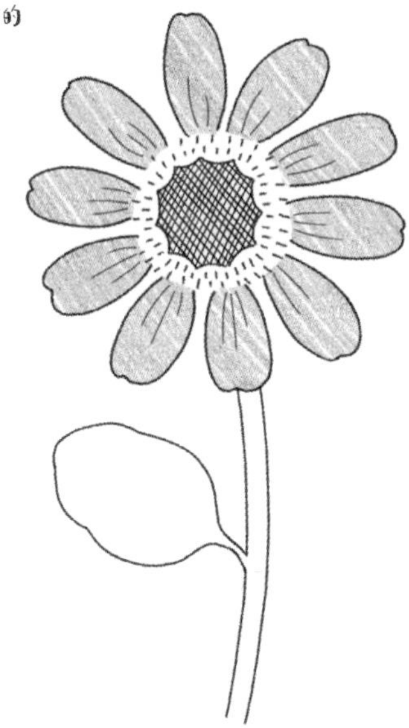

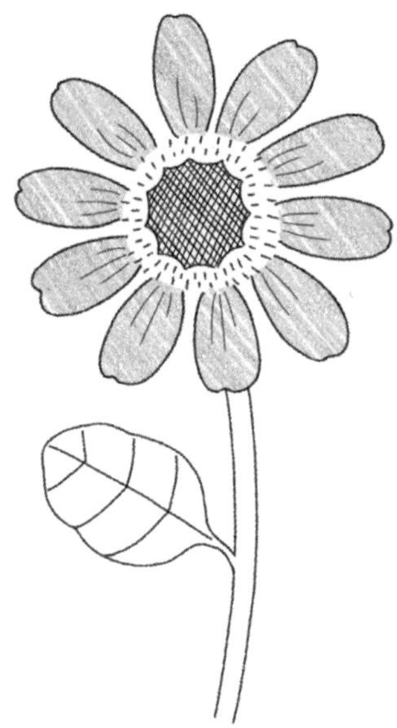

4 用方格纹装饰花心，浅灰色平涂花瓣。

5 添加长弧线画出的花茎和椭圆形的叶子。

6 对称地画出叶脉，完成。

案例小知识

直射的阳光，可以分为虚线、圆形和菱形画法。

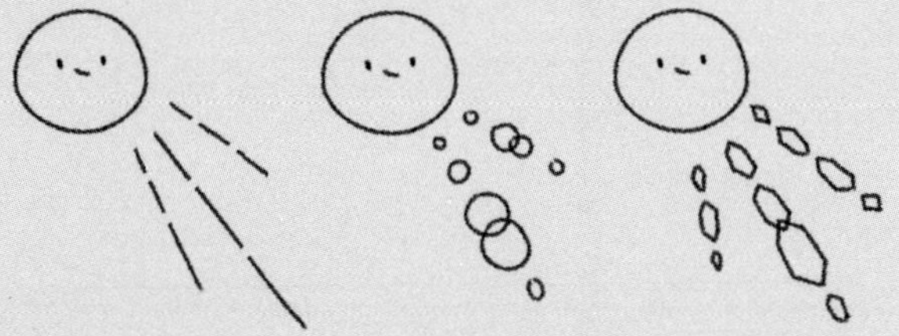

太阳的画法多种多样，
多试几种造型吧！

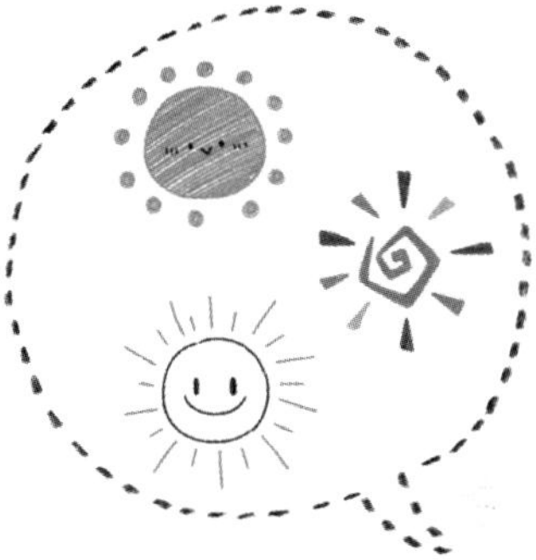

微笑太阳

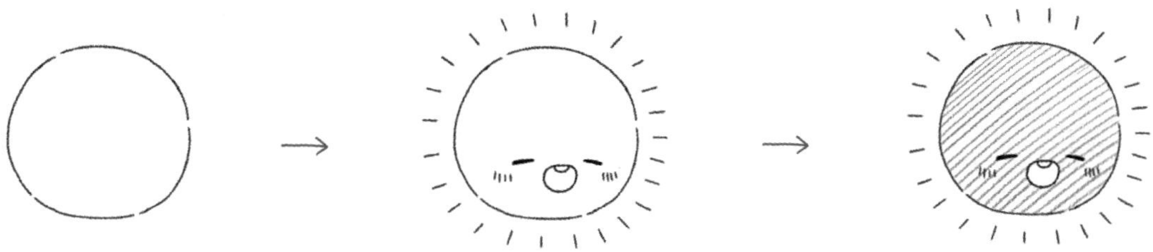

1 随意地画一个圆形。

2 用小短线作为太阳的光芒，并给它画出开心的笑脸。

3 用浅灰色的调子排出倾斜的线条，完成。

小贴士 更多好天气画法

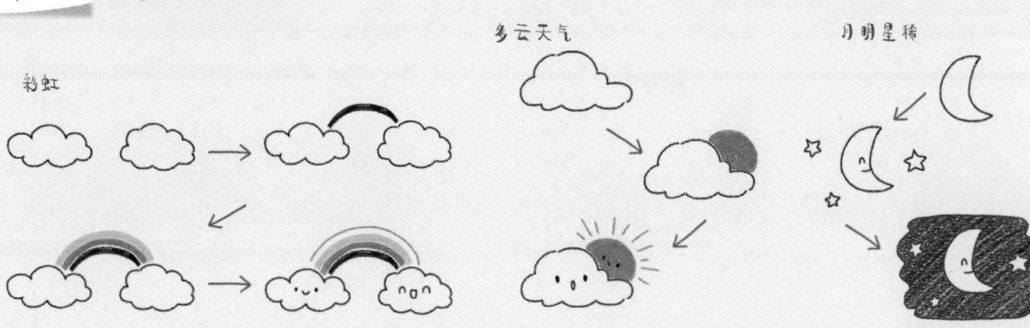

滴答滴答下雨啦

用绕圈的方式画乌云，会不会让你眼前一亮呢？下面就来看看坏天气要怎样呈现吧！

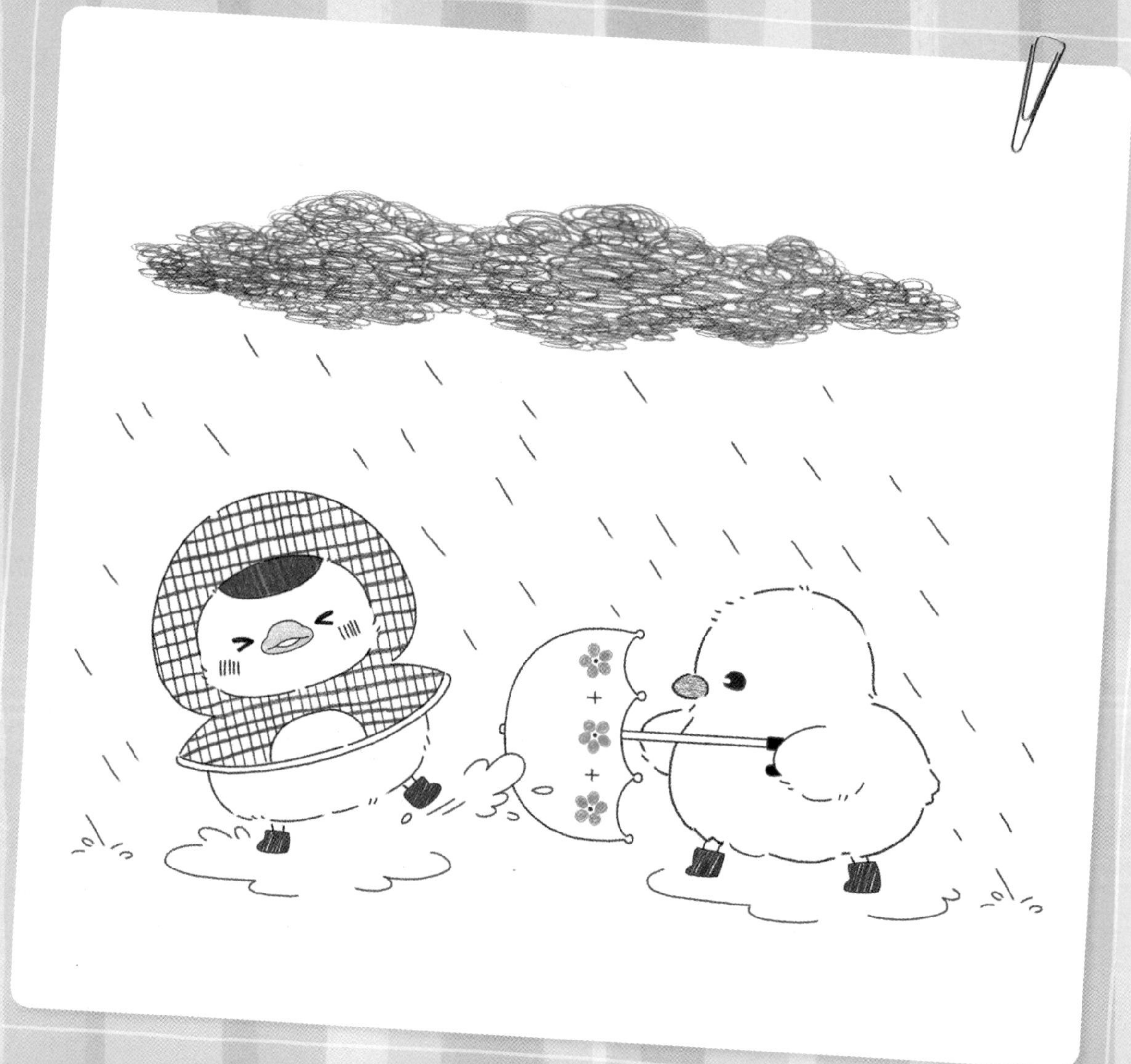

淘气的小鸭

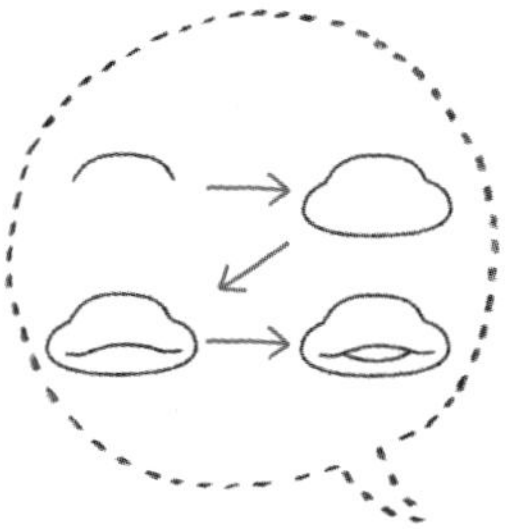

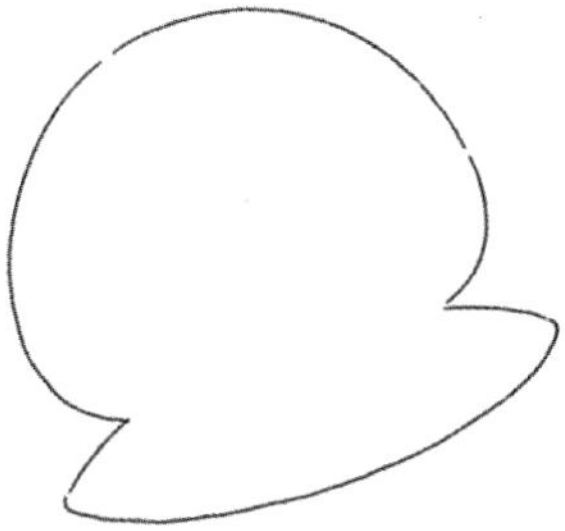

1 用大弧线画出雨衣的外轮廓。

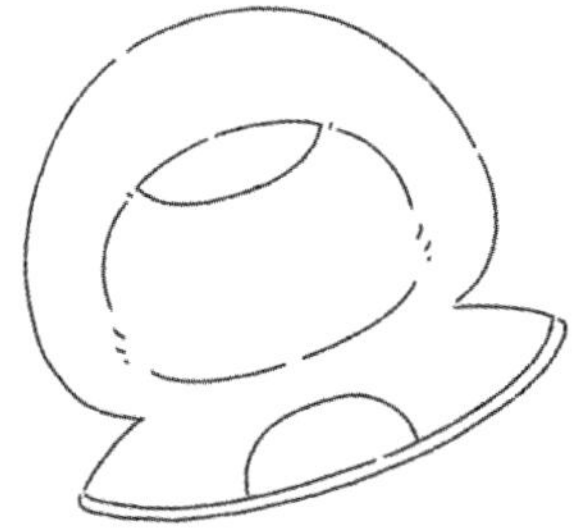

2 用圆形和半圆补充雨衣细节。

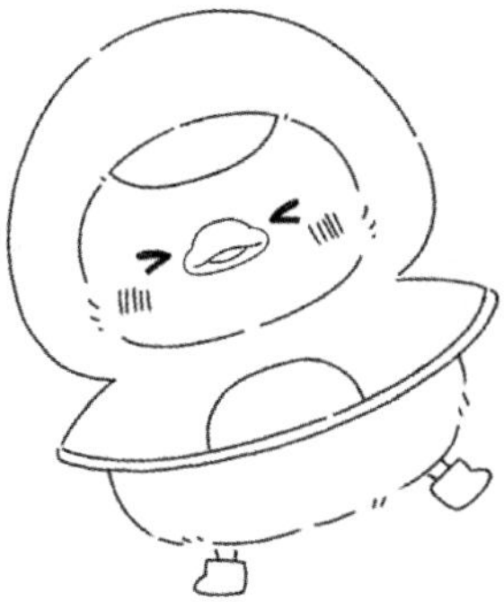

3 画出小鸭子的五官和身体，翅膀可以藏起来哦。

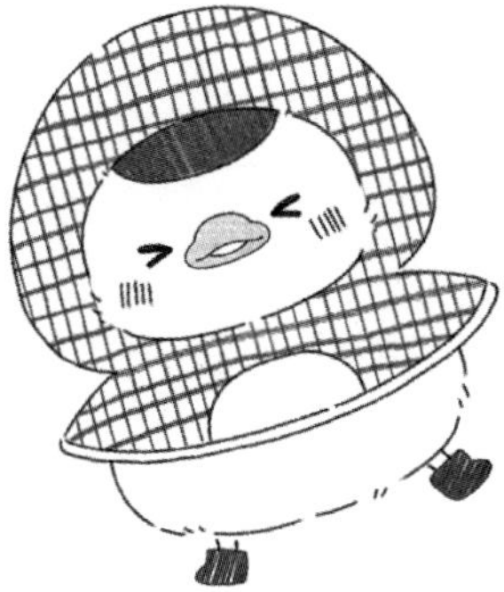

4 用方格纹装饰雨衣，并将鞋子和雨衣细节涂成深灰色。

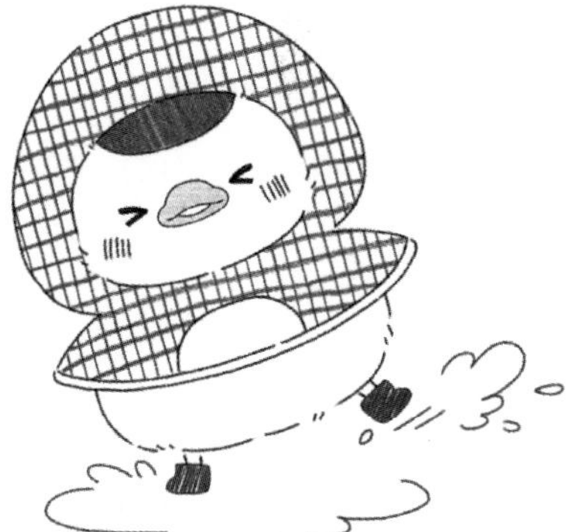

5 用随意的波浪线画出雨水坑，两根倾斜的线条能表示速度和方向。

小贴士 雨衣的各种款式

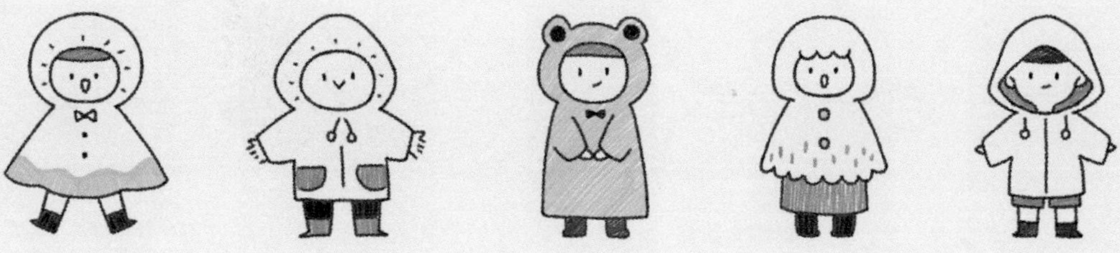

撑伞的小鸭

雨伞是由一个大弧线伞面和
三个小弧线伞边组成的。

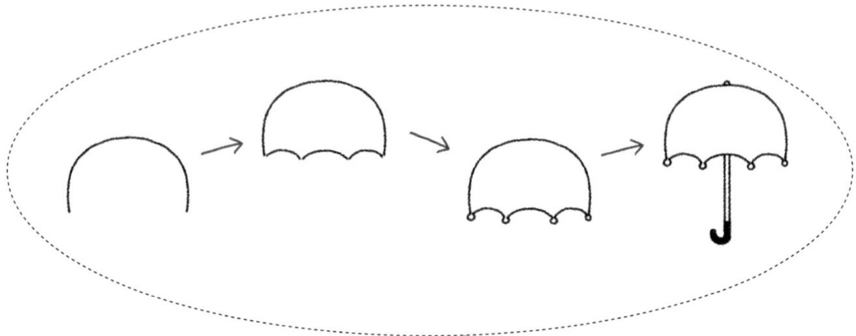

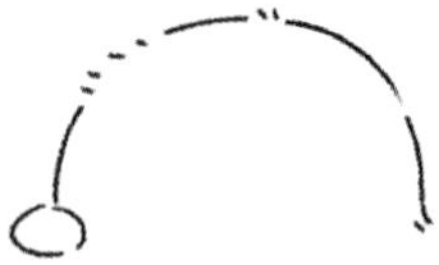

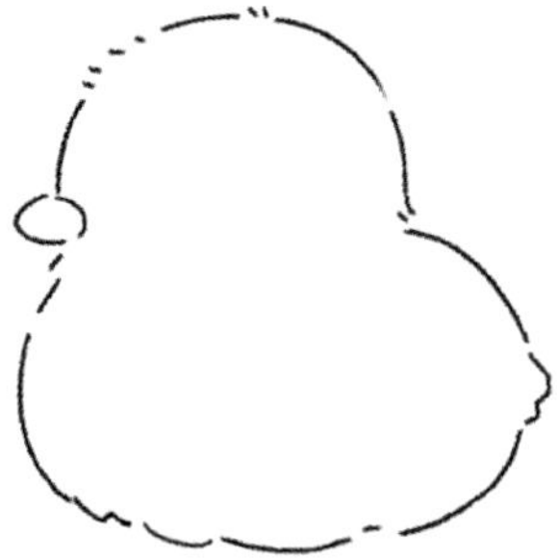

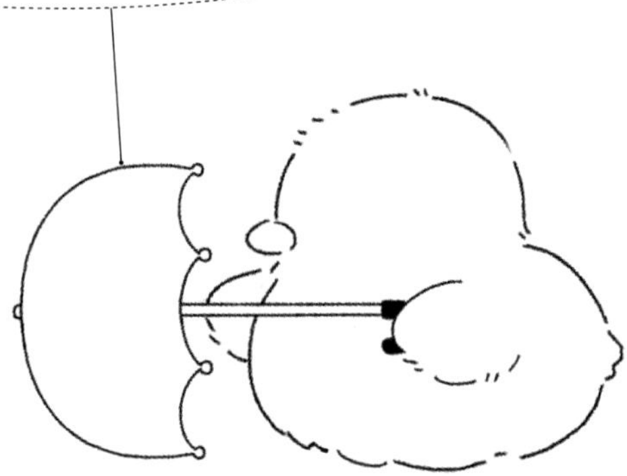

1 先画鸭子的头部线条和椭圆形的嘴巴。

2 画鸭子身体的时候，注意屁股要向外凸出。

3 横向撑开雨伞，建议大家用尺子辅助画伞柄。

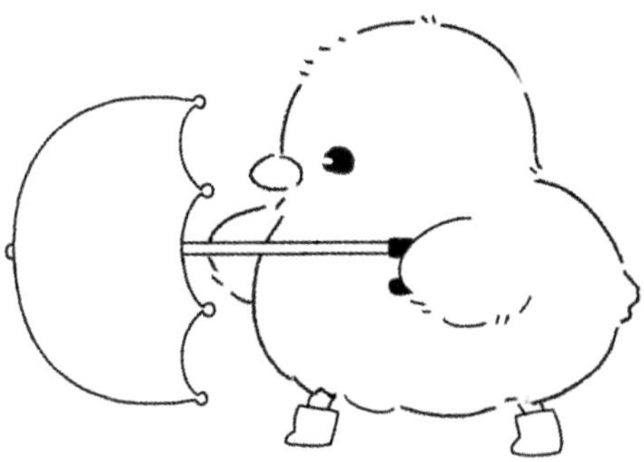

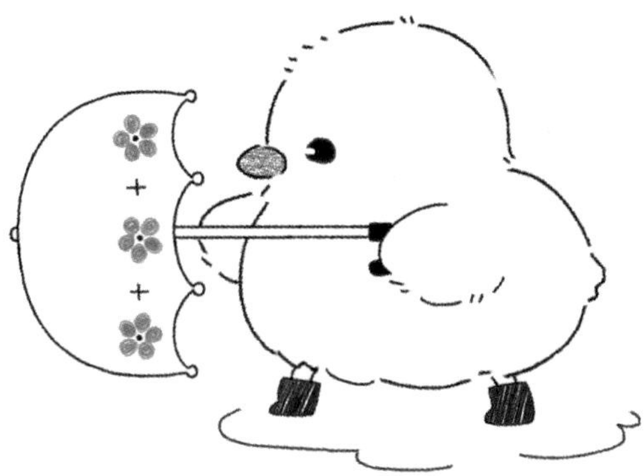

4 小鸭子的两条腿要分开一点才能站得更稳。

5 最后给伞面装饰十字纹和小花图案，完成！

各种乌云

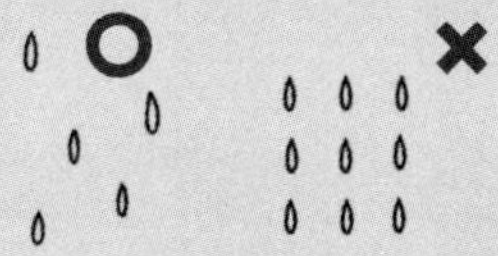

案例小知识

画雨滴时，错位排列比工整排列更自然。

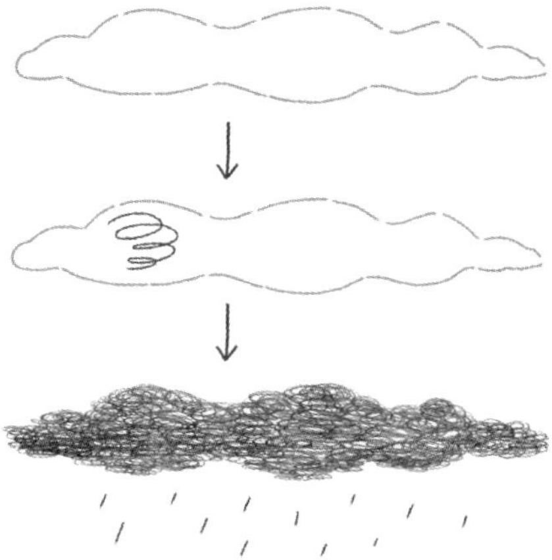

先用铅笔画出乌云大轮廓，再在内部随意地绕圈，就能画乌云啦！

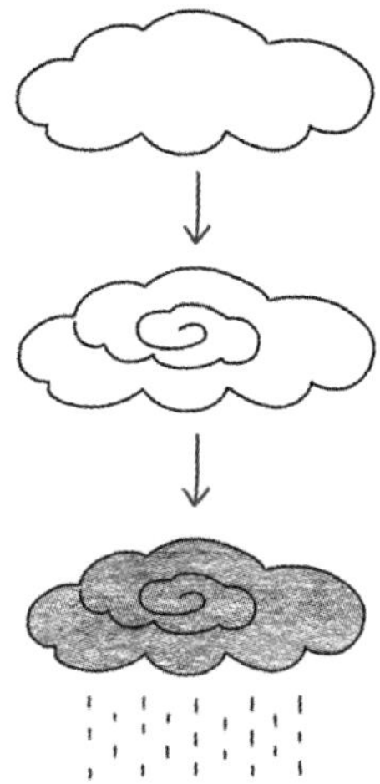

在白云的内部，画出向内的螺旋波浪线，涂画调子后也是乌云。

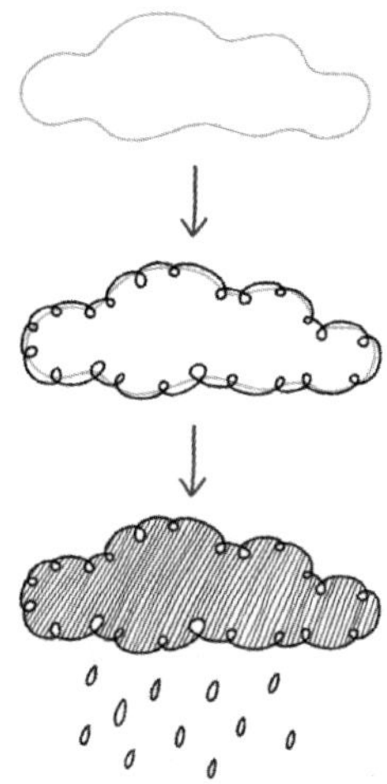

连续的环绕线也能组合出乌云的形状哦！

小贴士 更多坏天气的画法

暴雨闪电

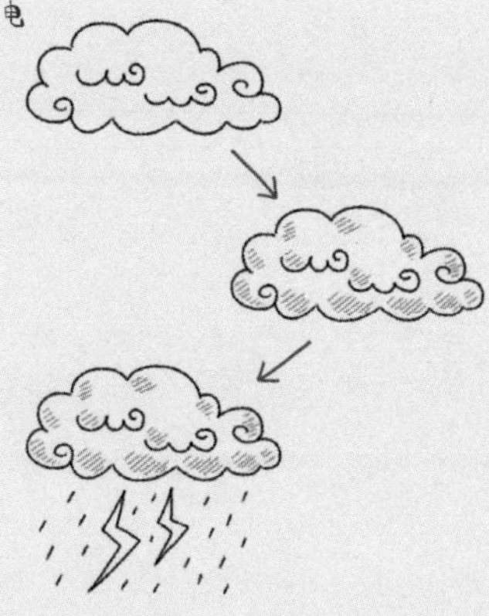

大风呼呼吹

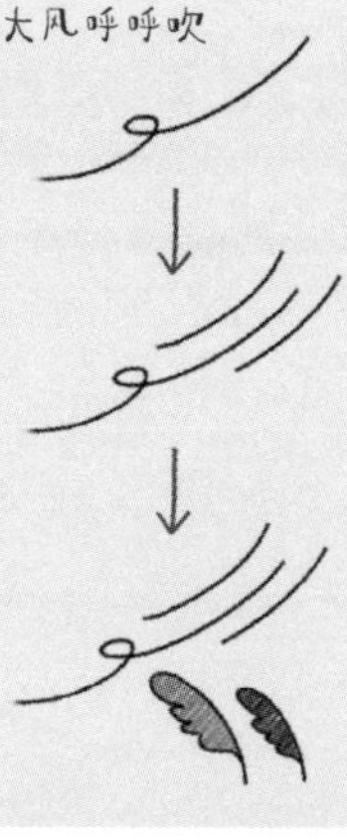

龙卷风

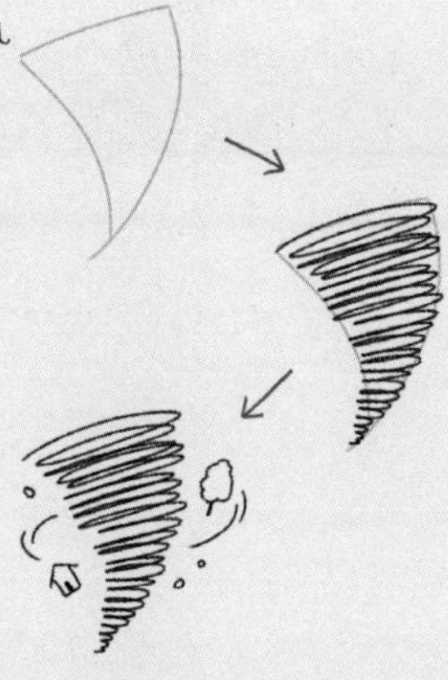

哇！大丰收啦！

虽然蔬菜的品种很多，但是都可以用几何图形概括出来，下面就教你蔬菜最简单的画法！

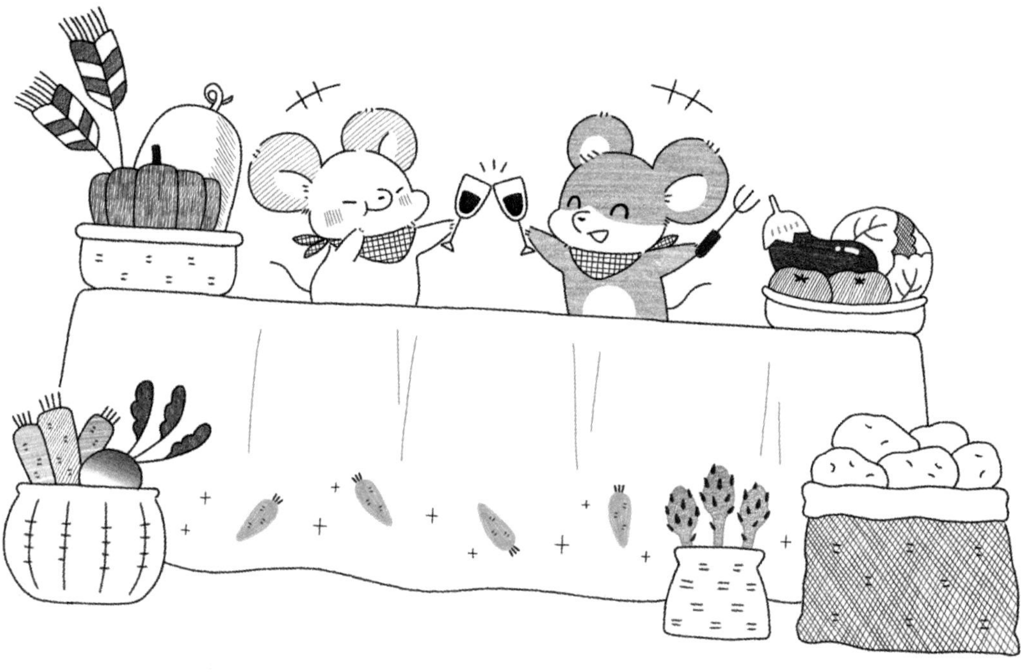

案例小知识

观察蔬菜的外轮廓，用最基础的圆形、长方形和半圆形概括它们吧。

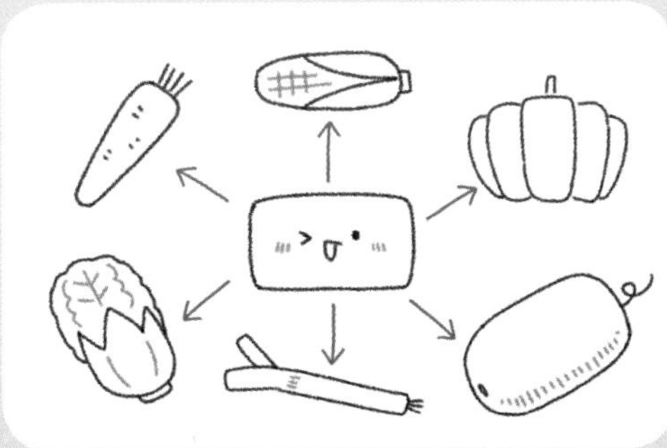

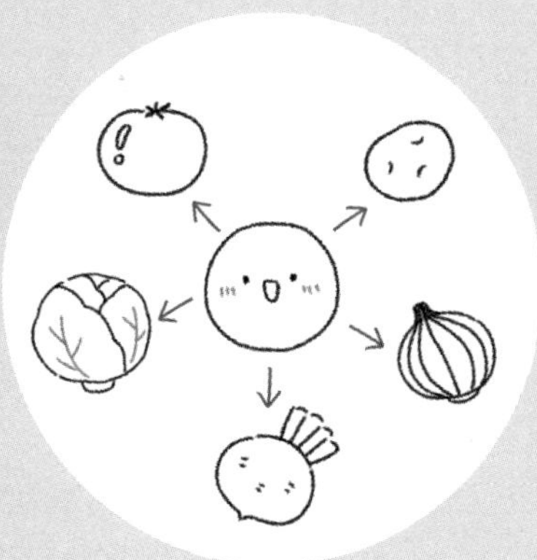

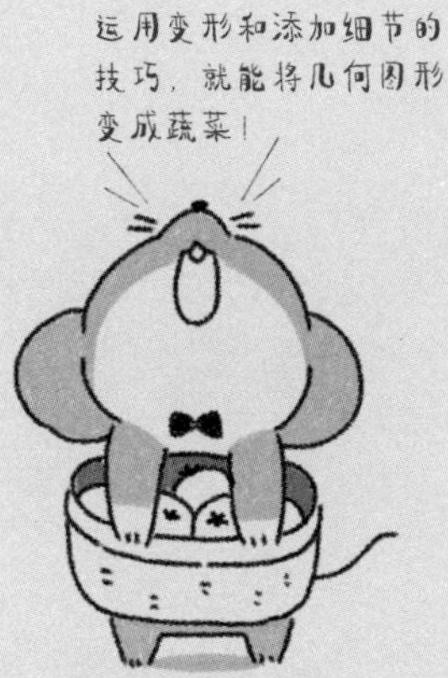

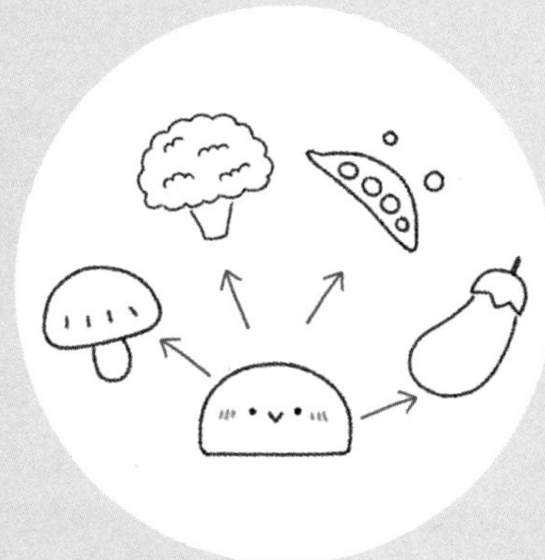

一筐萝卜

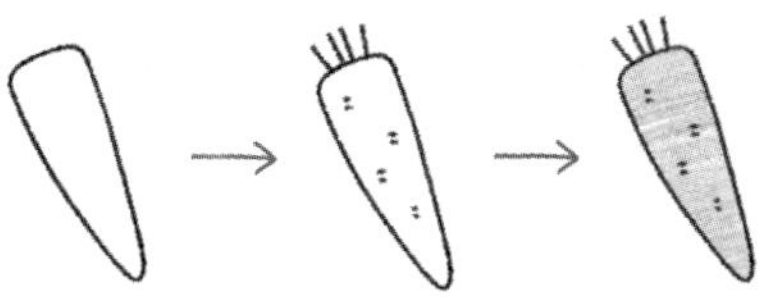

胡萝卜是由长三角形和几根短线组合而成的。

水萝卜的主体圆中带尖，三根长叶子可以用长弧线和波浪线组成。

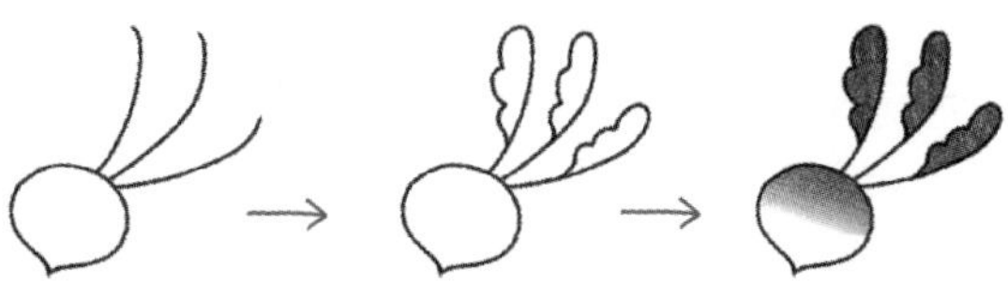

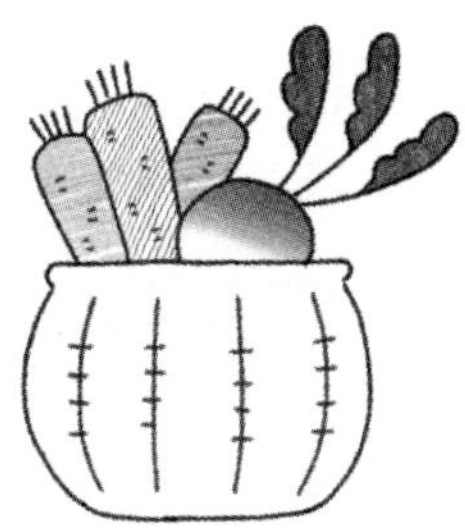

小麦、南瓜、冬瓜

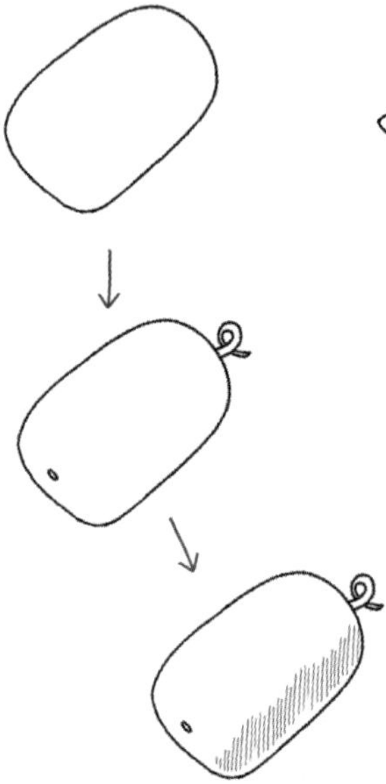

先画一个圆润的长方形，再
添加个瓜蒂就是冬瓜。

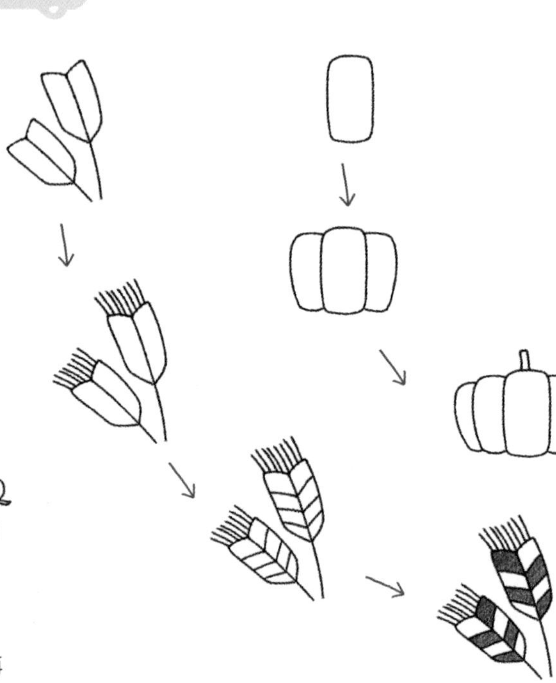

小麦的外形像箭尾一样，将它对称
地分成八份，间隔涂色就完成啦！

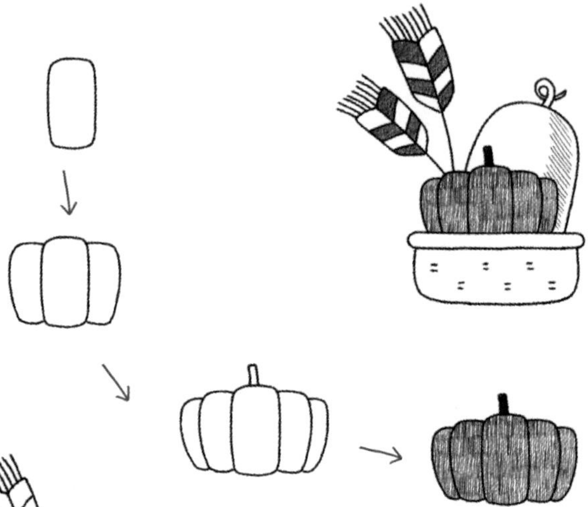

多个长方形对称组
合，就是南瓜啦。

茄子、番茄、包菜

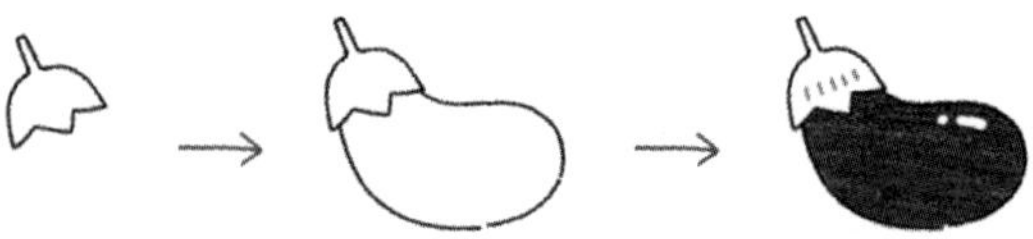

茄子是由锯齿状的茄把手和半圆形的茄肉组成的。

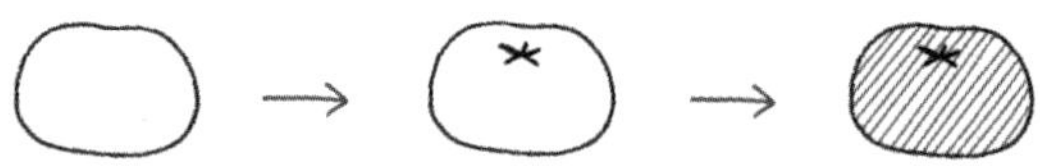

西红柿是圆中带方的椭圆形加上一个五角果蒂。

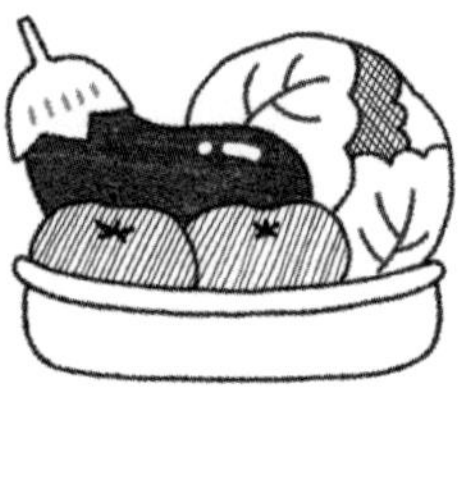

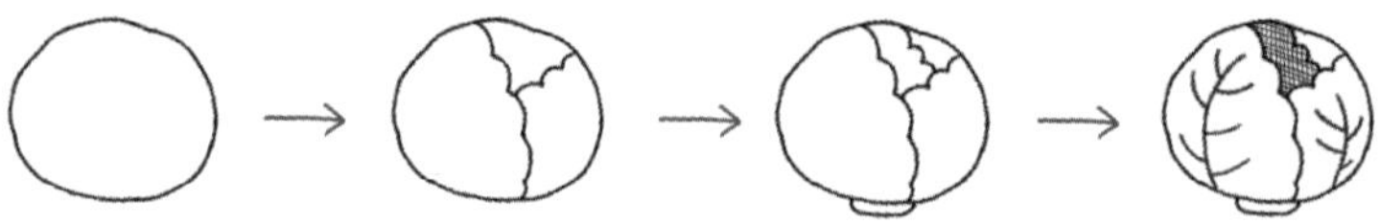

用波浪线将圆形分为四块，画上叶脉和深色调子，就是包菜啦！

胖胖的小鼠

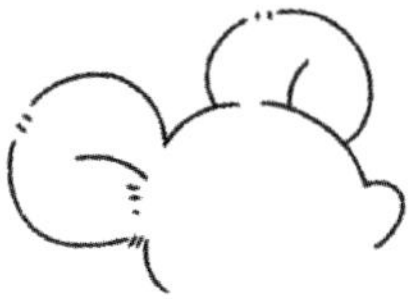

1 画小鼠的头部时，用大大的圆弧形画出耳朵。

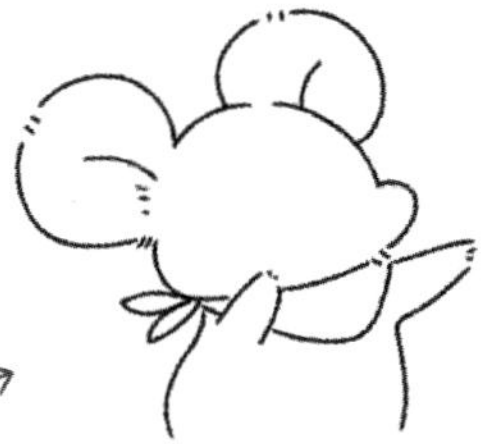

2 画出三角形的餐巾和高举的双手。

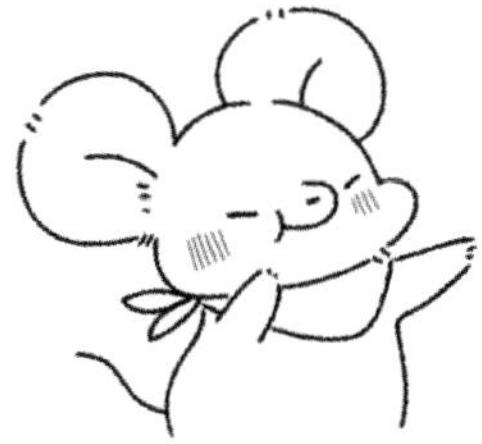

3 添加上可爱的五官和单线条的尾巴。

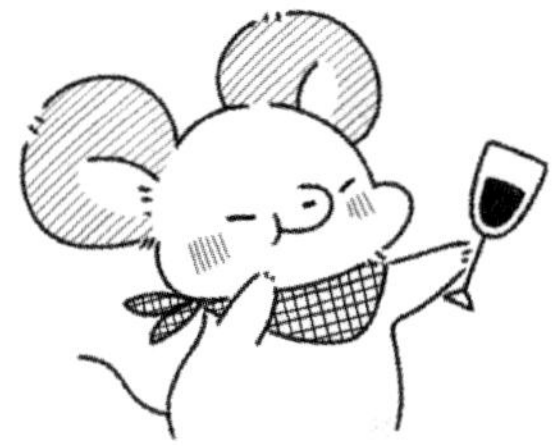

4 用斜排线、方格纹等调子装饰小老鼠。

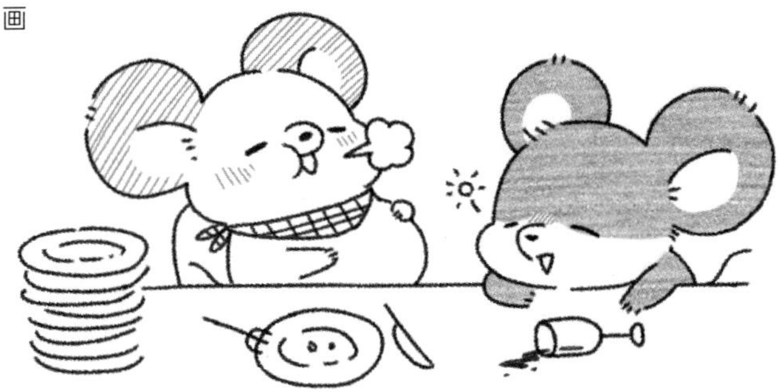

瘦瘦的小鼠

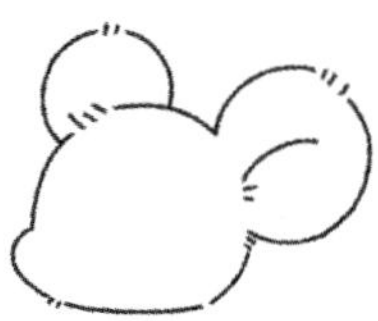

1 同样先画出头部轮廓。

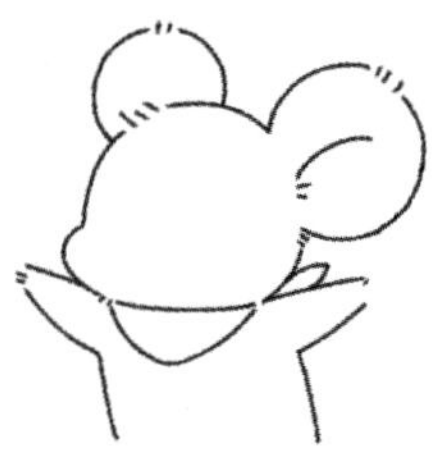

2 两只手左右张开。

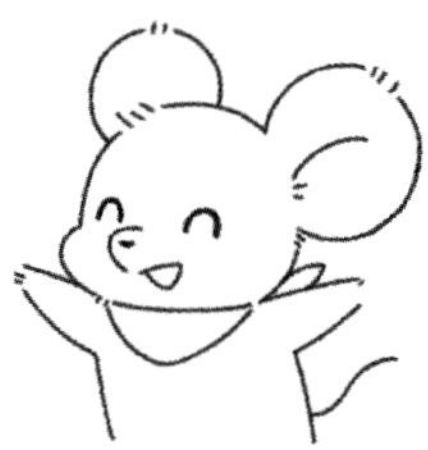

3 画出开心大笑的表情。

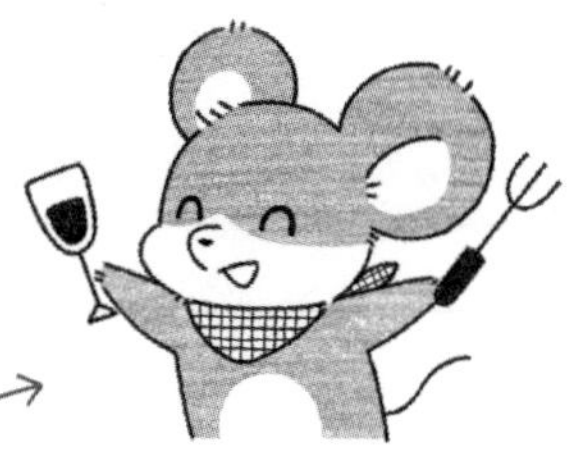

4 用浅灰色涂调子，注意避开白色区域，最后添加细节，完成！

我有一座小花园

仔细观察花朵，你会发现很多花瓣都重叠在一起，别担心，我们将用最简单的方式为你拆解花朵的重叠秘密。

"我们要好好保护它！"
"嗯嗯。"

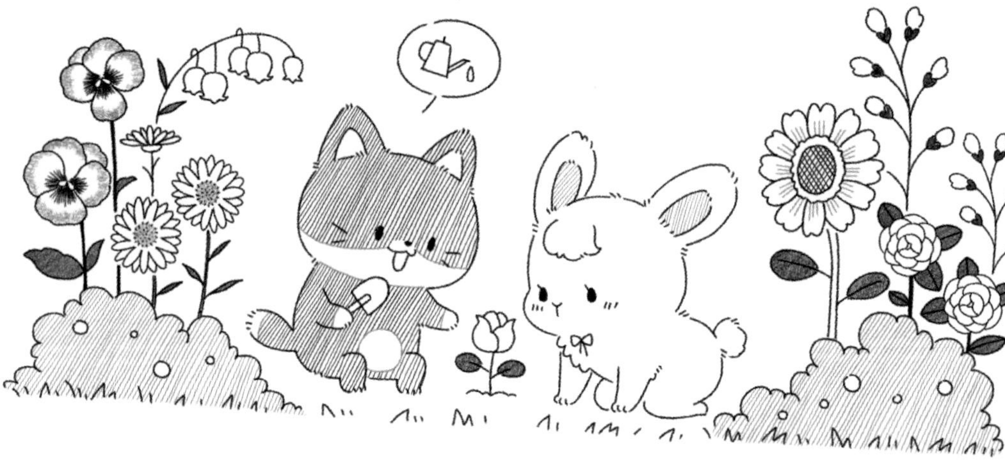

案例小知识

花朵的重叠，是因为它们之间有前后的位置关系，后面的物体只是被遮挡了一部分，并不是不存在哦。

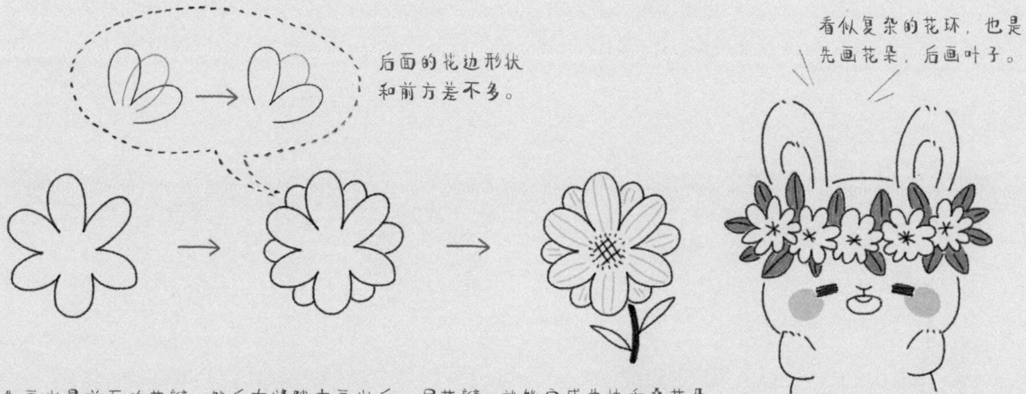

先画出最前面的花瓣，然后在缝隙中画出后一层花瓣，就能完成单枝重叠花朵。

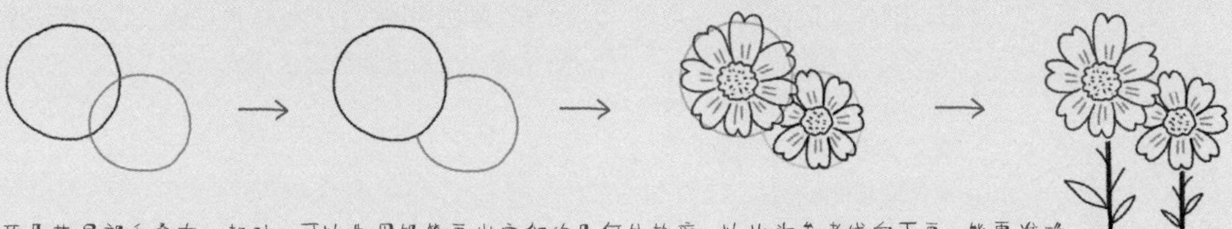

两朵花局部重叠在一起时，可以先用铅笔画出它们的几何外轮廓，以此为参考线向下画，能更准确。

铃兰

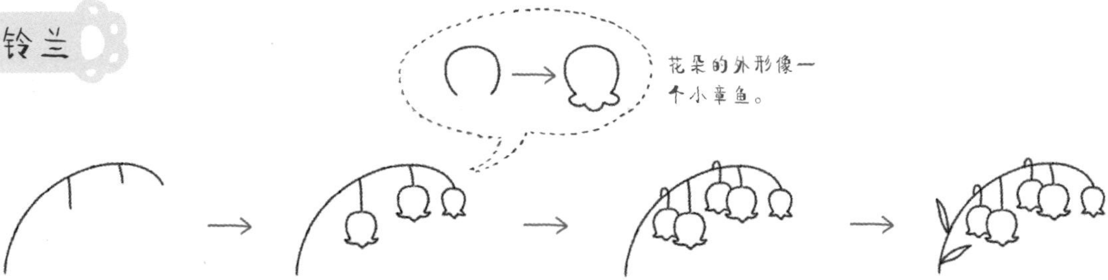

1 用弧线和短直线作为枝干。

2 画出前方的铃兰。

3 画后方被遮挡的花朵时，可以稍稍向上错位。

4 添加上叶子，完成。

三色堇

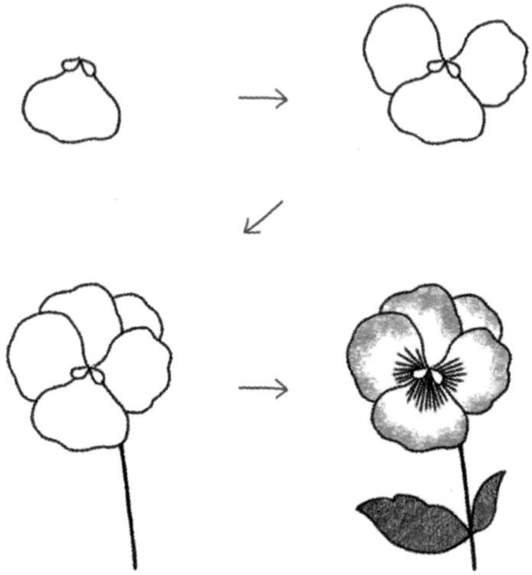

三色堇的花瓣是前三瓣后两瓣的组合关系，上调子时，先用向外扩散的短直线画花心，再用浅灰色涂花瓣边缘，就完成了。

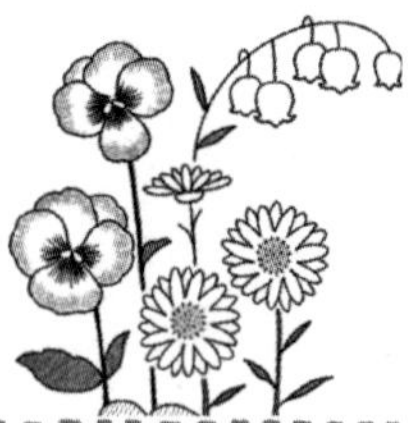

小雏菊

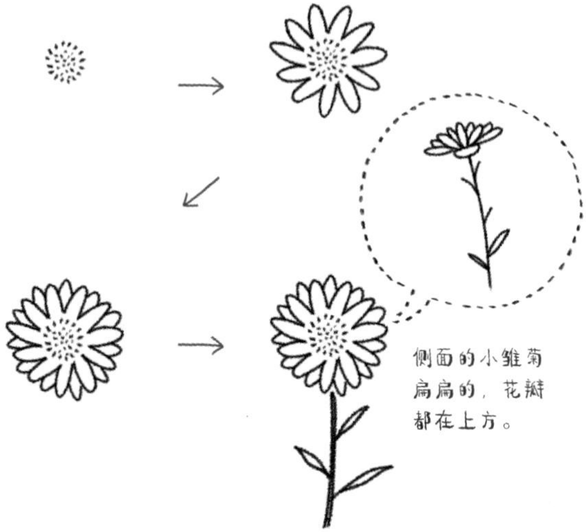

先画密集的点阵作为花蕊，再用连续的起伏弧线画两圈花瓣，最后添加枝叶就完成了。

种花猫咪

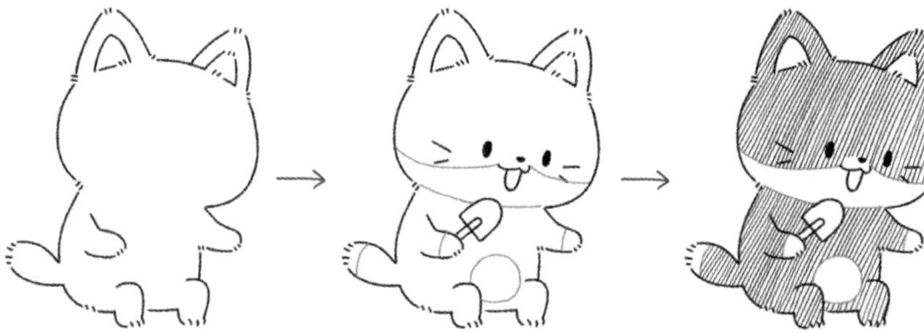

1 用圆形和三角形画猫咪的头部。

2 画出弯曲的双腿表示蹲姿。

3 小铲子是由稍长的半圆形和长条形组成的。

4 用中灰色的线条倾斜上调子，完成。

茶花

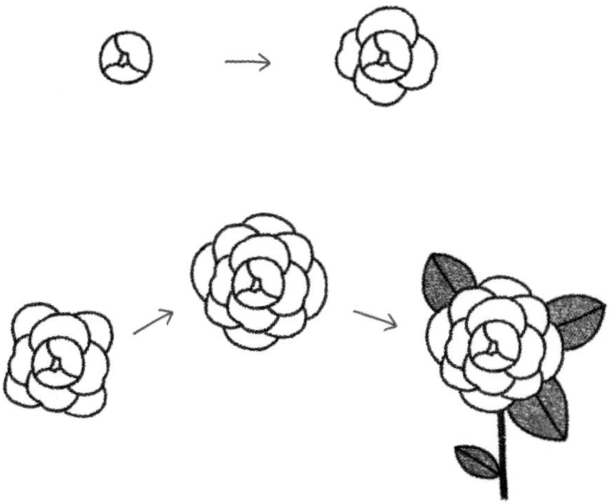

最里层的花心是由三片小花瓣组合而成的，接着向外一层层地叠加花瓣，直至形成圆满的外轮廓，茶花就画好了。

玫瑰花苞

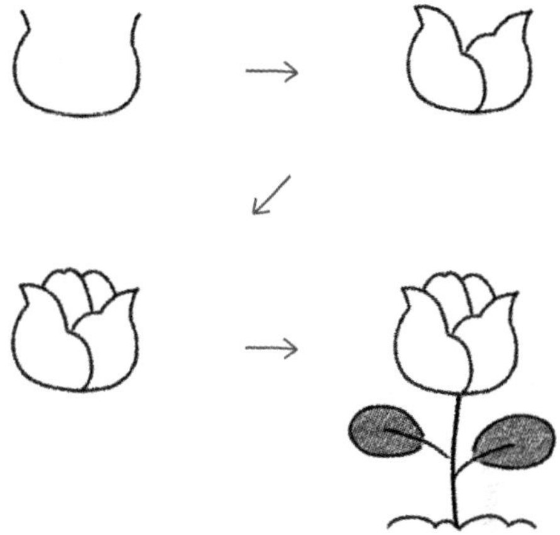

在 U 字形的内部，先画出外围的两片大花瓣，再画内部的小花瓣，就能画出玫瑰花苞。

认真小兔

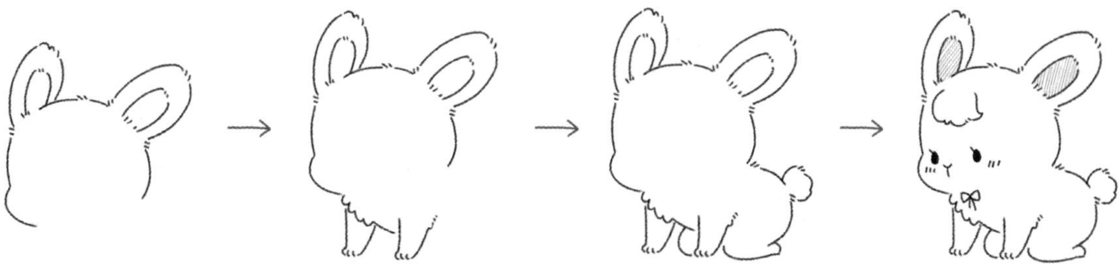

1 小兔的耳朵是椭圆形的。

2 两只前爪向下支撑。

3 注意双腿要弯曲到和臀部贴在一起。

4 为小兔补充上可爱的细节吧。

来制作水果罐头吧

水果的质感多种多样，有光滑的，有粗糙的，还有颗粒感的。一起来看看怎样表现它们吧！

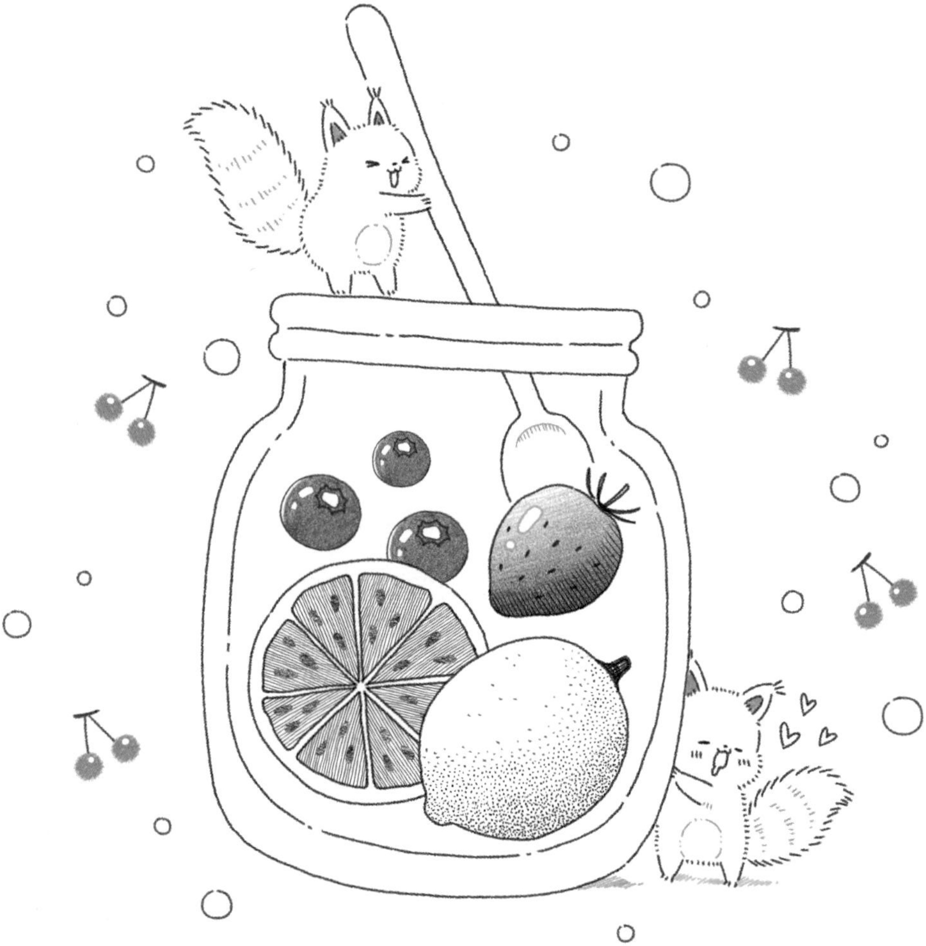

开心松鼠

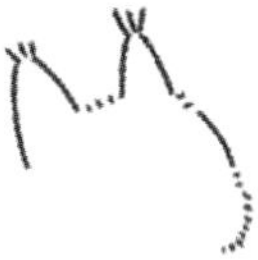

1 先在玻璃杯上方画出毛茸茸的脸颊和三角形的耳朵。

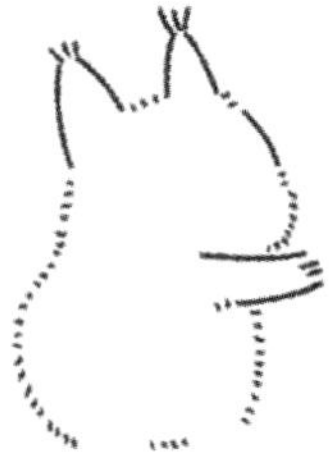

2 为了让松鼠的身体也表现得毛茸茸，可以先用铅笔画出浅浅的轮廓。

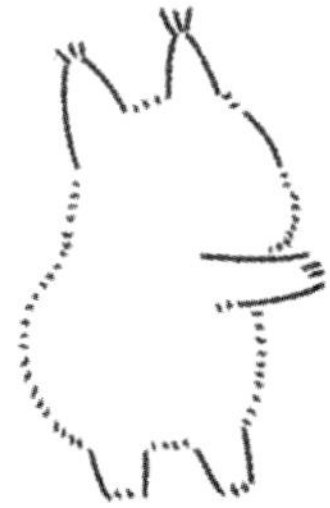

3 画出又粗又短的腿。

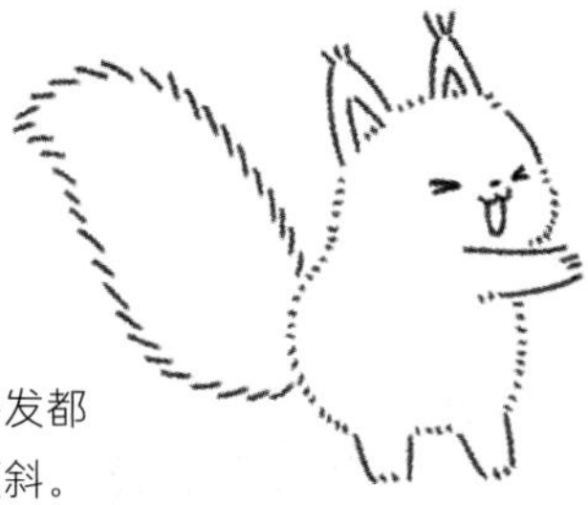

4 注意尾巴的毛发都向一个方向倾斜。

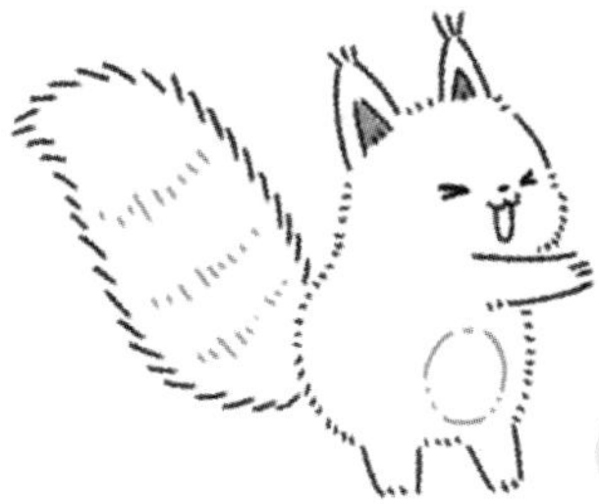

5 用浅一点的铅笔画毛发的细节，完成。

嘴馋松鼠

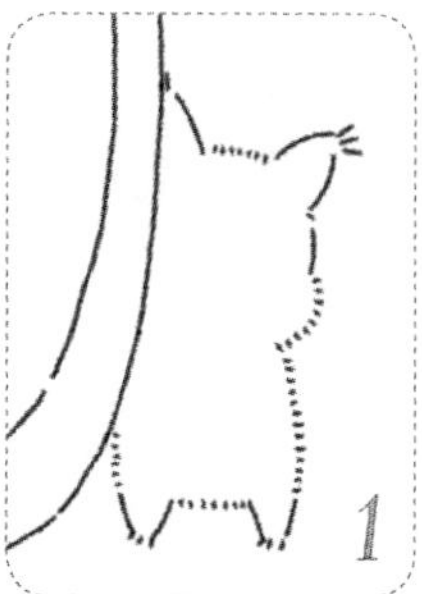

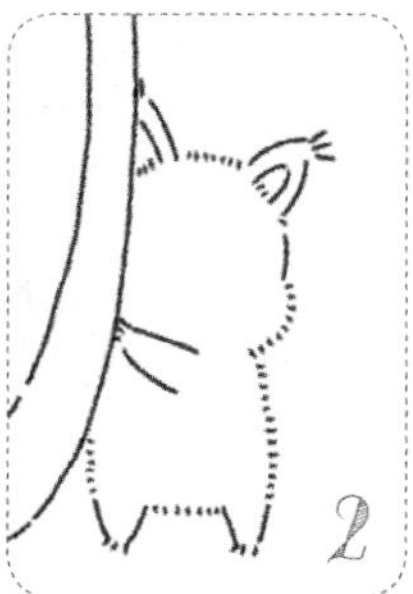

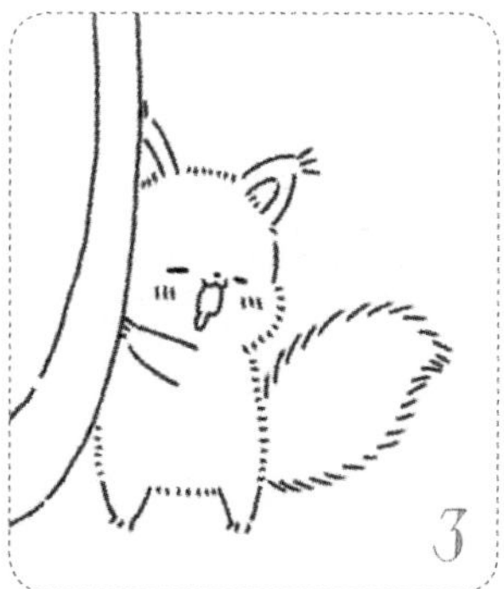

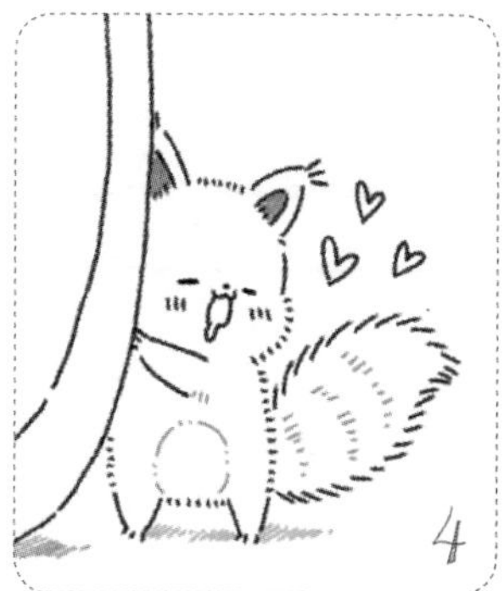

1 至 4 用虚线和实线交互着在玻璃杯的右下方画松鼠的身体轮廓和手脚，再添上毛茸茸的大尾巴，最后简单上调子就完成啦！

案例小知识

光滑质感的水果，一定要注意光源的统一性。

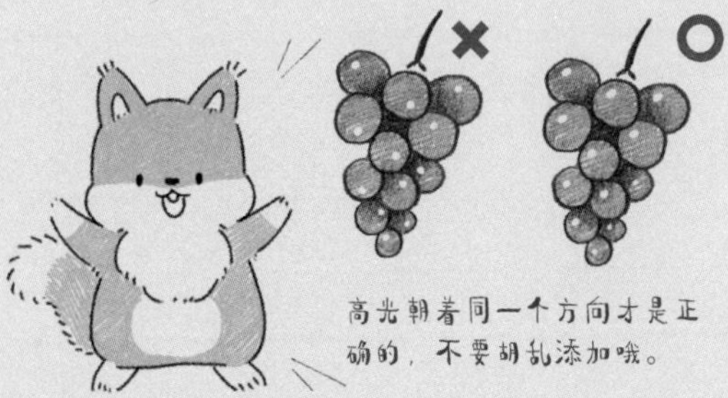

将水果的颜色按照光源来分区，能画得更立体。

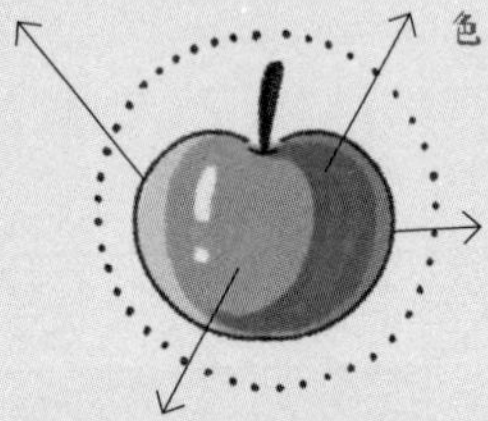

蓝莓

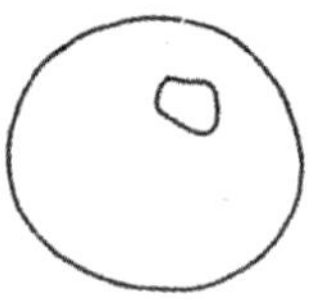

1 先在大圆里画不规则圆形的果蒂。

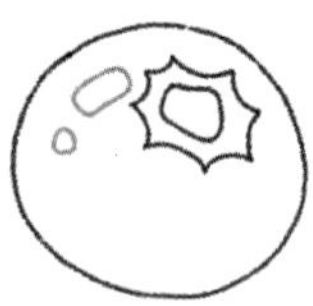

2 用朝内的波浪线作为果蒂细节，并画上感叹号状高光。

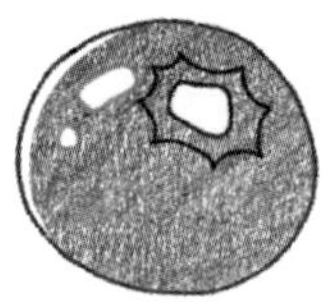

3 上调子时，边缘留出弧线状的受光部会更光滑。

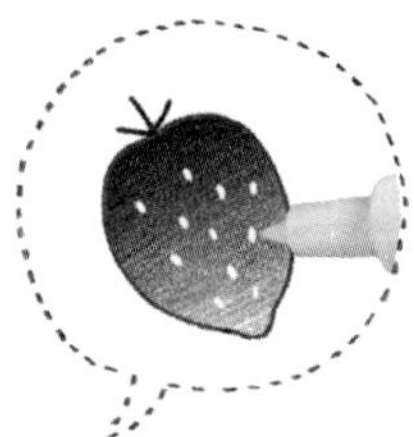

草莓

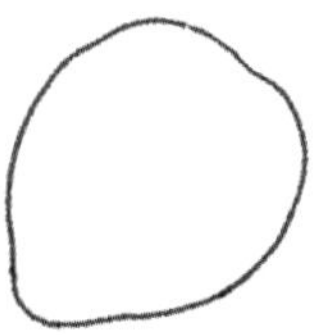

1 草莓的外形像一个胖胖的三角形。

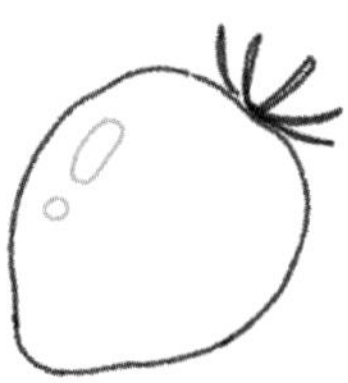

2 画出高光和爪状的果蒂。

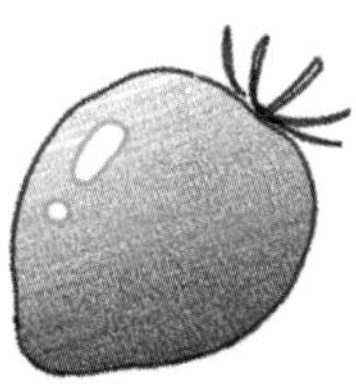

3 用渐变的手法涂画调子。

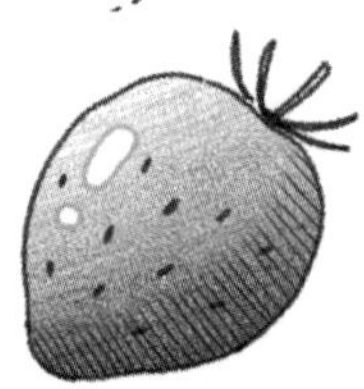

4 在阴影处排线，并添加分散的草莓籽。

柠檬

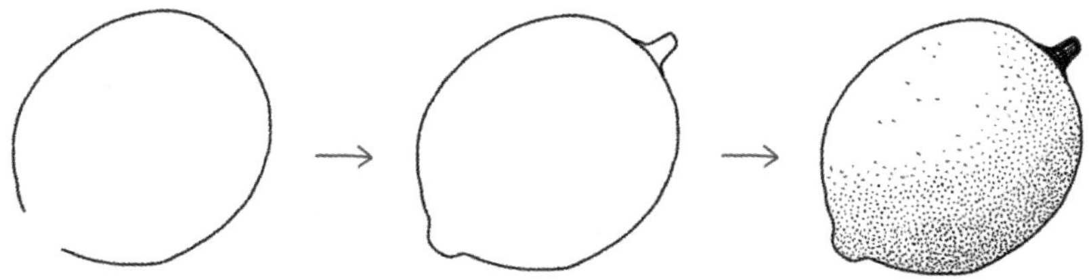

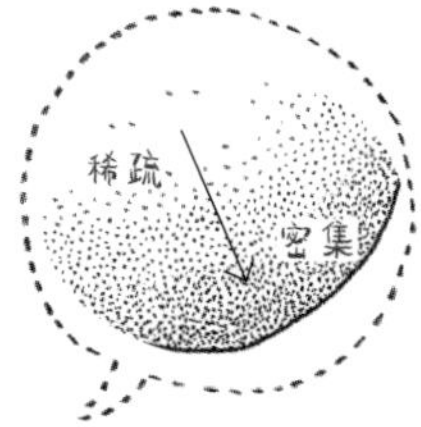

为了画出立体感，越往下走点阵越密集。

1 在椭圆形的底部留出缺口。

2 用突出的弧线作为柠檬尖。

3 耐心地用点状纹画柠檬的调子。

橙子

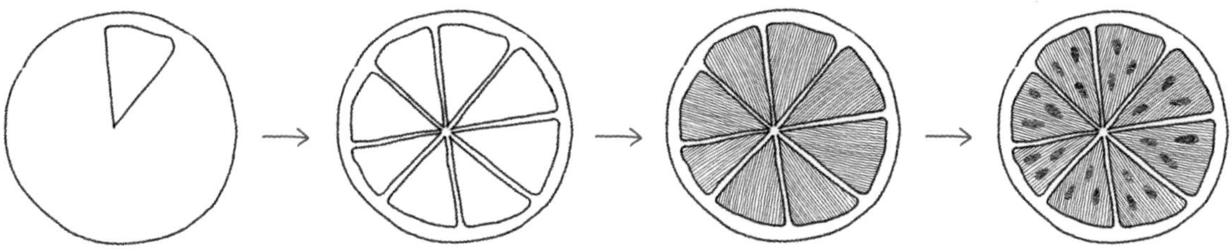

1 在柠檬后方，以圆心为中心，画出三角形的果肉。

2 围绕圆心画一圈果肉，注意互相之间保持一定距离。

3 将线条调子往内部的方向排列。

4 用中灰色画出水滴状的籽作为果肉细节。

小贴士 不同质感的水果

渐变有光泽的桃子。

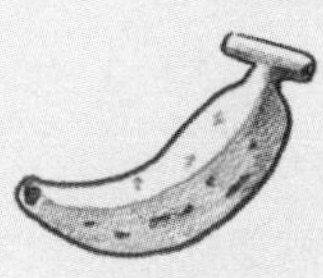

有斑纹的香蕉。

毛茸茸的猕猴桃。

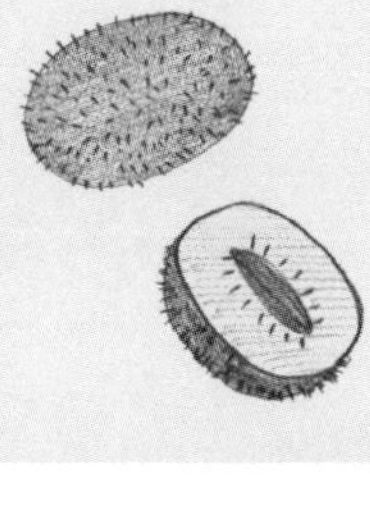

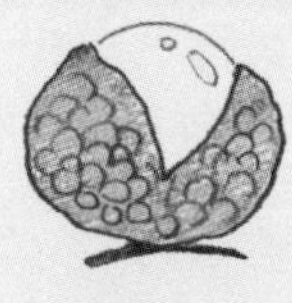

粗糙颗粒感的荔枝。

光滑渐变色的西瓜。

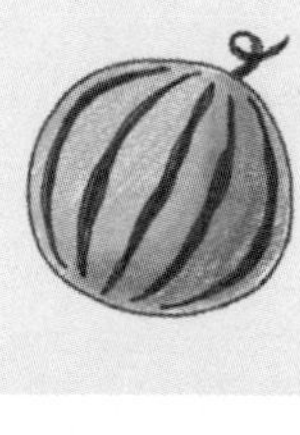

森林躲猫猫

在宽广的森林里躲猫猫，是一个有较强立体感的画面，所以用上近大远小的透视知识，就能画出不一样的画面。

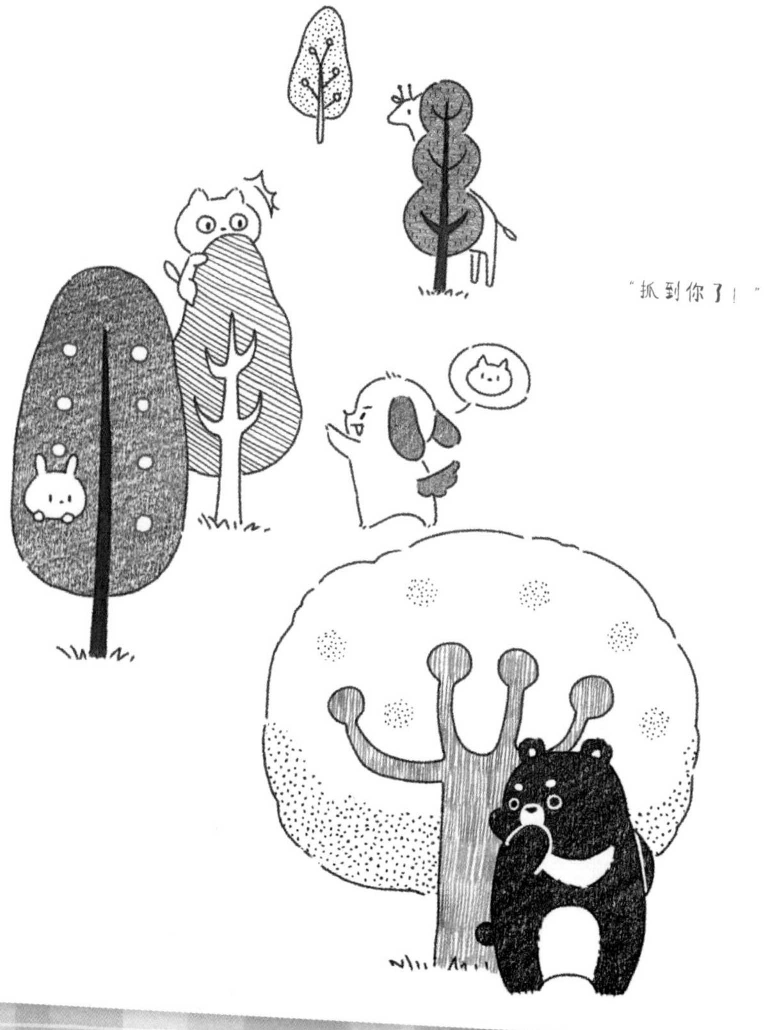

案例小知识

我们可以先用铅笔画出整体透视的辅助线，再添加几何图形组成的树木。

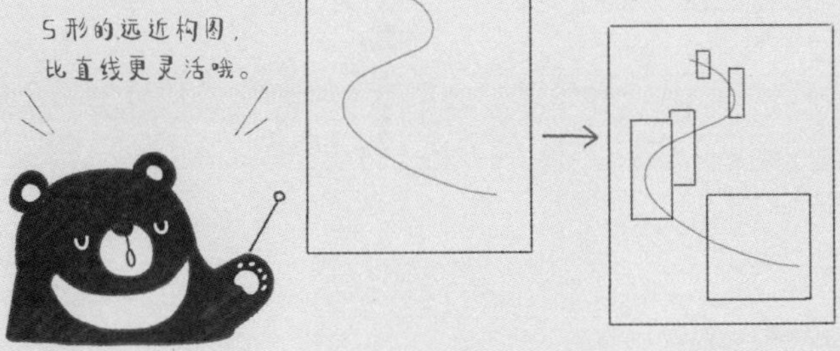

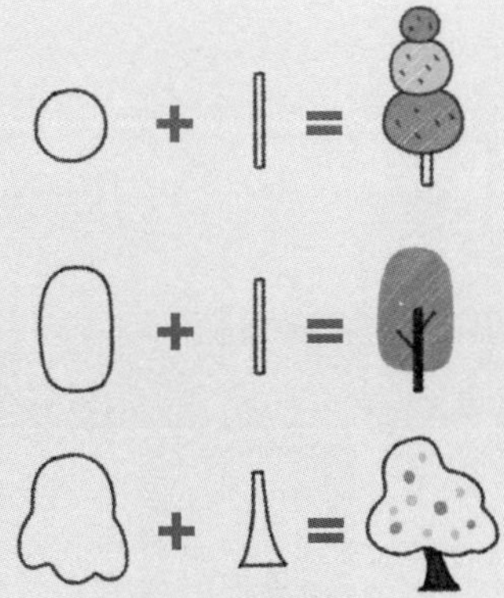

将复杂的树木用几何图形概括出来。

点阵装饰树木

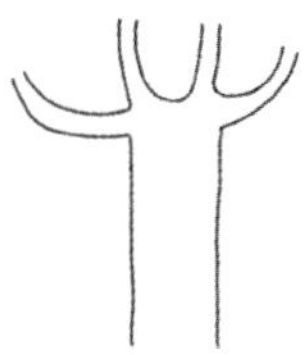

1 用直线和弧线画出分叉的树干。

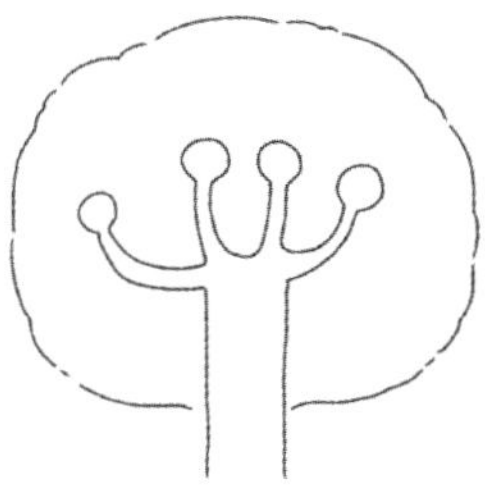

2 用圆形描绘树干细节和树冠轮廓。

排线的方向是从上到下。

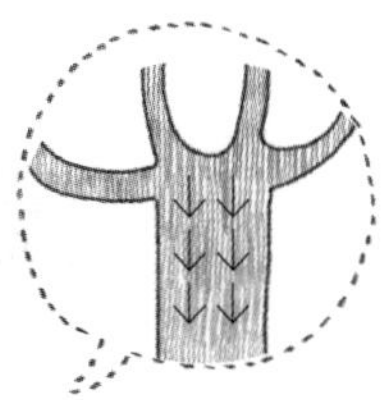

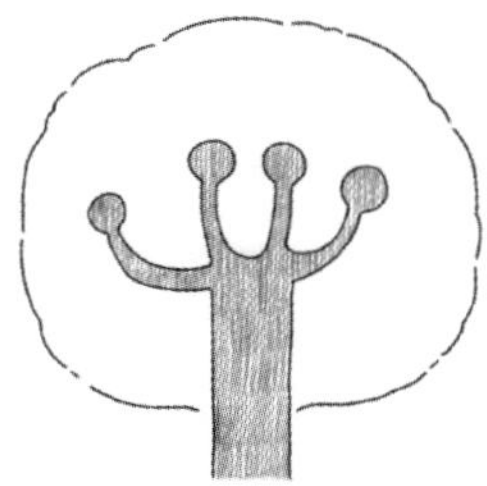

3 用排短线的方式，为树干画出中灰色的调子。

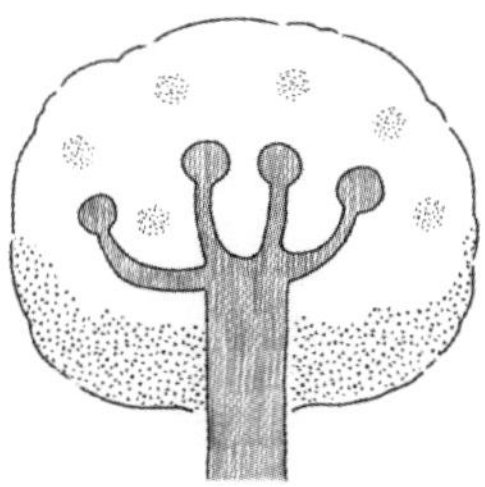

4 用点阵肌理装饰树叶的背光处，完成。

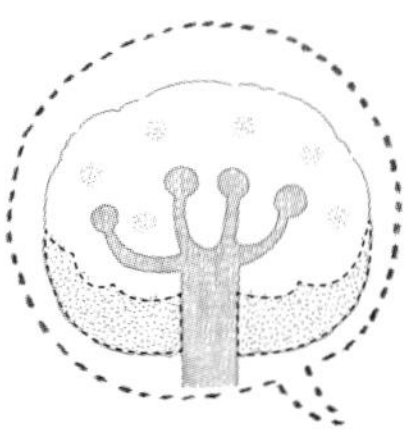

树叶的背光轮廓可以画成波浪形的。

斜纹装饰树木

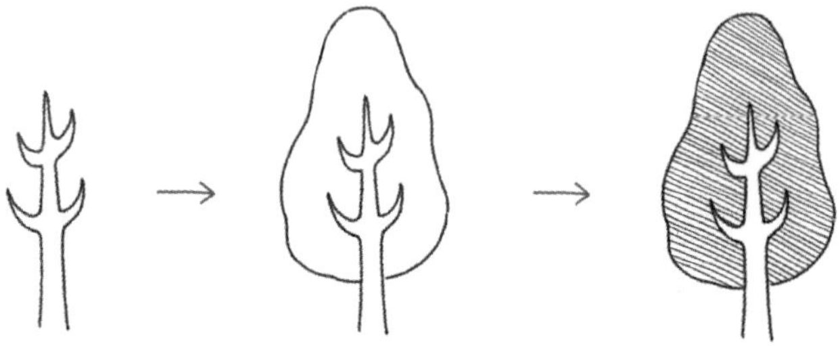

在分叉的白色树干外，画不规则的三角形作为树叶轮廓，斜排线上调子。

圆点留白树木

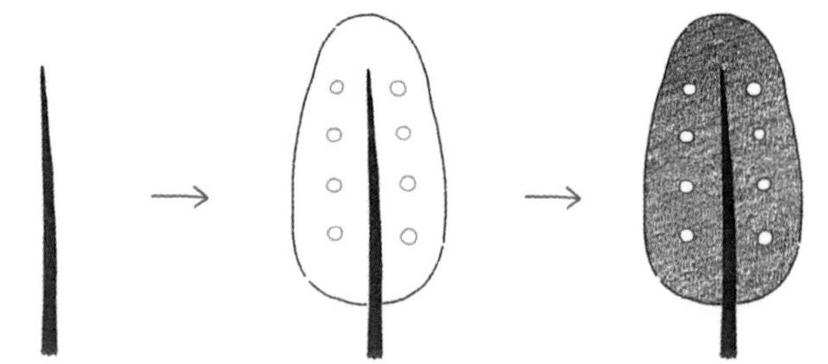

在椭圆形树叶的内部，画上两排对称的小圆，涂色时避开它们就完成了。

斑纹装饰树木

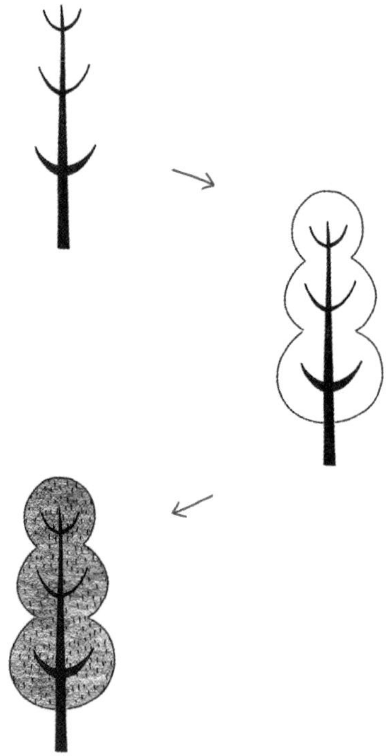

对称分叉的树干外，画出上小下大的三个圆形作为树叶轮廓，再画上调子就完成了。

小贴士　各种各样的树木

用几何图形来画不同的树木吧。

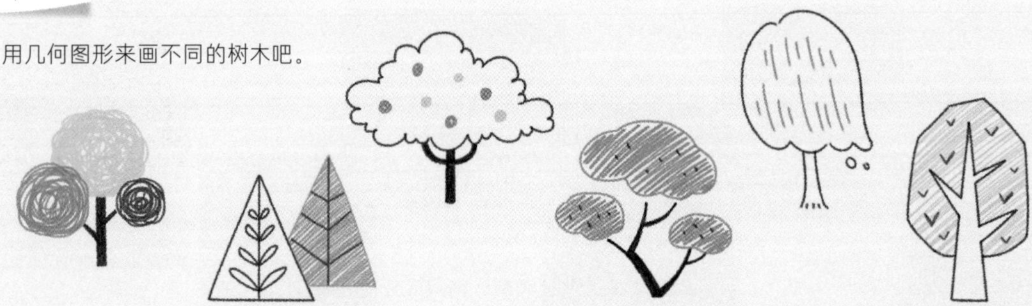

机智的小狗

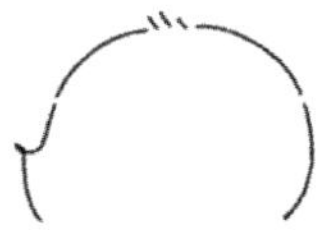

1 小狗侧面的鼻子，是向上勾起的。

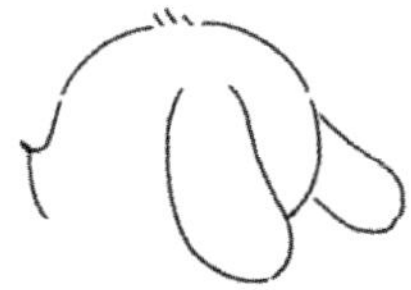

2 画出长椭圆形的耳朵。

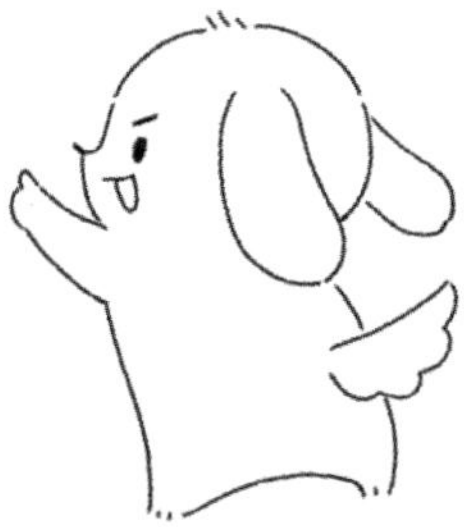

3 补充上表情和身体。

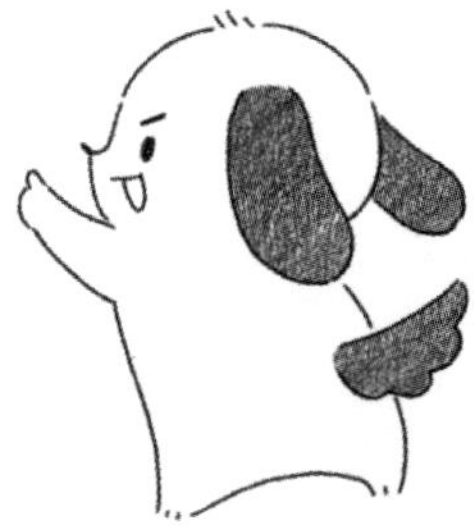

4 将耳朵平涂成中灰色，完成。

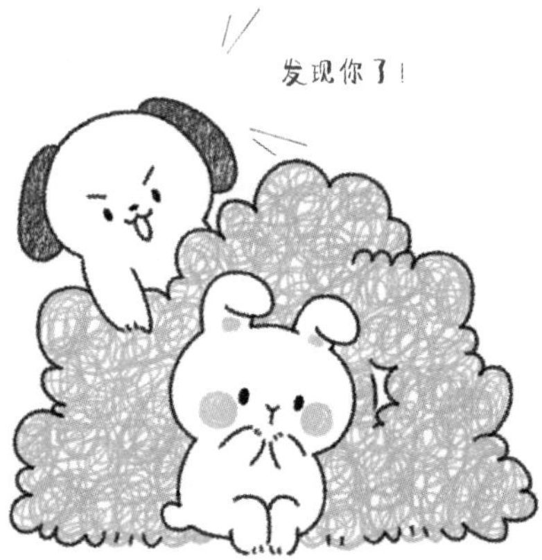

躲猫猫的小熊

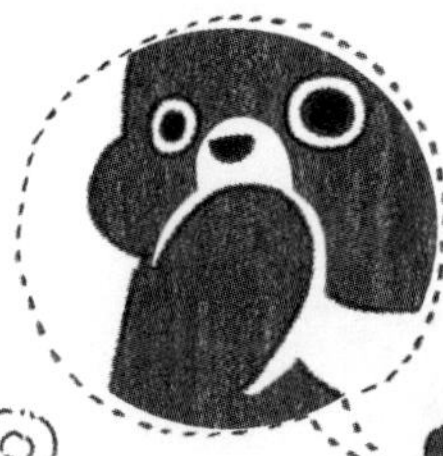

注意在爪子边缘处留出一定的距离再上调子。

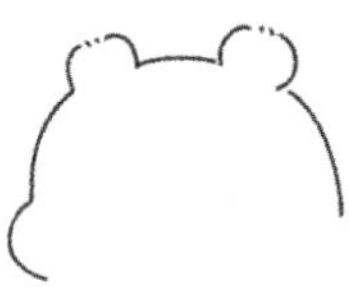

1 画出小熊的头部轮廓。

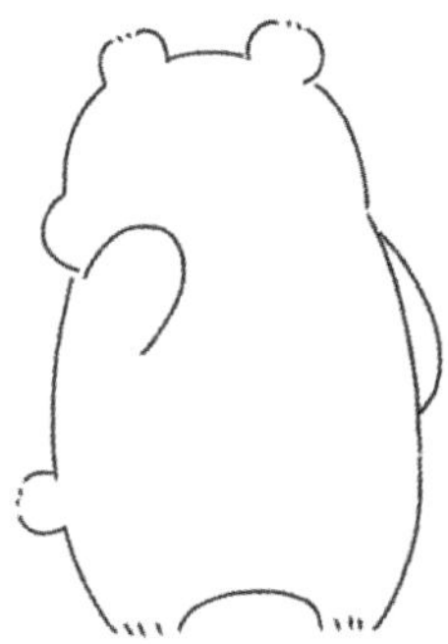

2 添上身体和四肢，熊的脚可以用小短线连接，会更生动。

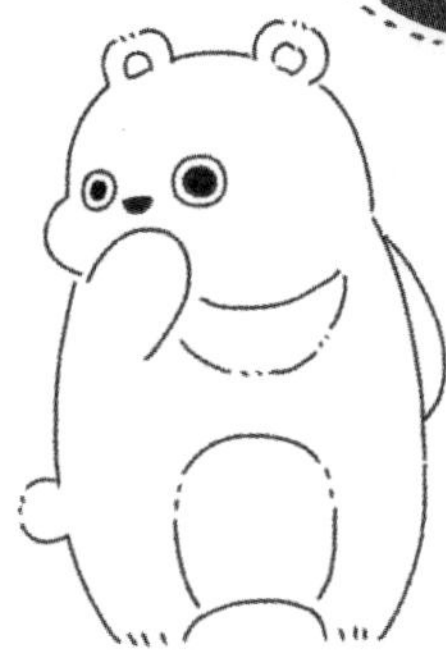

3 画出五官和白色毛发的区域。

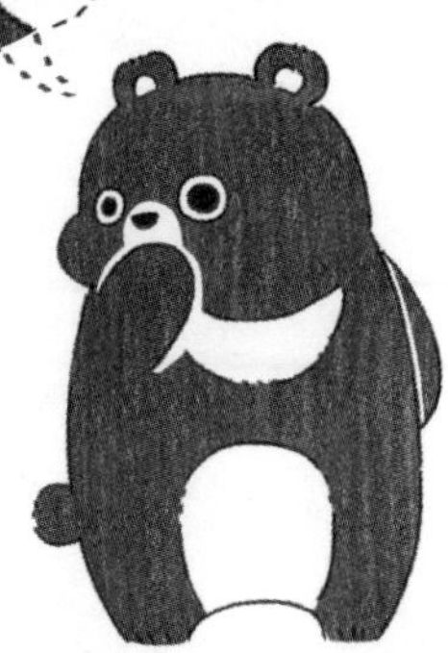

4 用深灰色平涂毛发，完成。

浪花朵朵

你是否会好奇水面的粼粼波光是如何画出来的？这里，我们将为你提供一些画波光的小技巧，接着看下去吧！

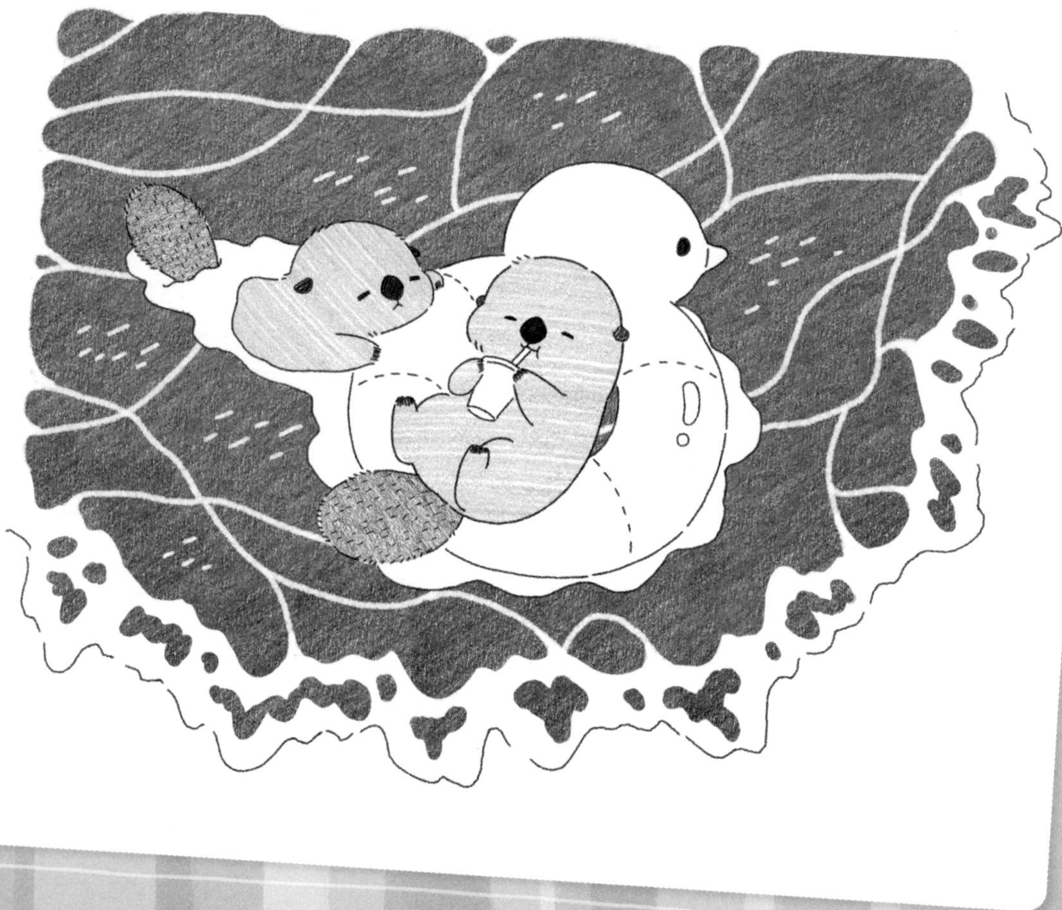

喝饮料小海獭

海獭的特征是小耳朵和圆菱形的鼻子哦。

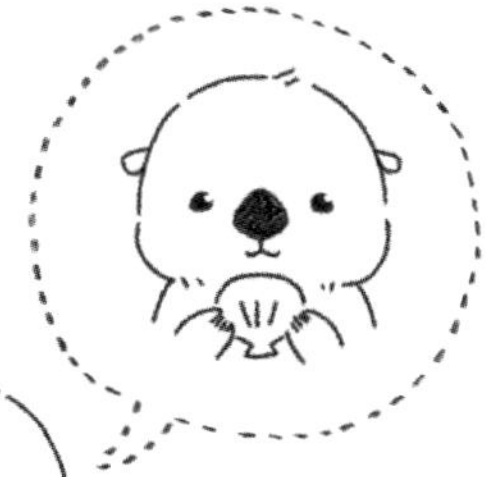

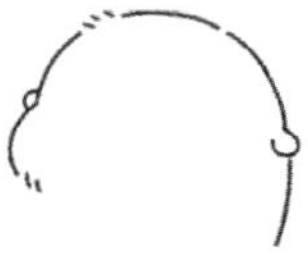

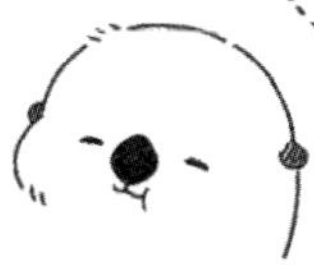

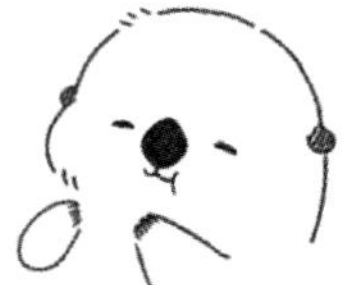

1 先画出弧线状的头部轮廓和圆形的小耳朵。

2 画出满足的小表情。

3 用椭圆形和不封口三角形画举起的前爪。

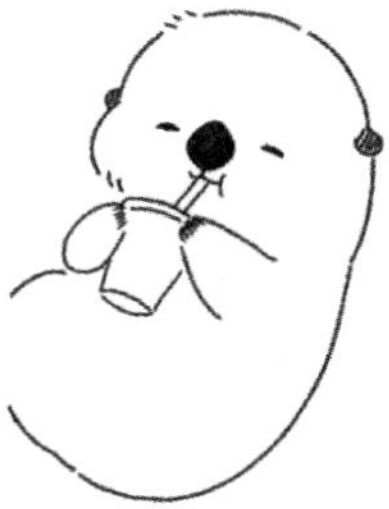

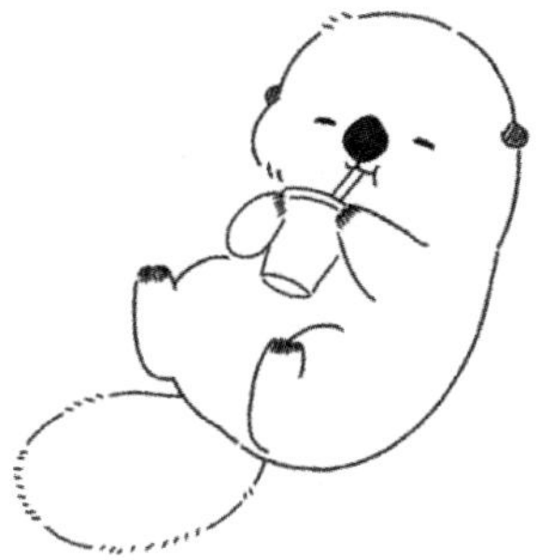

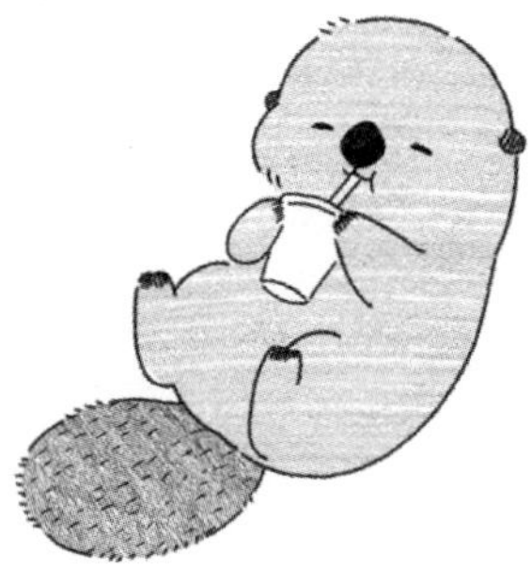

4 接着画出梯形的杯子和圆润的身体。

5 海獭的尾巴是毛茸茸的椭圆形哦。

6 用浅灰色和中灰色涂满海獭的皮毛，完成。

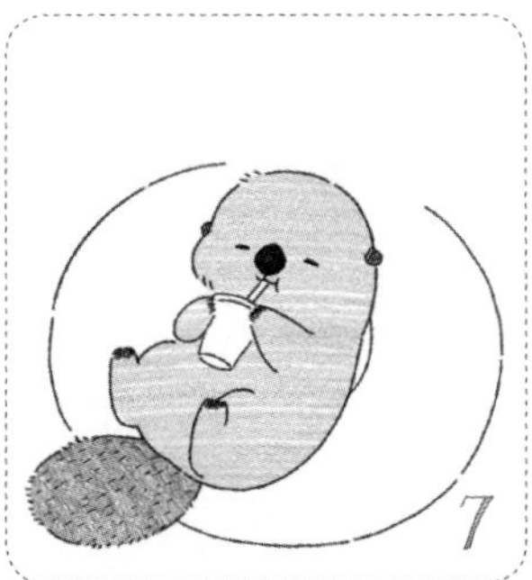

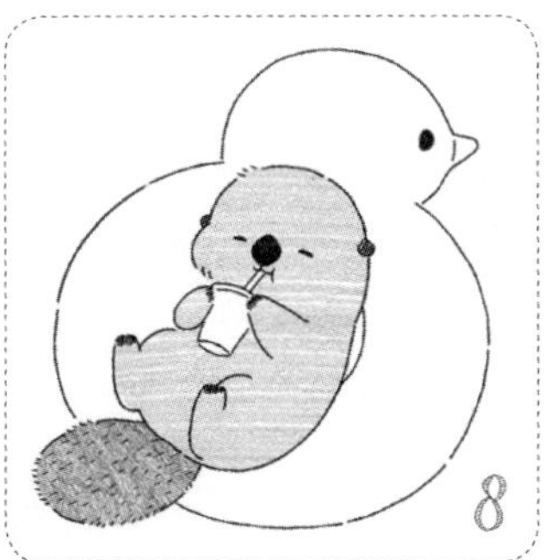

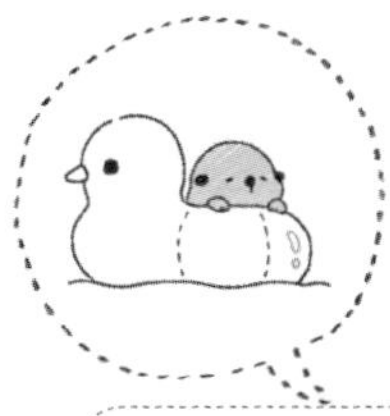

纯侧面的小鸭泳圈是这样的。

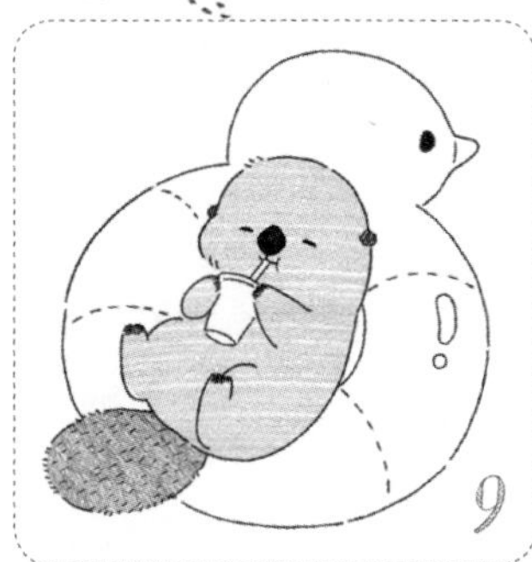

7 至 9 先在海獭的身下画圆形泳圈轮廓，注意外圆留出缺口。再画出鸭子的头部，最后用虚线和高光画出游泳圈的体积感和光泽感，完成！

浮泳小海獭

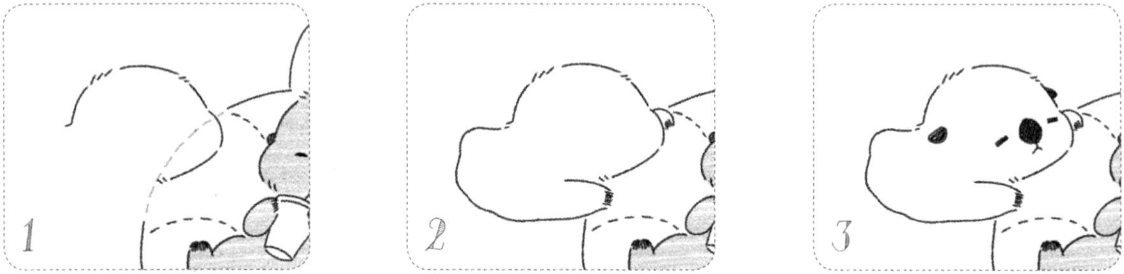

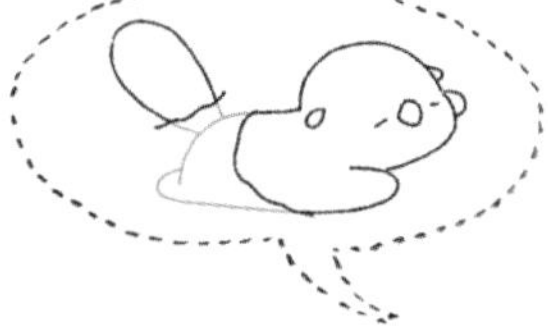

想确定尾巴的位置，可以先浅浅地画出水下的身体。

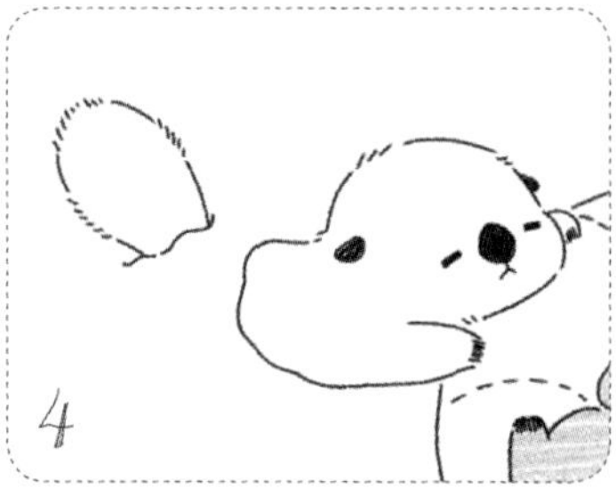

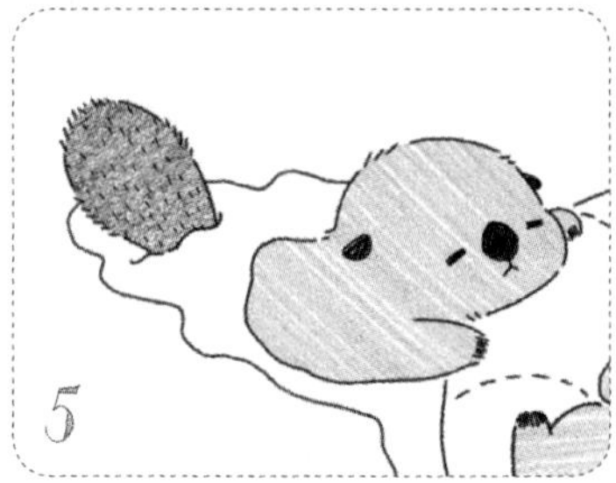

1 至 **5** 在游泳圈的左侧画出海獭的头部轮廓，因为泡在水里，所以背部的线条是波浪线。画出五官和小耳朵后，隔一段距离画出扁尾巴，和水面接触部分也用波浪线。最后涂上浅灰色和中灰色的调子，完成。

小贴士 水的更多画法

下方的四种线条，都可以用来表现水面。

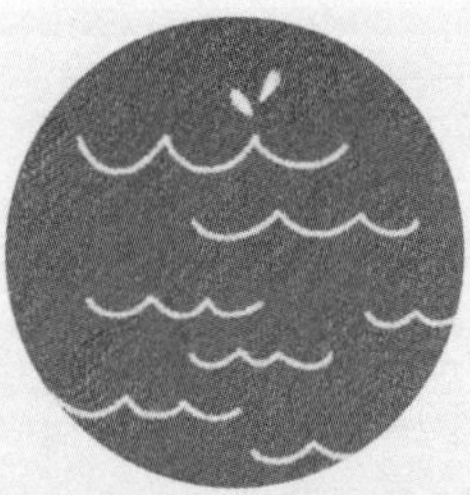

向下弯的短波浪线条，用来表示有风的水面。

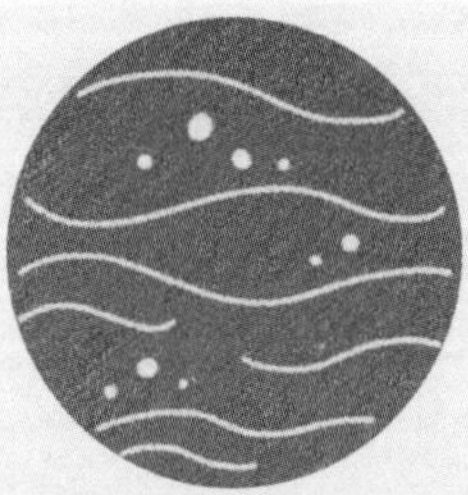

舒缓的弯曲线条，适合表示潺潺的小溪。

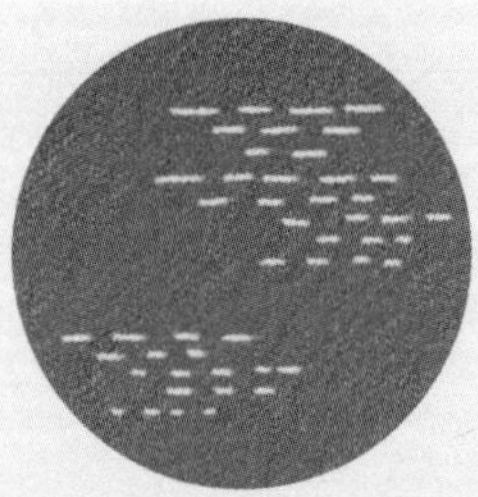

互相错位的虚线，表示粼粼的波光。

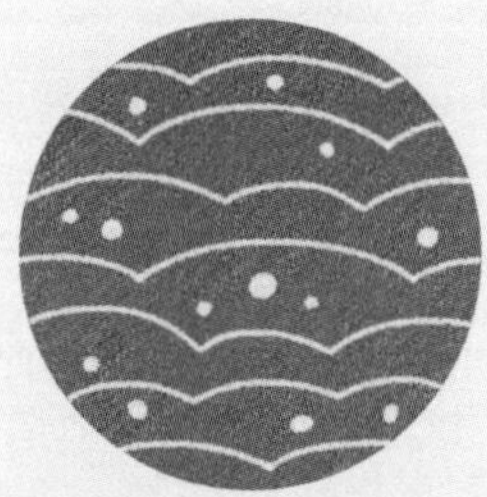

连续不间断的大波浪线，是很平面化的水纹肌理。

案例小知识

水纹是由互相交叉的白色线条组成的，跟着步骤试一试。

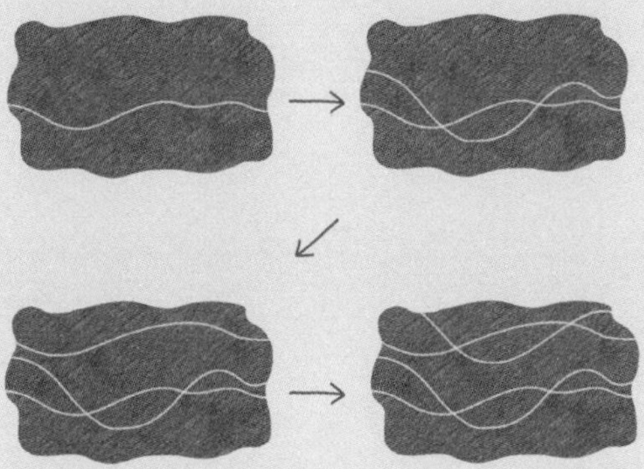

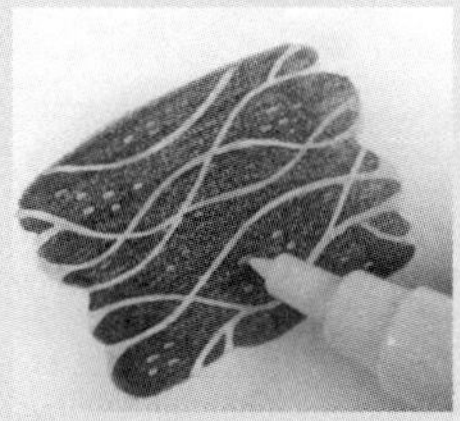

用白色高光笔可以直接在深色背景上画水纹。

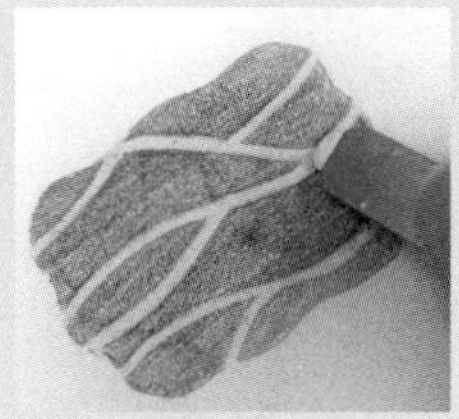

用极细的橡皮也可以擦出水纹，但是会粗糙一些，须再用笔填补细节。

海浪

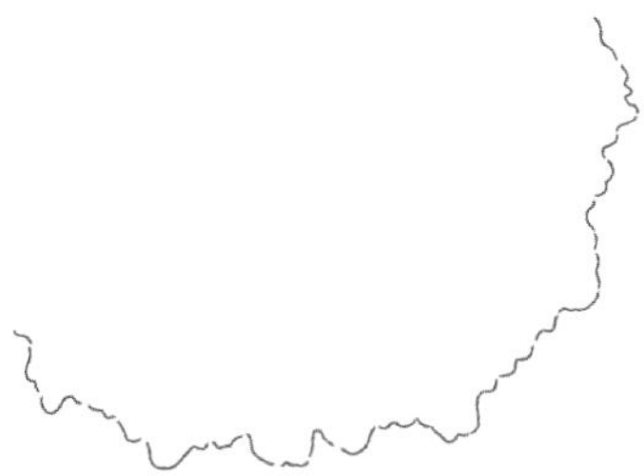

1 先画出不规则的半圆形海浪轮廓。

2 和轮廓间隔一定的距离后画出大面积的灰色水面。

3 在间隔缝隙中，画一些小区域的灰色块面。

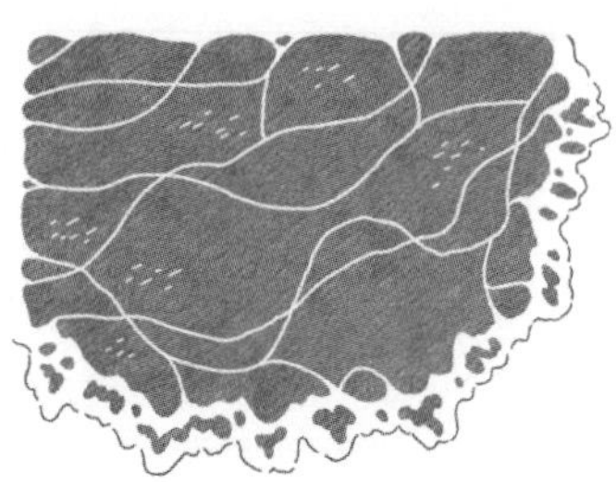

4 用高光笔画出互相交叉的水纹和虚线状的波光，完成。

堆一座沙堡吧

细小的沙粒我们可以用点阵来表达，复杂的沙堡则需要将点阵和造型结合起来，一起来画画看吧！

“诶？！”

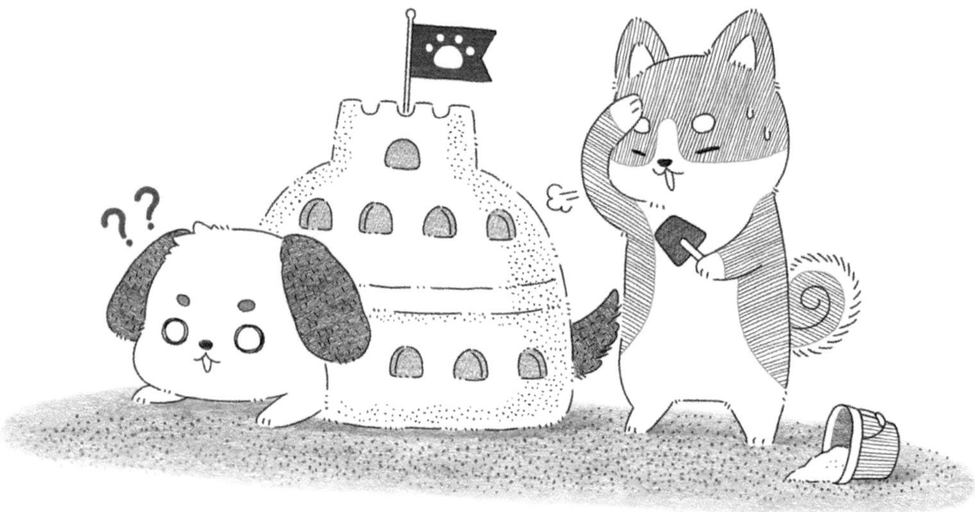

案例小知识

使用不同型号的铅笔，区分点阵的颜色，就能营造出不同的效果。

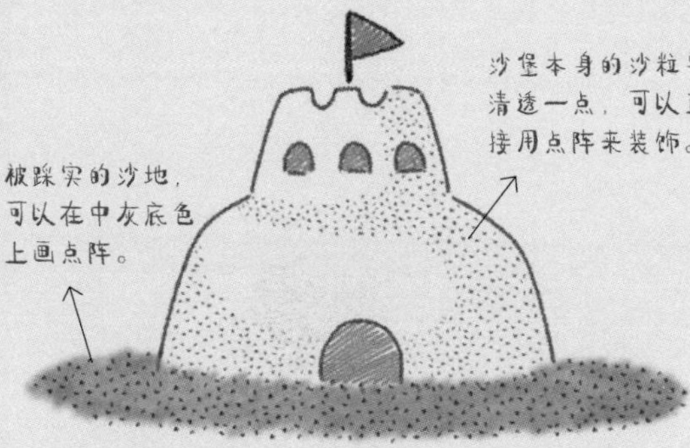

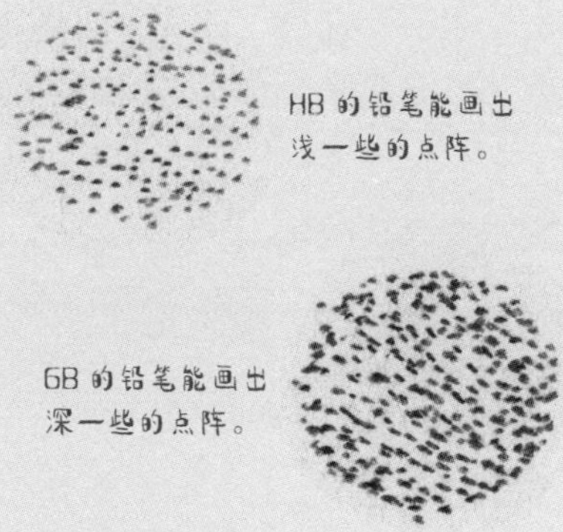

沙堡小狗

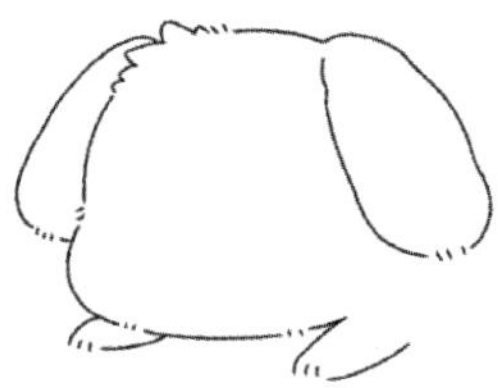

1 先画出小狗的头部和前爪，注意头顶的毛发翘起来更显可爱。

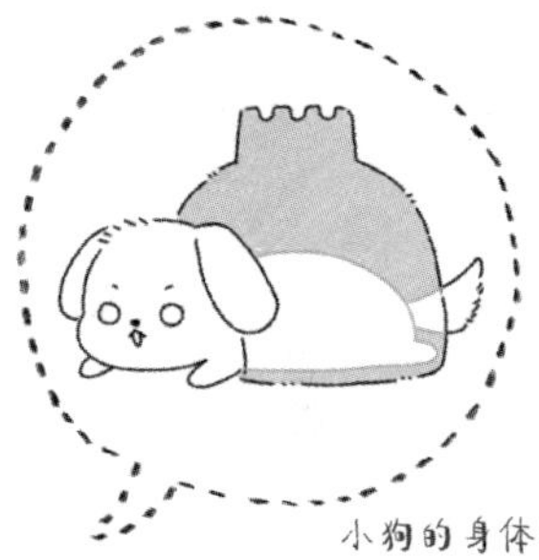

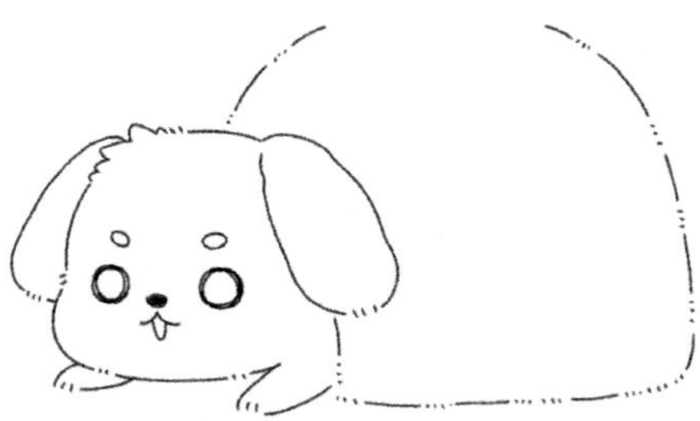

2 画出小狗懵懵的表情和馒头状的沙堡主体，顶部线留一段空白。

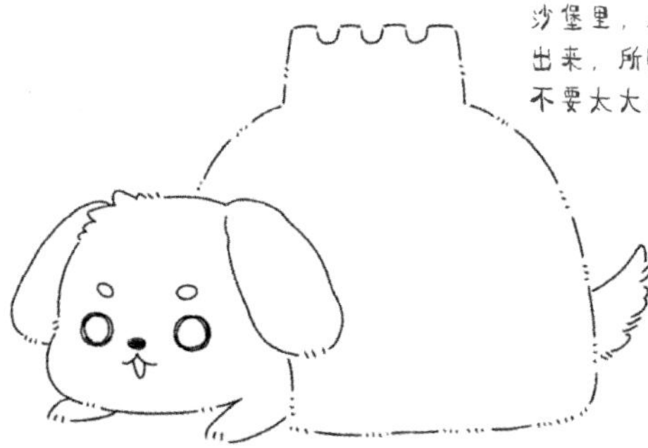

3 沙堡的上半截是方形锯齿状的，像长城一样。

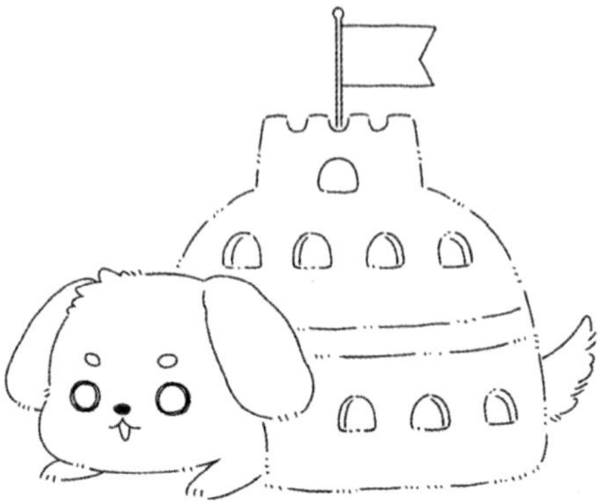

4 补充半圆形的窗户和鱼尾状的小彩旗。

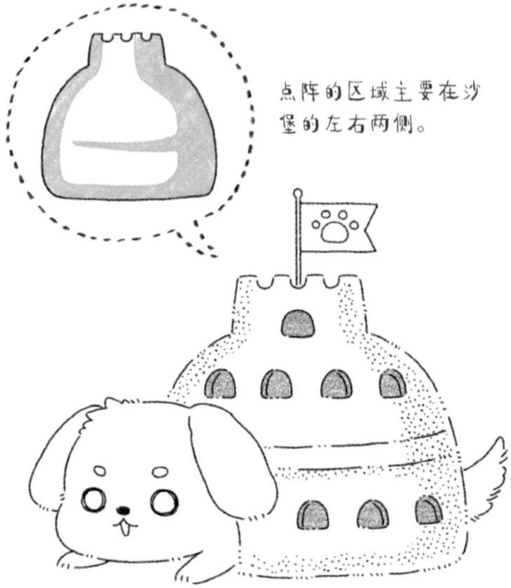

5 在沙堡的背光处画上密集的点阵，提升体积感。

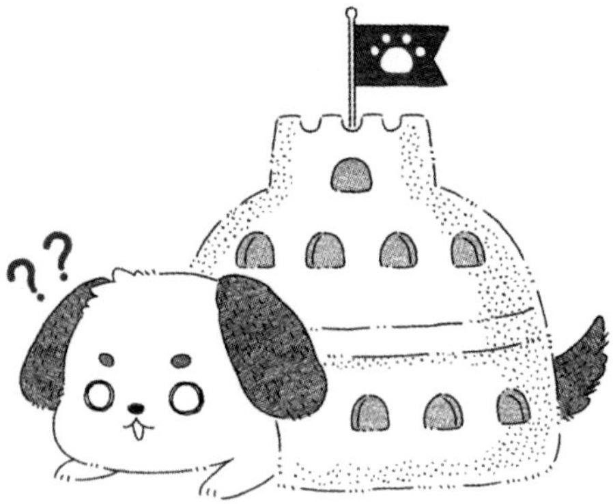

6 用深灰色给小狗的耳朵和彩旗上调子，完成。

沙堡艺术家小狗

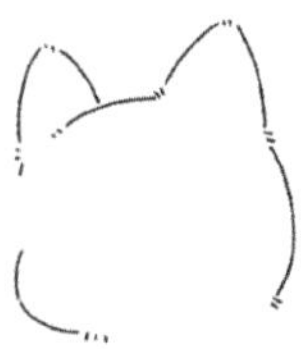

1 在和沙堡平行的高度画出小狗的头部。

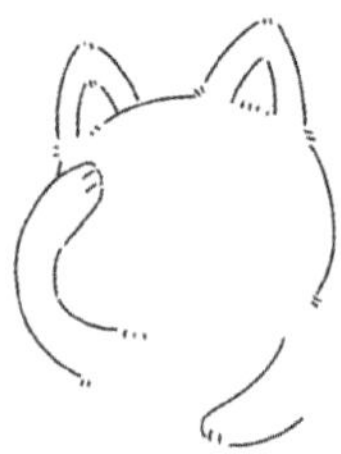

2 用弧线画出前爪。

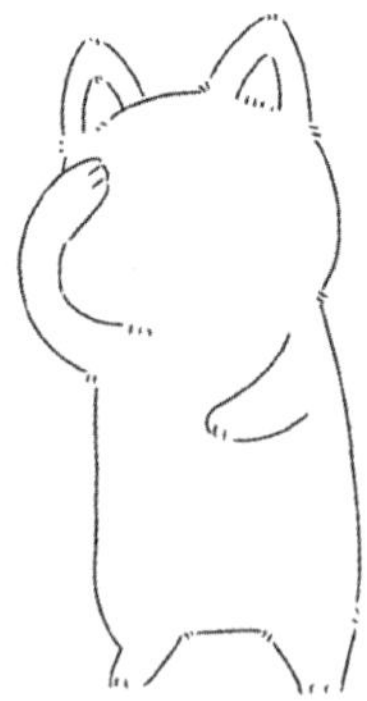

3 画出长方形的身体和双腿。

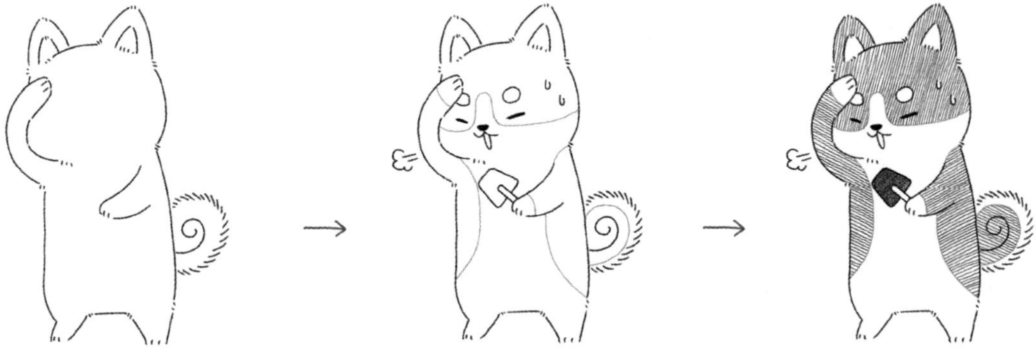

4 用螺旋线条和小短线结合画出弯曲的尾巴。

5 添加表情和小铲子后，可以先用浅色圈出留白区域。

6 用斜排线的方式为小狗上调子，完成。

沙桶

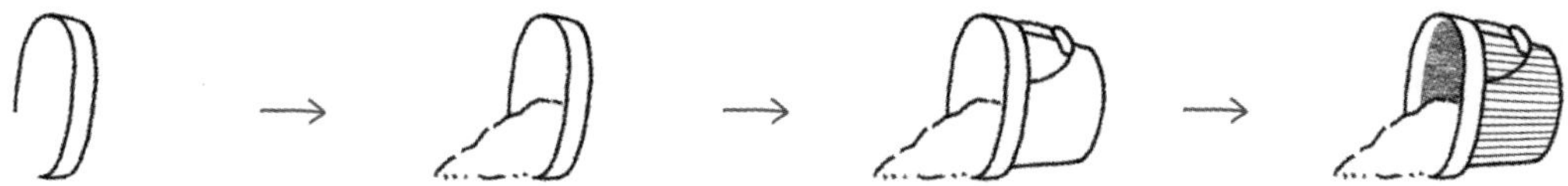

1 画桶口时，在左侧留出缝隙。

2 画出倾倒而出的沙粒轮廓。

3 补充沙桶的主体，注意最右侧桶底有弧度。

4 用横线为沙桶铺画调子。

小贴士 沙堡的不同造型

我们可以参考欧洲古堡的造型，画出不同样式的沙堡。

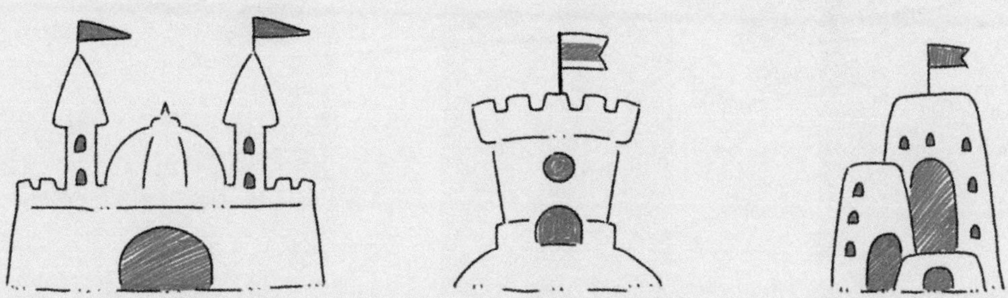

冰块滑滑梯

很多人都搞不懂透明的冰块如何画，这里将向你展示画冰块的固定“套路”，快来掌握这个小技巧吧！

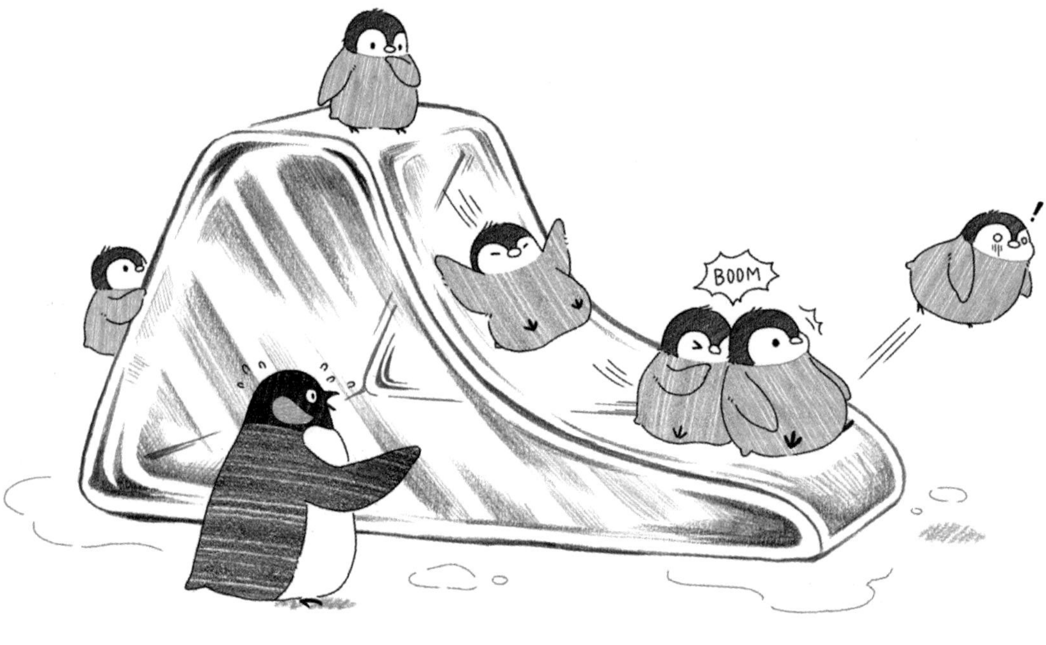

案例小知识

冰块的各种调子之间要保持一定的距离，留白足够的情况下，就能表现出透明感。

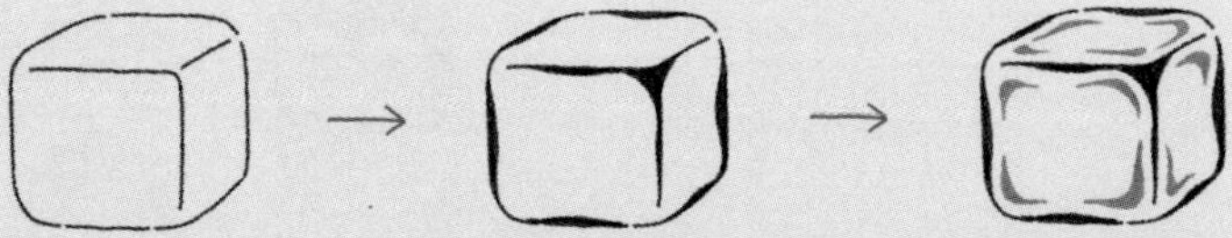

先画出正方体。

将边缘线向内凹陷加粗。

在边角处用中灰色表示冰块厚度。

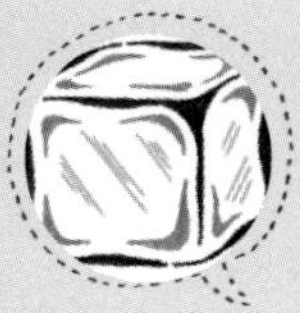

也可以用斜线表现高光。

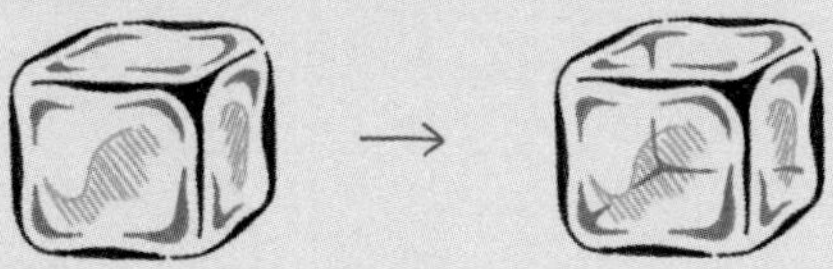

用更浅的灰色画波浪线表现高光。

画出正方体内部的透视，表现透明感。

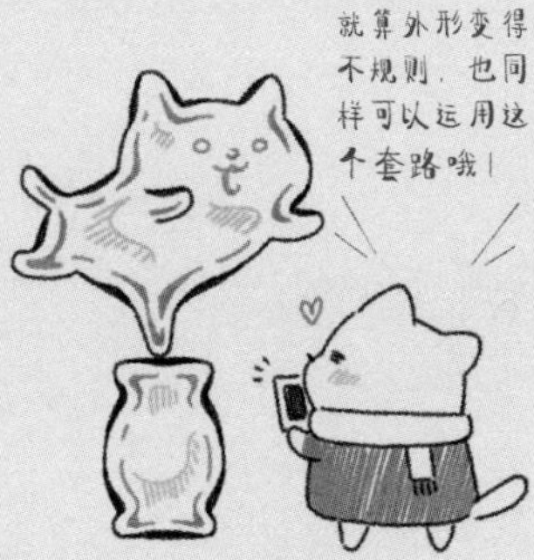

冰滑梯

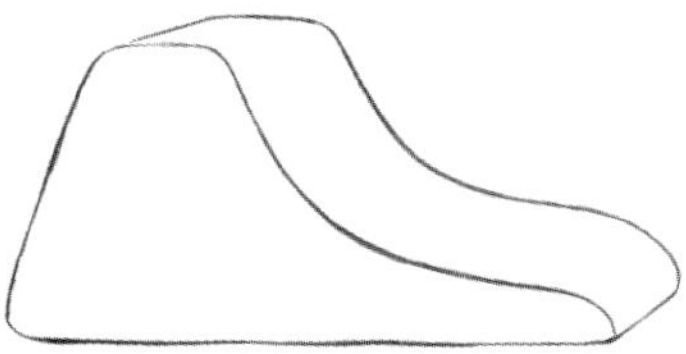

1 用长弧线和直线画出倾斜的冰块滑梯外形。

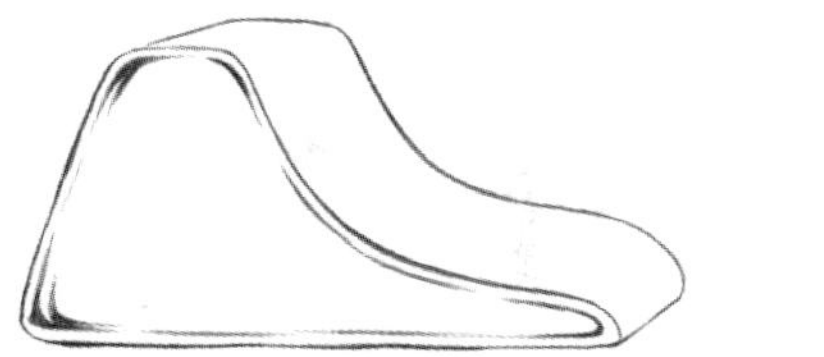

2 向内间隔一点距离，用深灰色断断续续地画出厚度线条。

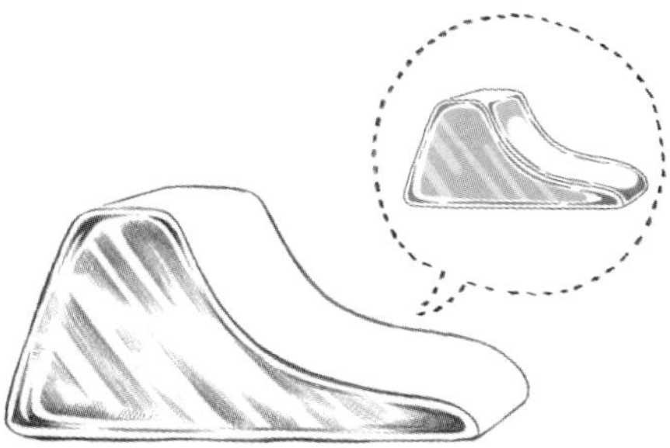

3 再往内一点距离，倾斜地排一些长线调子，表现高光。

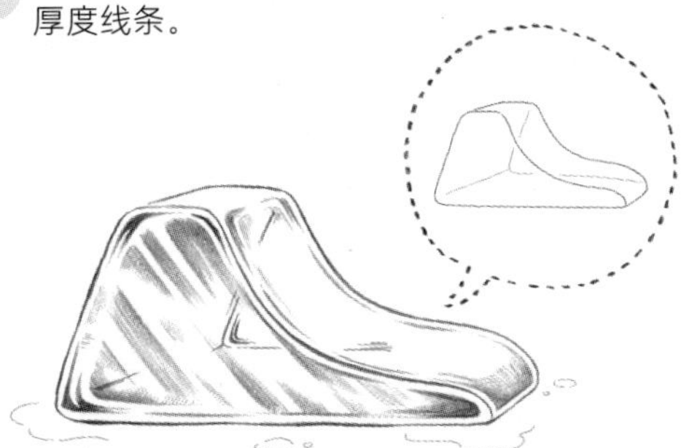

4 画出内部的透视，再用单线随意地画一些水渍，完成！

小企鹅

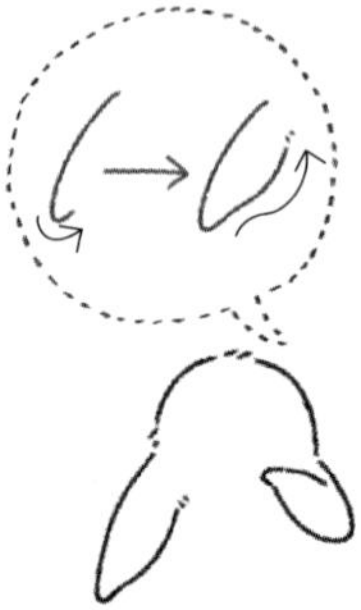

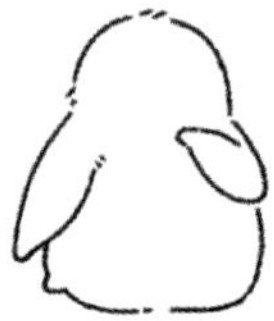

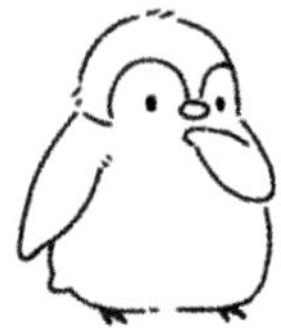

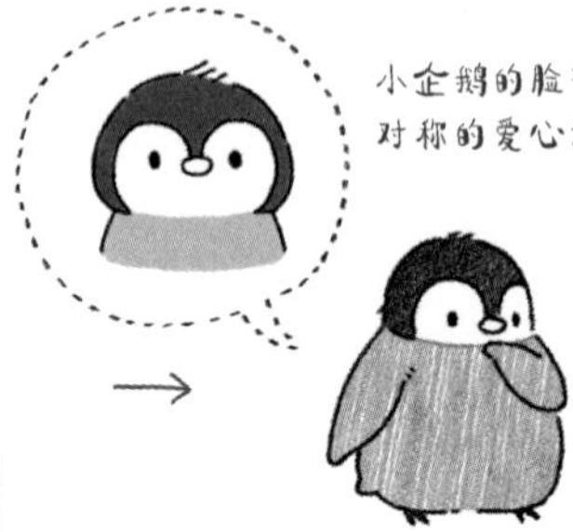

1 画出小企鹅弧线形的头和长三角形的双翅。

2 画身体的时候别忘了凸出的小尾巴。

3 画出五官和小脚。

4 用深灰色和浅灰色涂调子，完成。

成年企鹅

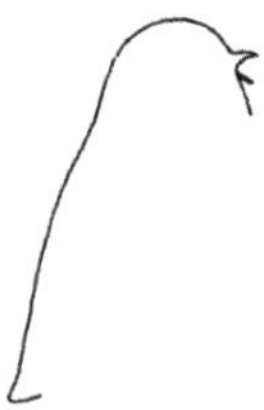

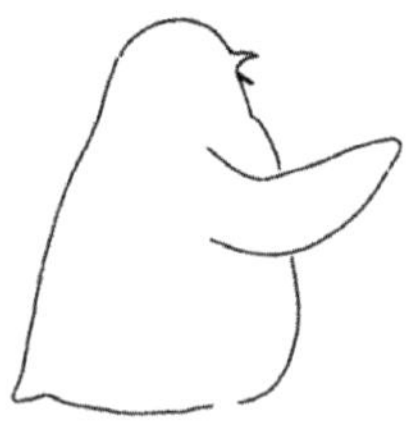

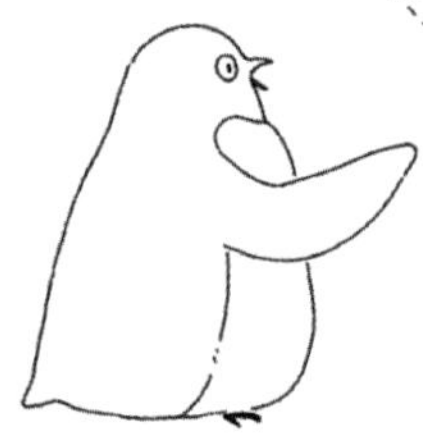

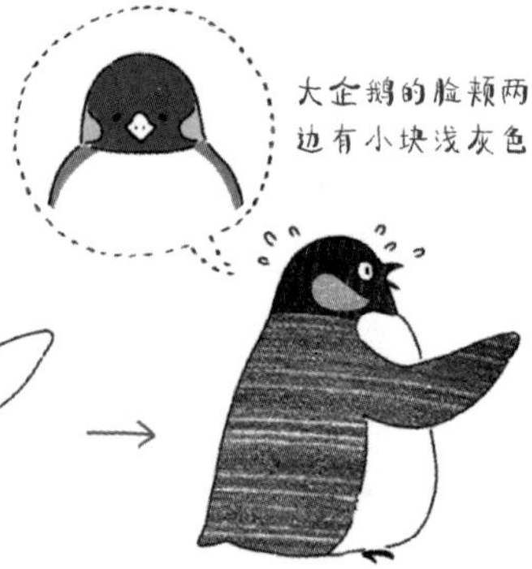

1 用弧线和长线条画企鹅的背部。

2 企鹅的整体轮廓是上小下大的窝头状，翅膀也更长。

3 画出吃惊的五官和爪子。

4 涂调子时，采用深灰色和重灰色两种深调。

小贴士 各种冰制品

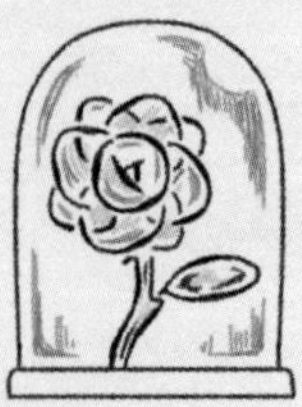

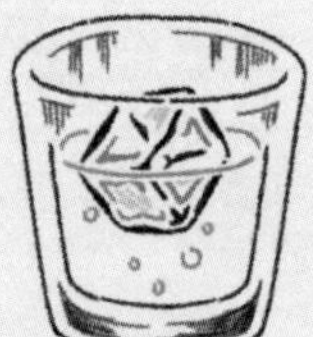

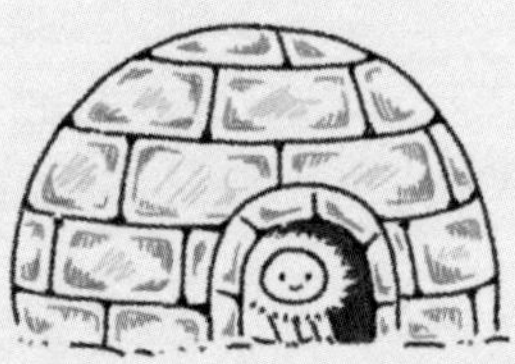

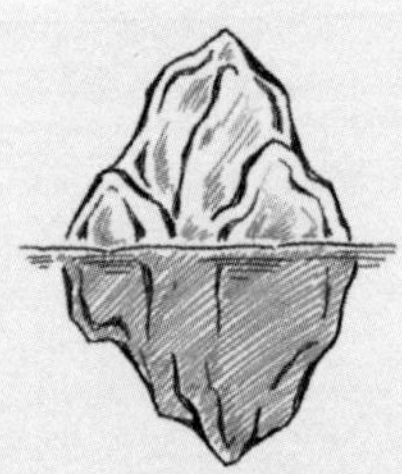

第4章

温馨的小日子

在前面的章节中，我们学会了动物和自然的种种画法，接下来就运用这些绘画技巧，试着画一些完成度更高的作品吧！学习万能的构图技法，再改变一下物体的比例大小，你就能创作出超可爱的铅笔画！

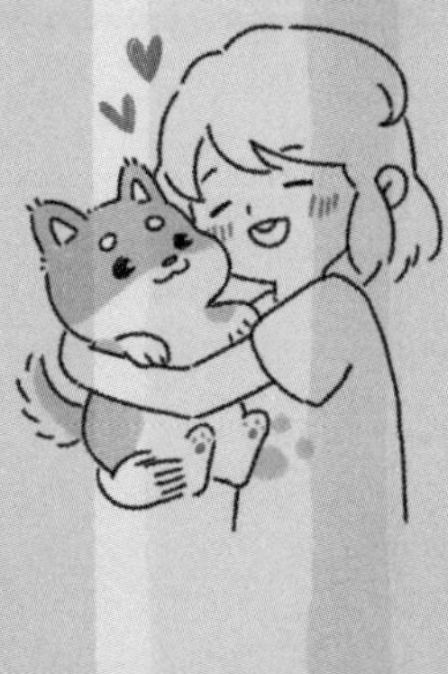

敲黑板！记下增强作品画面感的知识点

想要提升一幅图的作品感和画面感，就要学会巧妙的构图诀窍，
掌握比例变化带来的画面效果，以及善用氛围小符号，一起来看看吧！

构图的诀窍

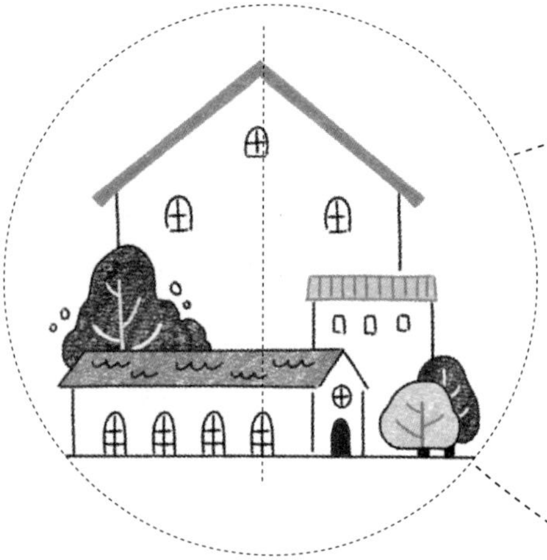

垂直构图：
以画面的中心竖线为标准，物体组合时呈上下叠加状态，能让画面更稳定。

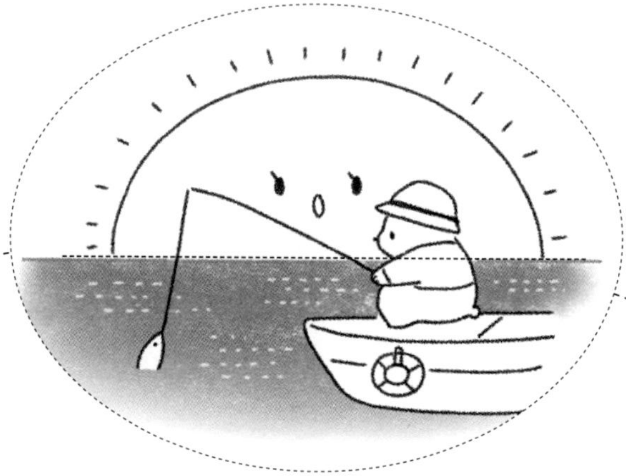

水平线构图：
水平构图一般给人平静、广阔和无限延伸的感觉，能引导人们发挥自己无限的想象力。

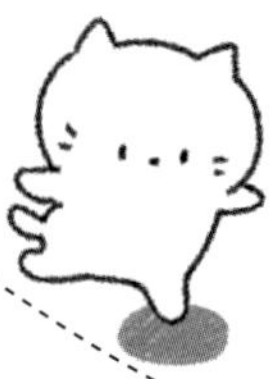

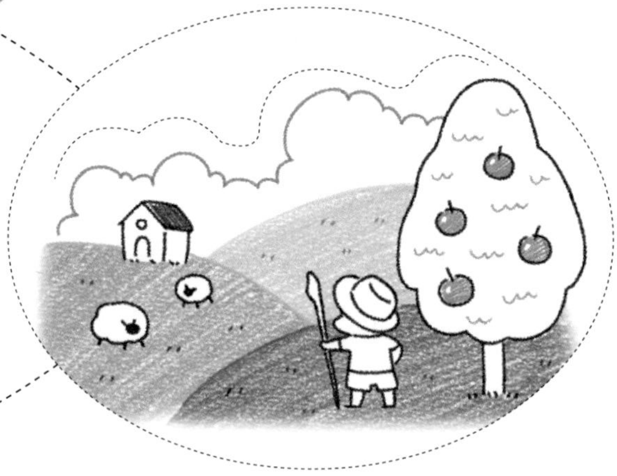

起伏线构图：
起伏的线条有抑扬顿挫的节奏感，能让画面的轮廓更加灵活。注意弯曲时，线条要高低起伏互相交替。

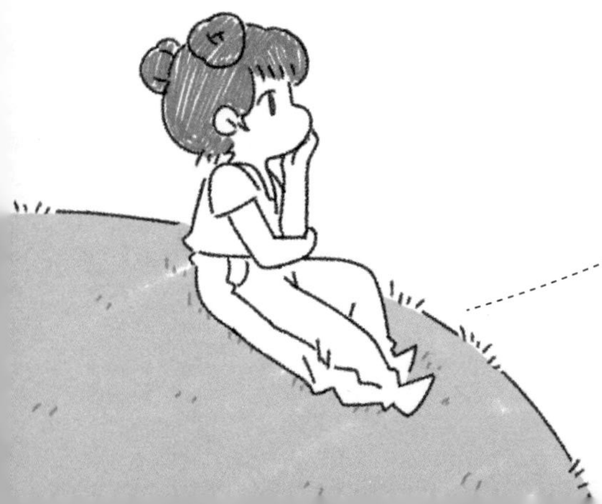

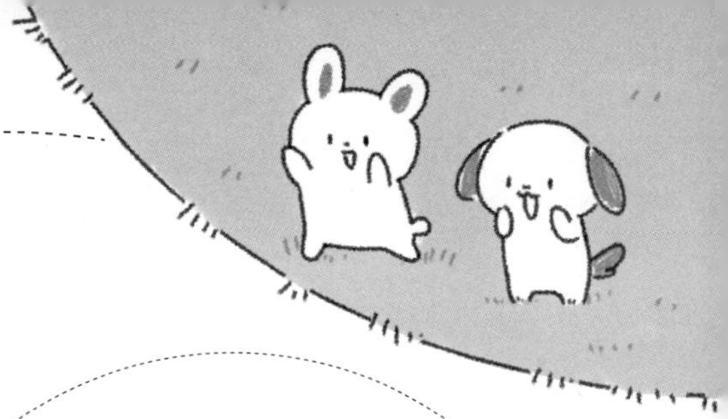

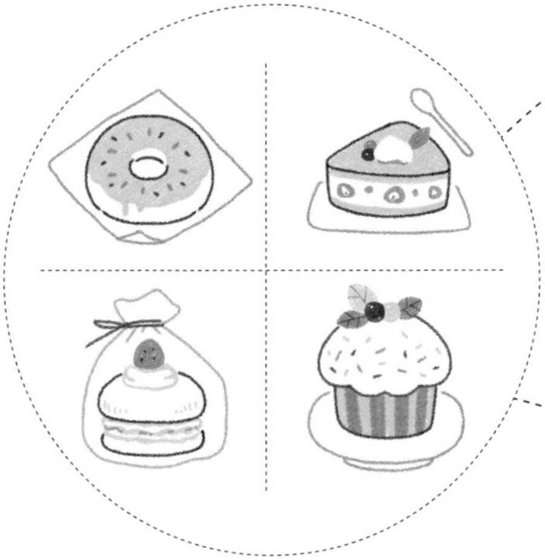

十字线构图：
横竖辅助线将画面平均分为了四份，这样的构图就很规整，有种整齐的舒适感。

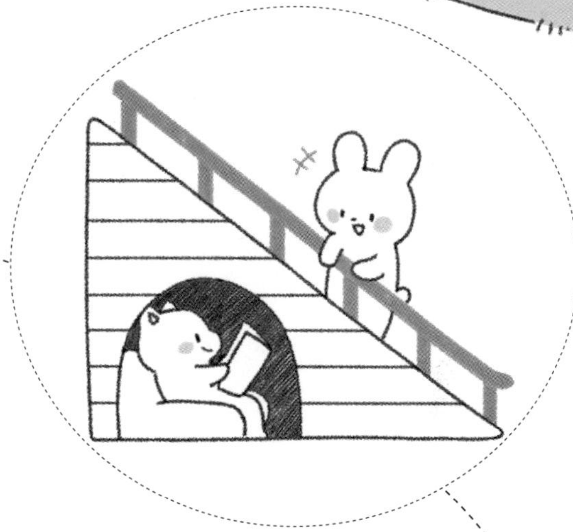

三角构图：
三角形是最稳定的图形，将画面的大轮廓处理成三角的形状，能给人安心感。

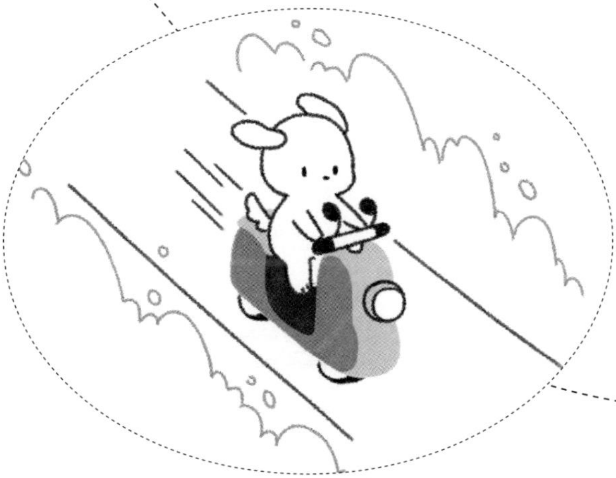

倾斜构图：
倾斜的画面能打破稳定，制造动感，适合用来表现速度与剧情。

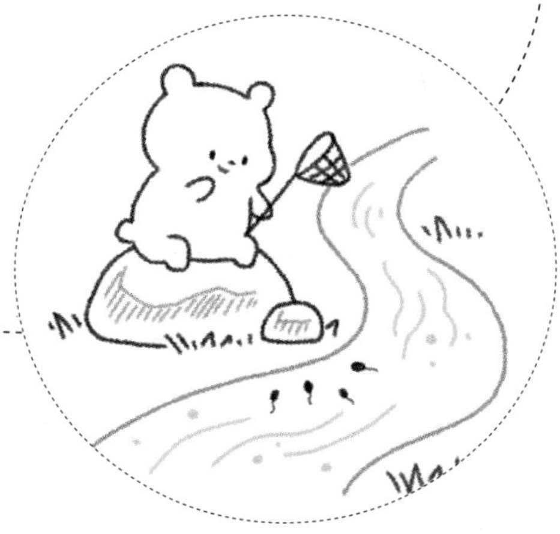

S 形构图：
弯曲的构图会让画面更活泼，而且能轻松地表现近大远小的透视原理。

夸张的表现手法

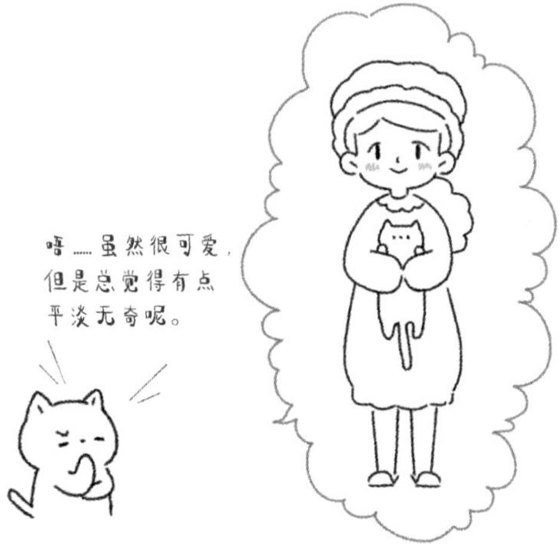

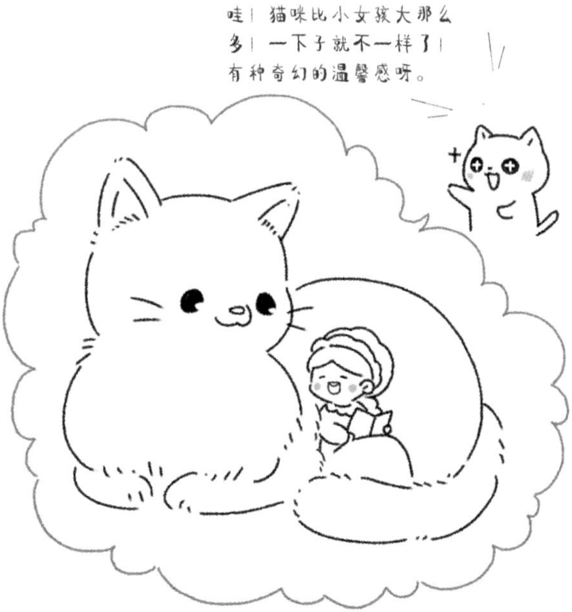

缩放不同对象的比例

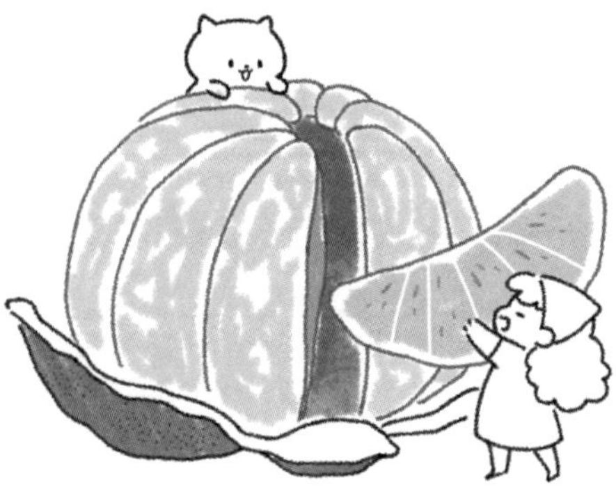

将小物放大：平常小小的东西，将它放大无数倍，就会形成小人国般的可爱效果。

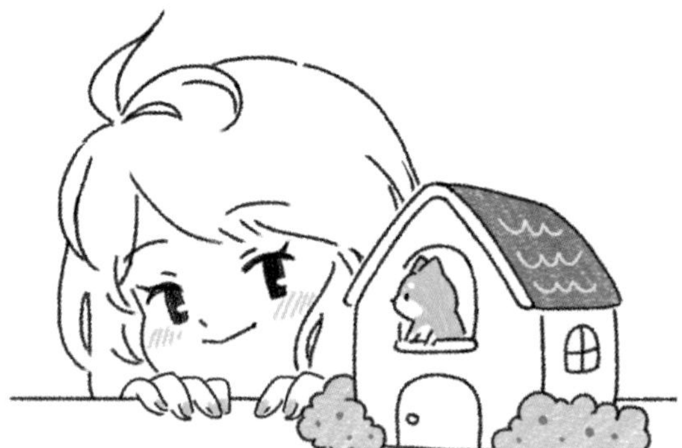

将巨物缩小：如果将平时巨大的房屋、大车等东西变得比人小很多，就会呈现出玩偶屋一样的奇妙效果。

营造奇妙氛围感

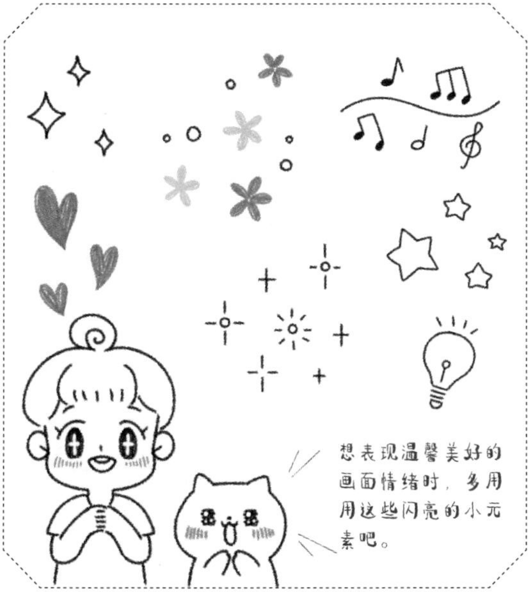
想表现温馨美好的画面情绪时，多用用这些闪亮的小元素吧。

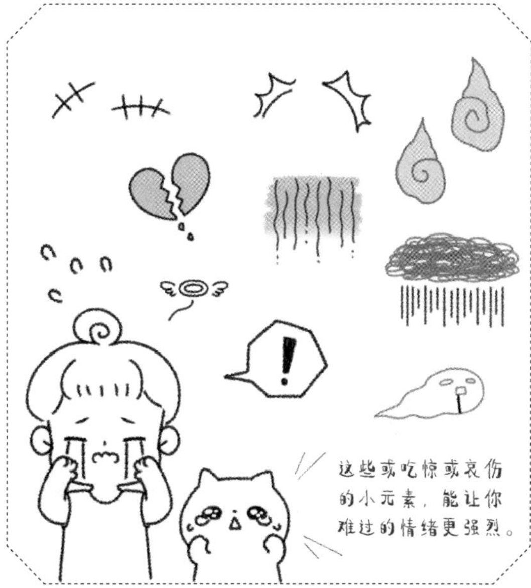
这些或吃惊或哀伤的小元素，能让你难过的情绪更强烈。

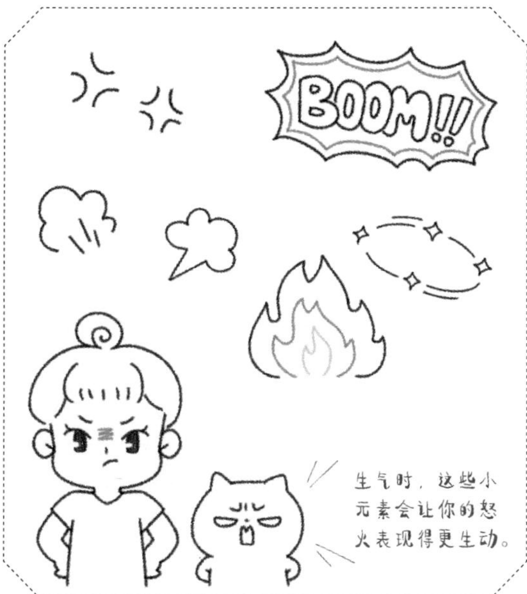
BOOM!!!
生气时，这些小元素会让你的怒火表现得更生动。

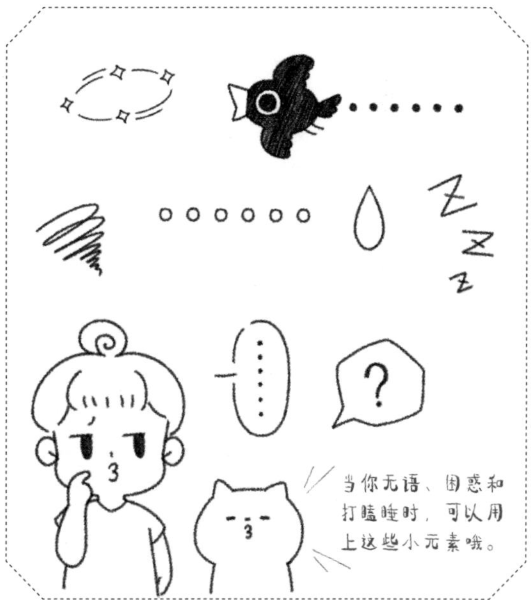
当你无语、困惑和打瞌睡时，可以用上这些小元素哦。

小贴士 各种各样的氛围表情包

快将前面的小元素用起来吧！看！这些小图一下子就变成了氛围感强烈的表情包了！

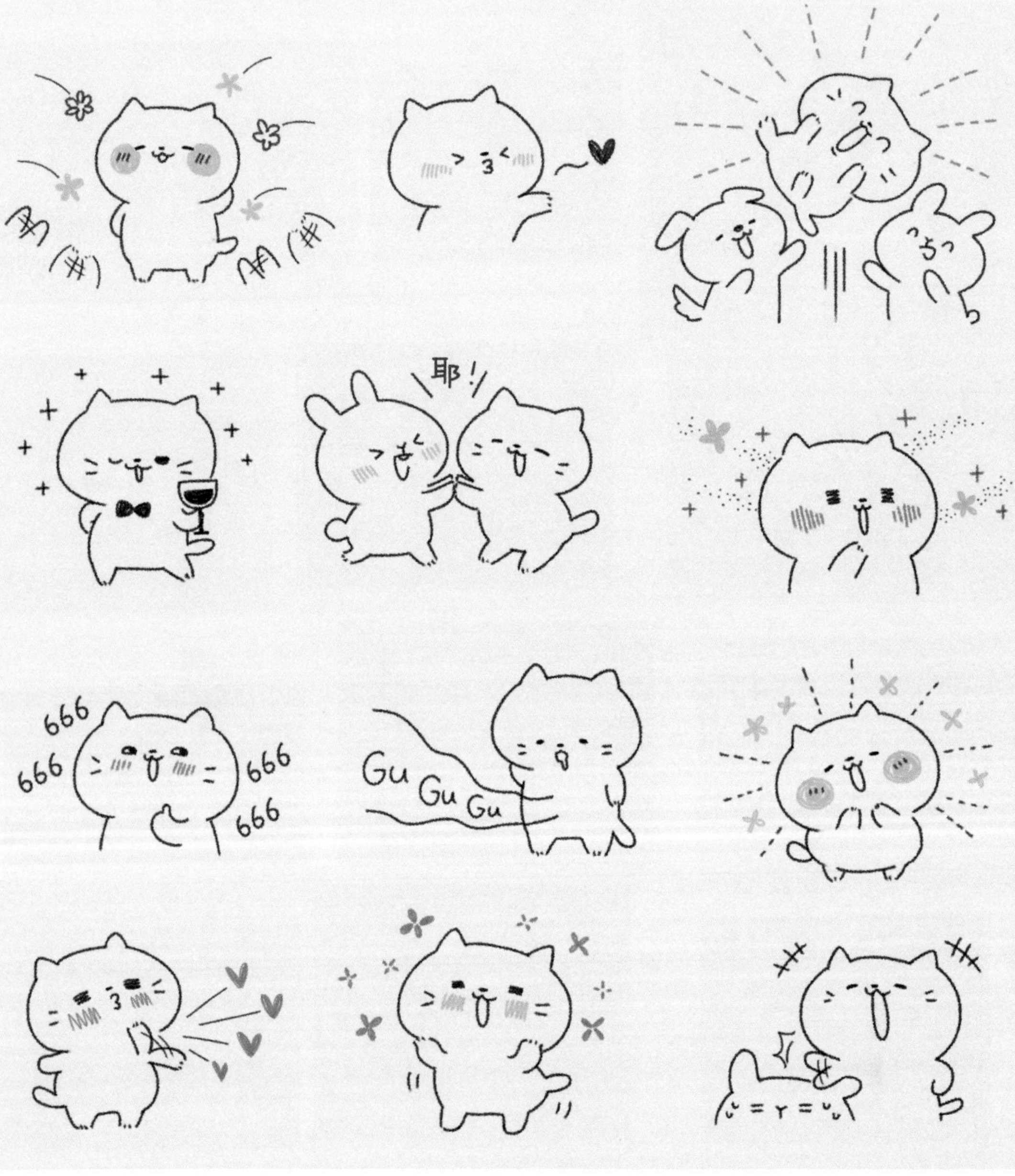

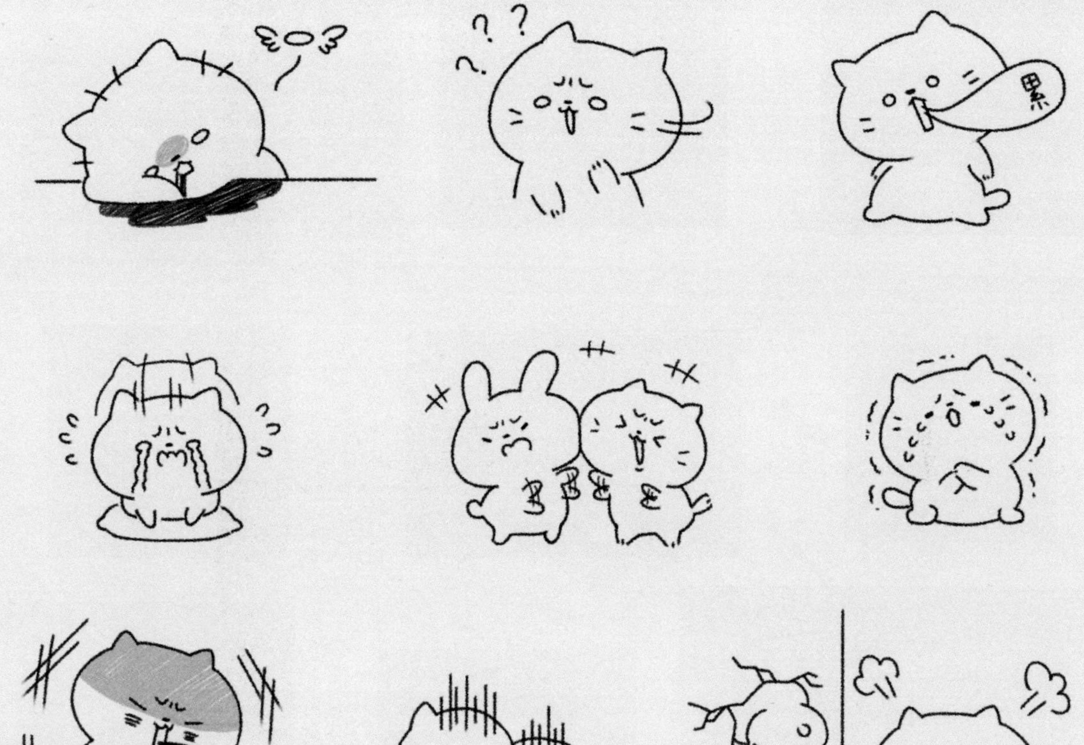
累

暖和和的梦乡

紧紧拥抱在一起的动作，能给人温暖感，这幅作品用了圆形构图，同时改变了物体的大小比例，使画面更加温馨。

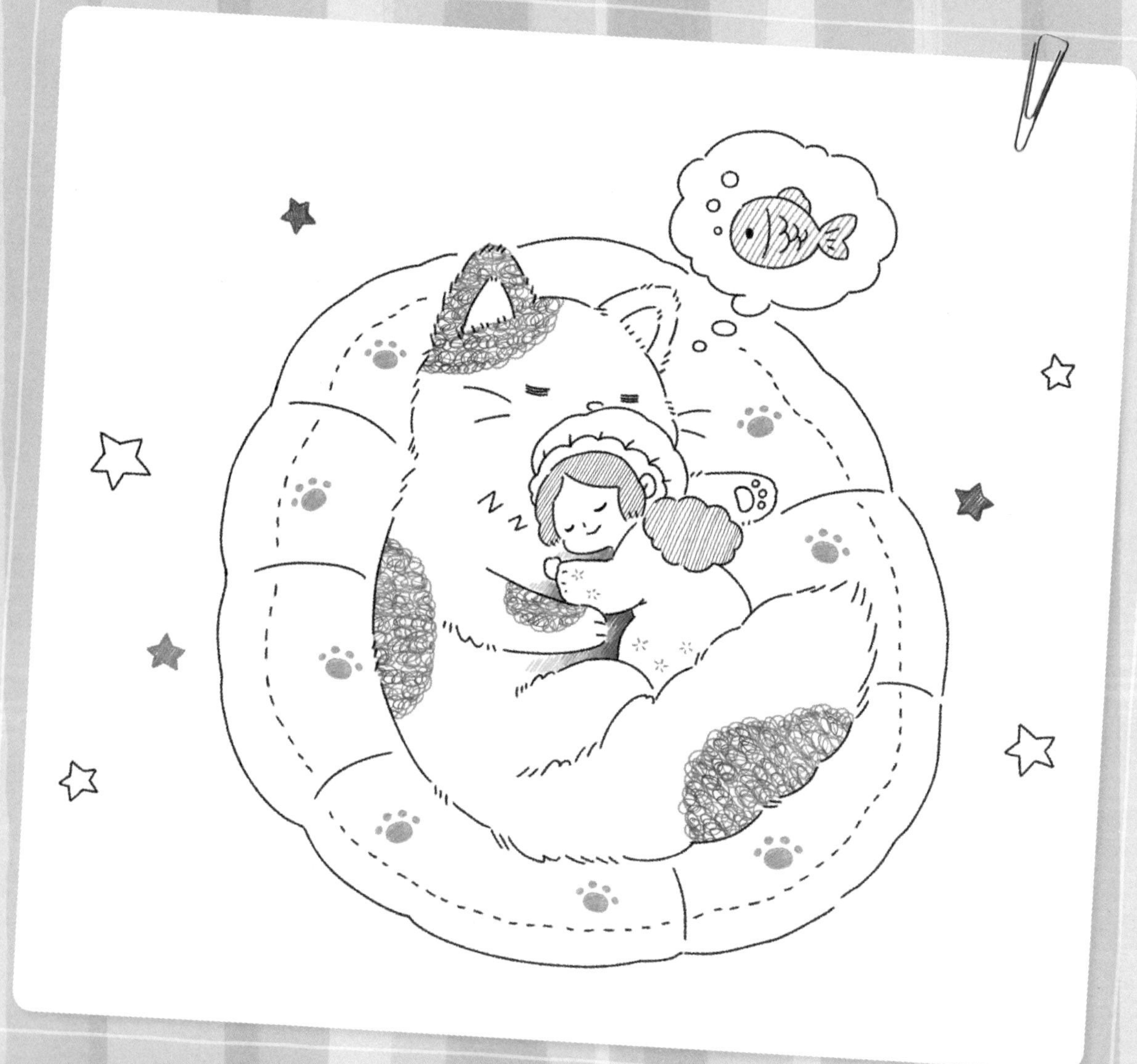

大猫和少女

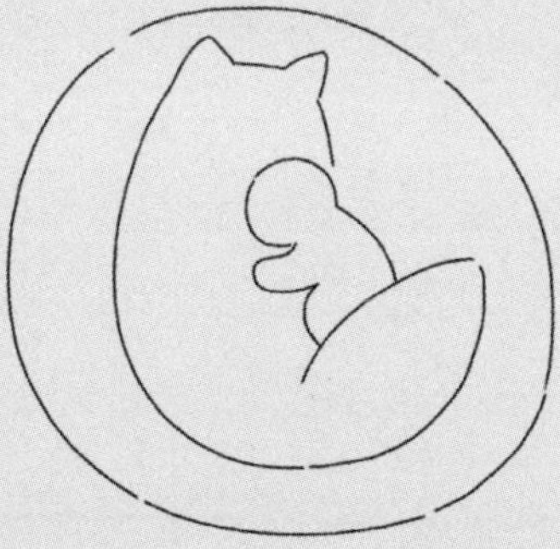

案例小知识

除了猫咪和少女的睡姿整体呈圆形外，还可以用垫子作为外轮廓线强调圆形构图。故意将猫咪画得比人大很多，能让画面效果更温馨。

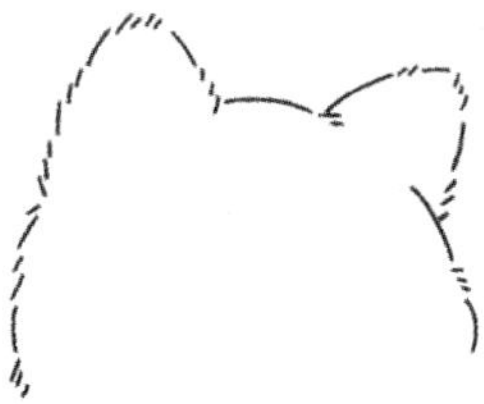

1 用轻松的短线画出猫咪头部。

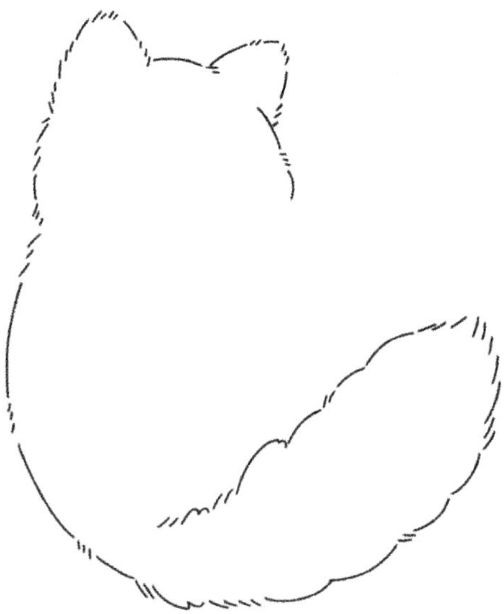

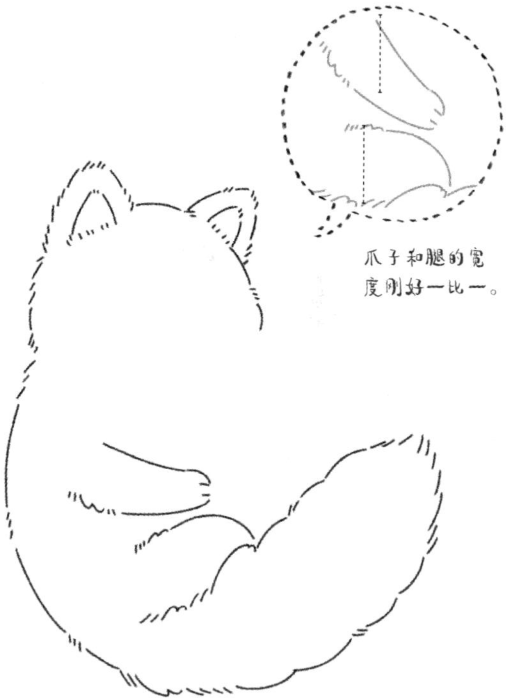

2 猫咪的背部是流畅的弧线，尾巴是长条状的，注意毛发的走向要跟轮廓线一致。

3 画出左侧的爪子和腿，因为腿被挡住一部分，所以画一条弧线就好。

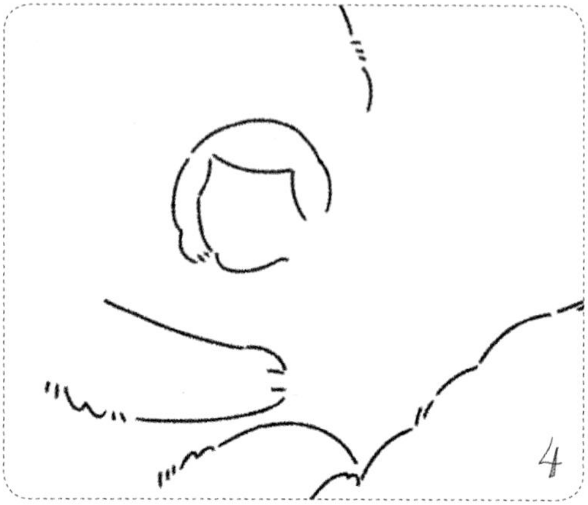
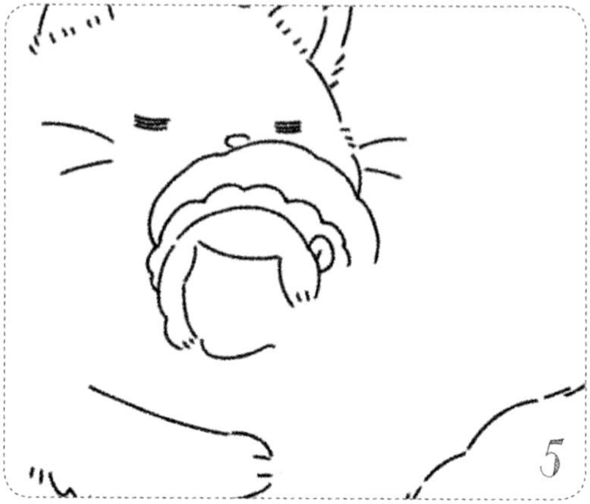
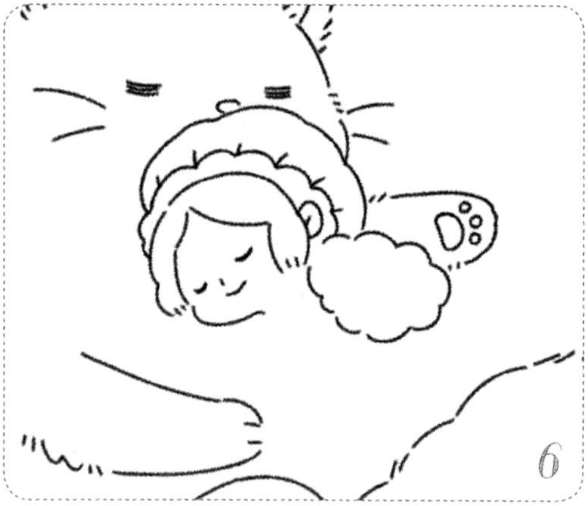

4至6 在猫咪脸颊和手臂的中间，画出少女的脸和刘海。用波浪线画出鼓鼓的睡帽后，添加猫咪的五官。接着画少女的五官和蓬松的马尾，再画出猫咪的另一只爪子。

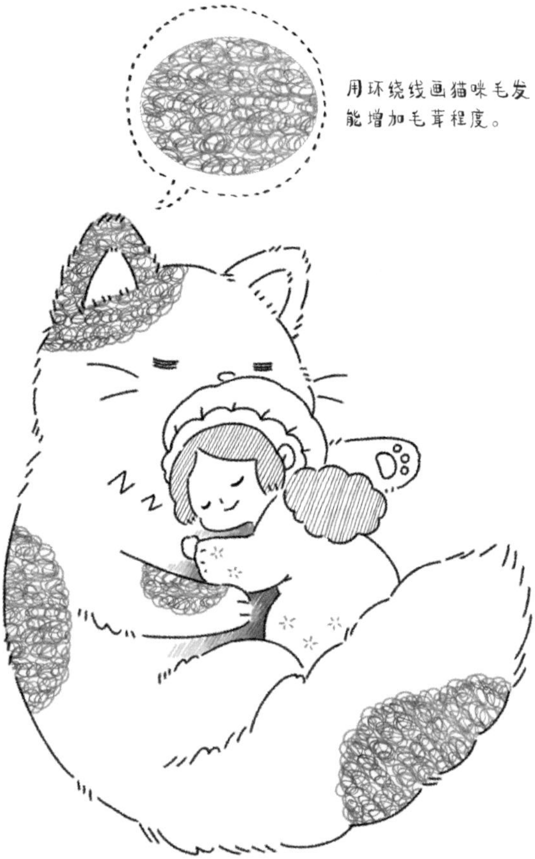

7 用少女的身体轮廓填补猫咪的空白区域，再用绕线的方法涂出猫咪毛色。

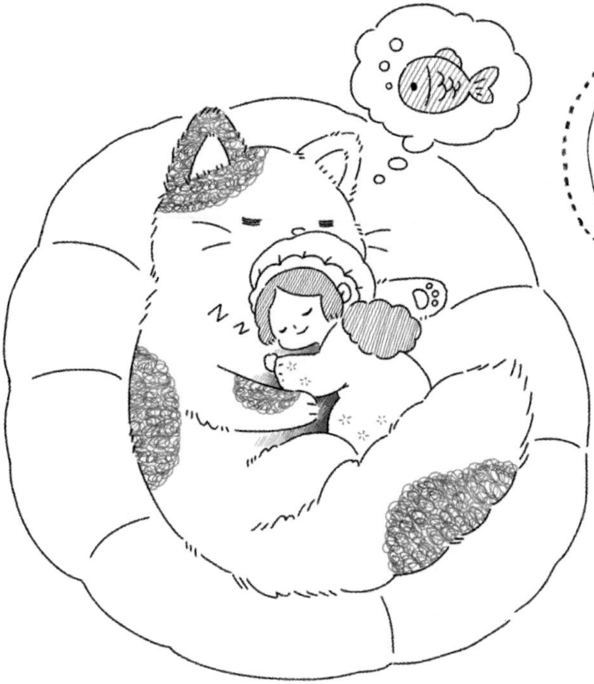

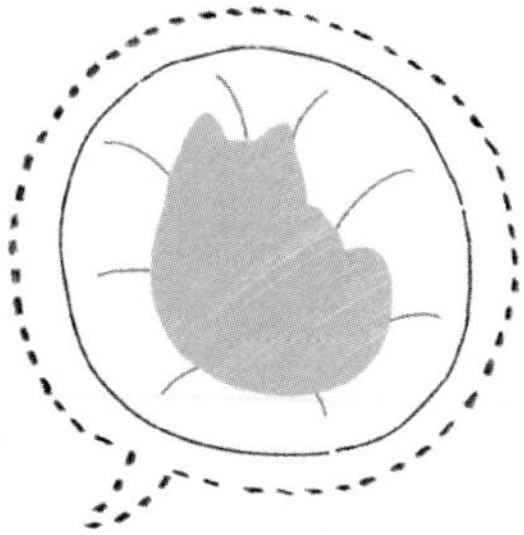

因为猫咪是有重量的，所以软垫要向中间凹陷，我们可以用朝内的弧线表现。

8 先在波浪线对话框中画出小鱼，再用单线画出圆形的软垫。

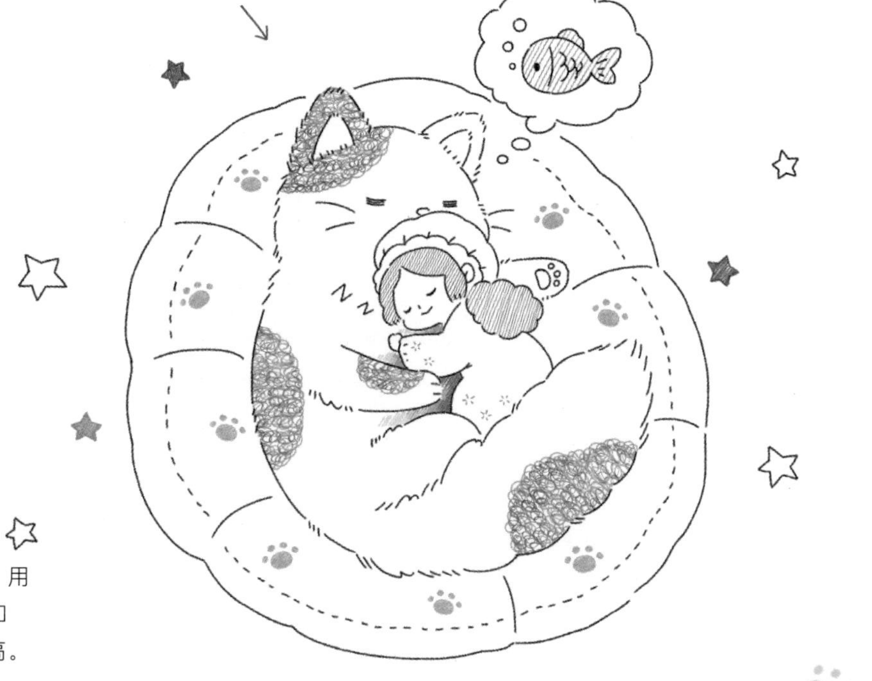

9 用虚线表现软垫的缝韧线。用猫爪印和小星星装饰软垫和四周，使画面的完成度更高。

嘘，静静地阅读吧

阅读时需要静谧的环境，我们可以用三角形的小帐篷营造一个独立的空间，三角形的构图使人更有安全感。

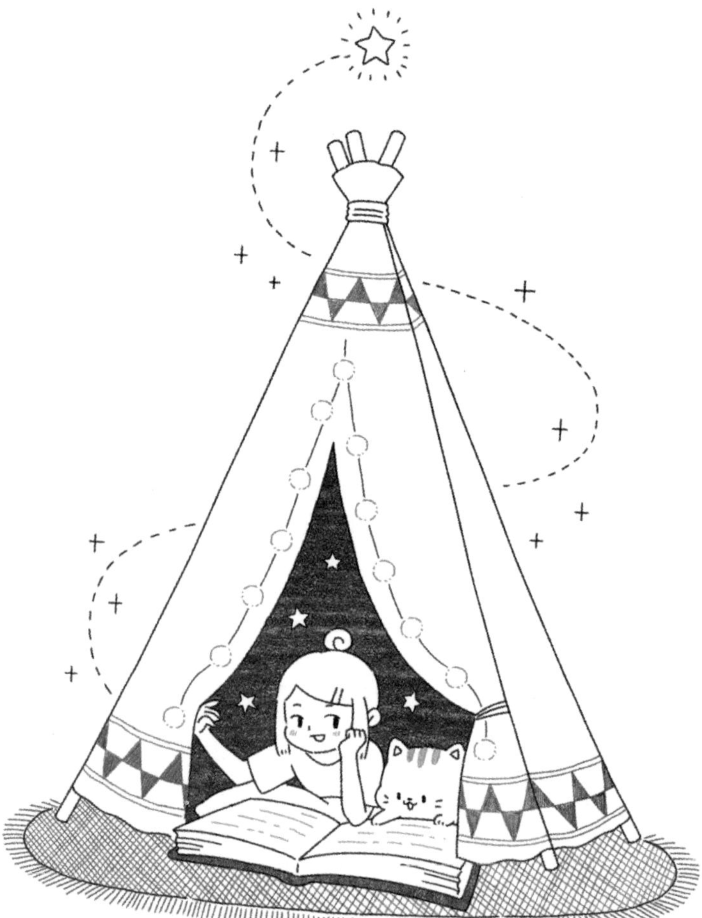

阅读小帐篷

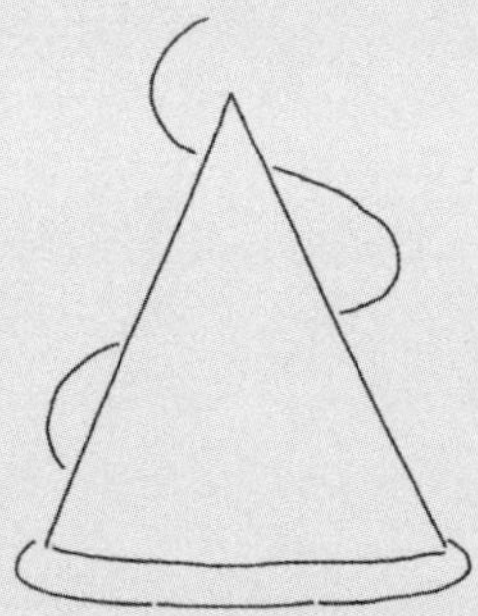

案例小知识

三角构图能给人稳定感，如果加上弯曲的线条作为补充，就能给画面增添一分灵活俏皮。

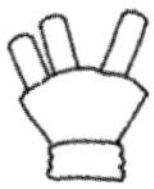

1 帐篷的顶部是束在一起的三根棍子。

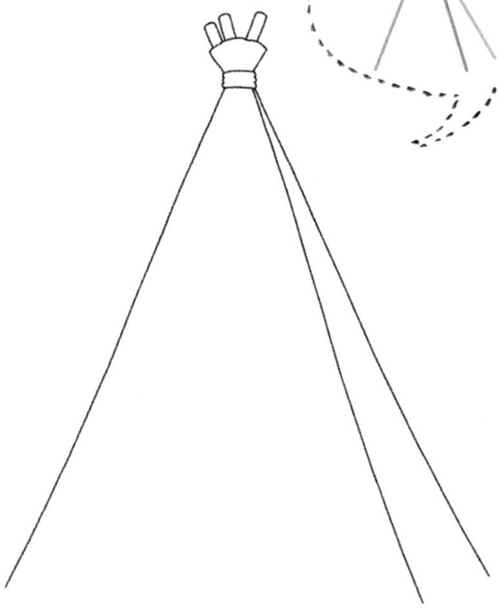

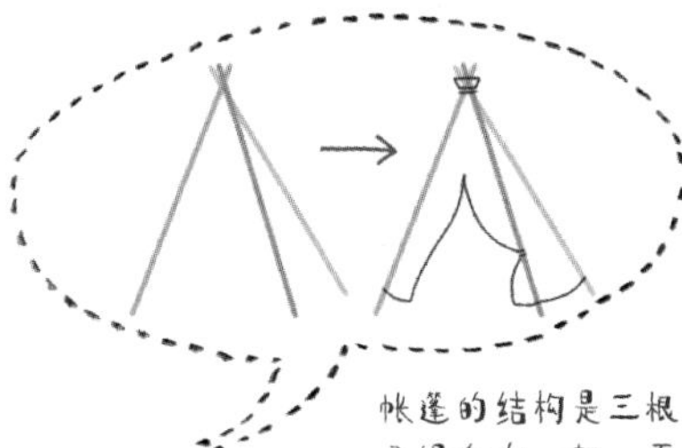

2 向下画出三条分散的直线。

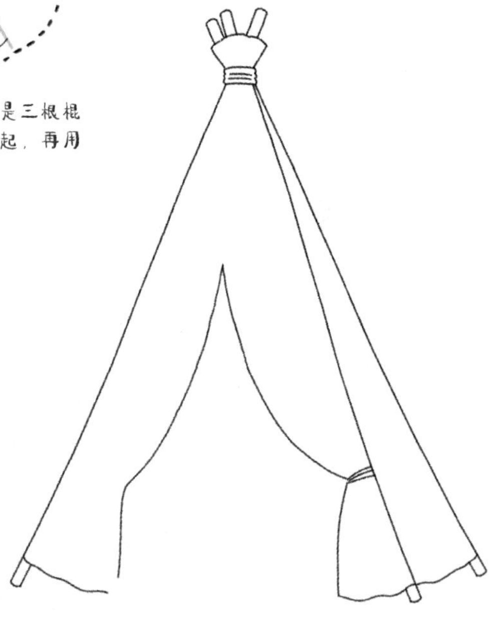

3 用长弧线画出帐篷打开的门帘，注意束起来的窗帘由两根弧线组成。

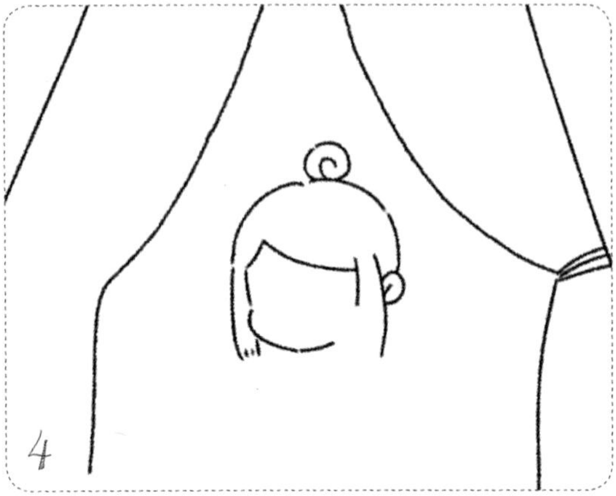

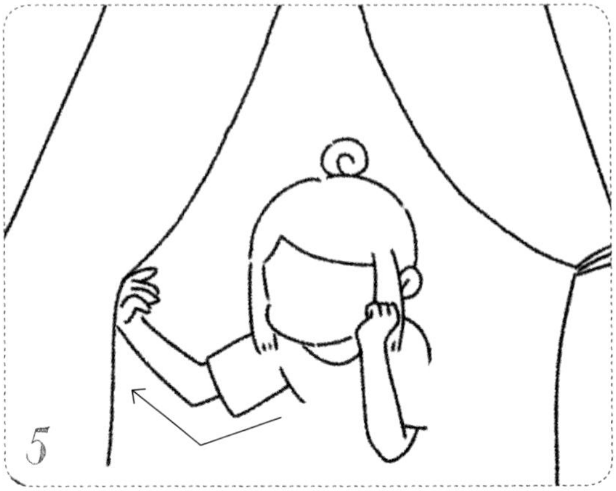

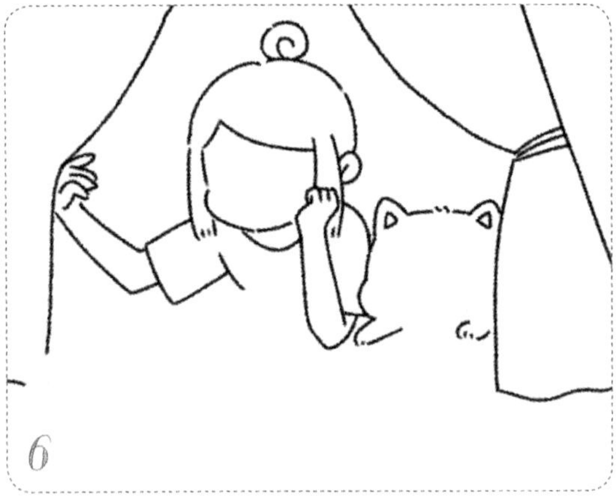

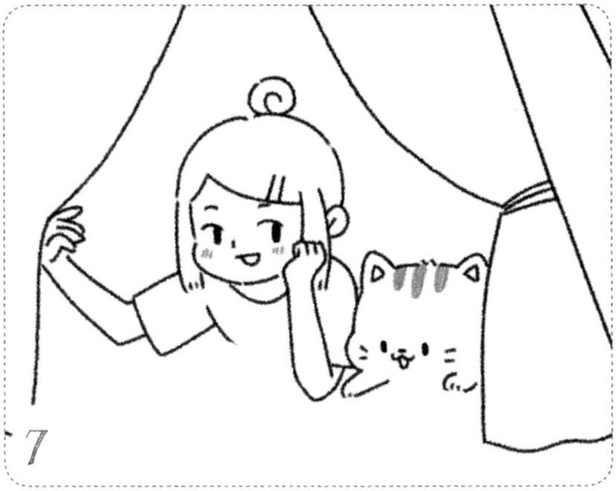

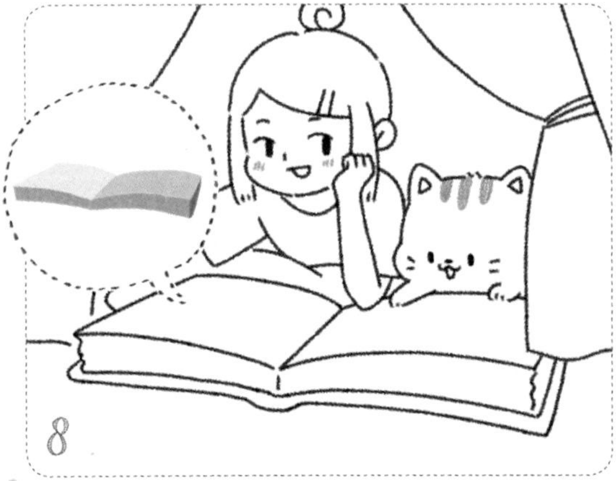

4至5 在门帘的中间，画出少女的头部轮廓。画手时，一只撑着脸颊，另一只呈 V 状去拨开门帘。

6至7 在少女和束起的门帘之间，画出小猫的头部。接着添加表情，注意少女眼神是朝着小猫的，猫咪的眼神则向下看。

8 在她们两个的前面画出摊开的图书。因为少女和图书之间有空隙，所以用软垫子衔接。

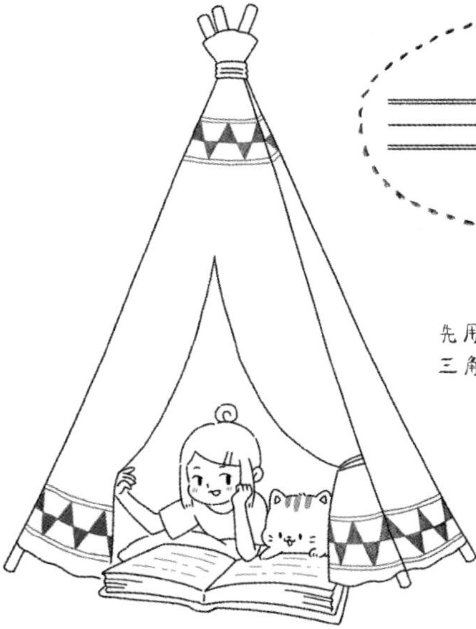

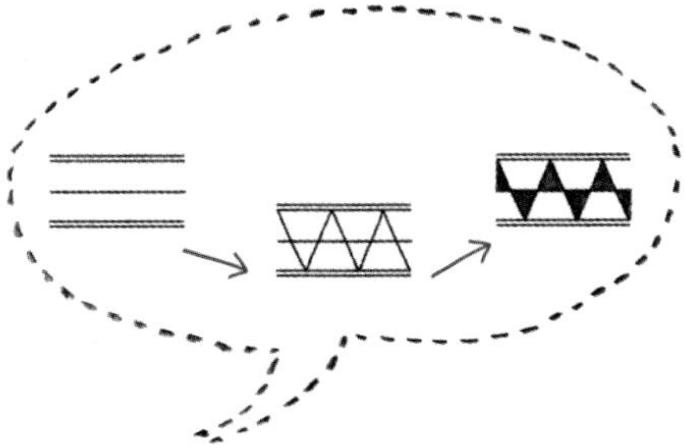

先用横线分区，再用折线画出三角图案，最后间隔涂色。

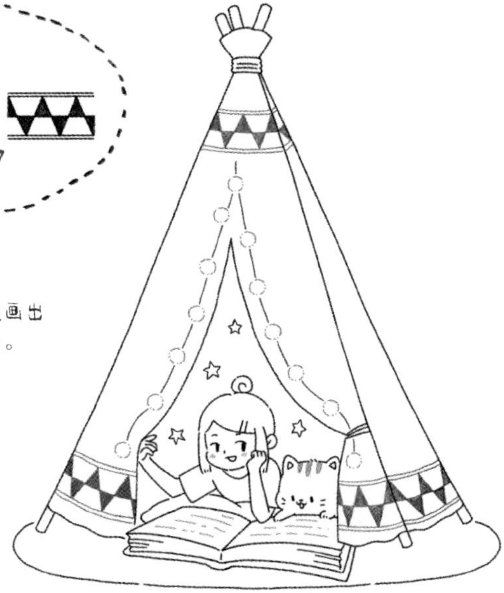

9 在帐篷的顶部和边缘，添加上三角形的装饰花纹。

10 用圆形加弧线画出毛绒球的门帘装饰和地毯。

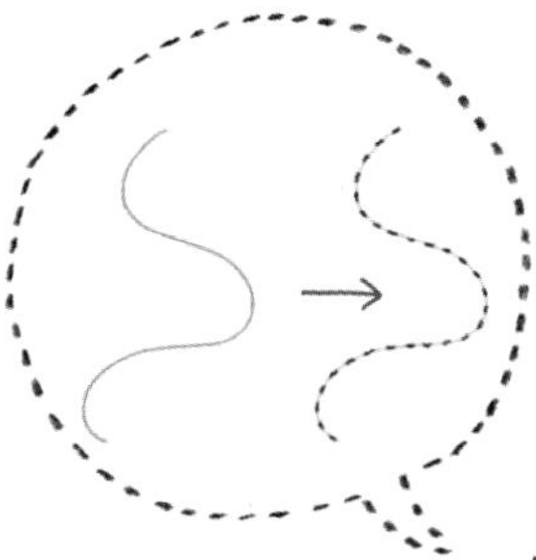

可以先用浅色铅笔画出S形的辅助线，擦浅后就可以直接画虚线啦！

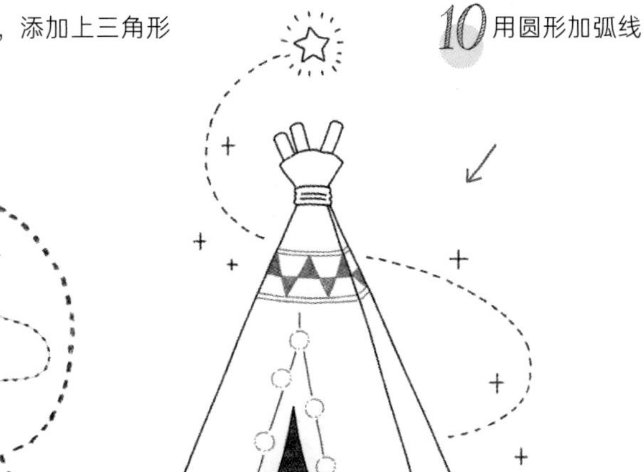

11 上好调子后，用虚线连成S形围绕在帐篷周围，增添氛围感。

生日快乐，亲爱的

多添加能活跃气氛的装饰符号，会让生日聚会的场面看起来更热闹，一起来画画看吧！

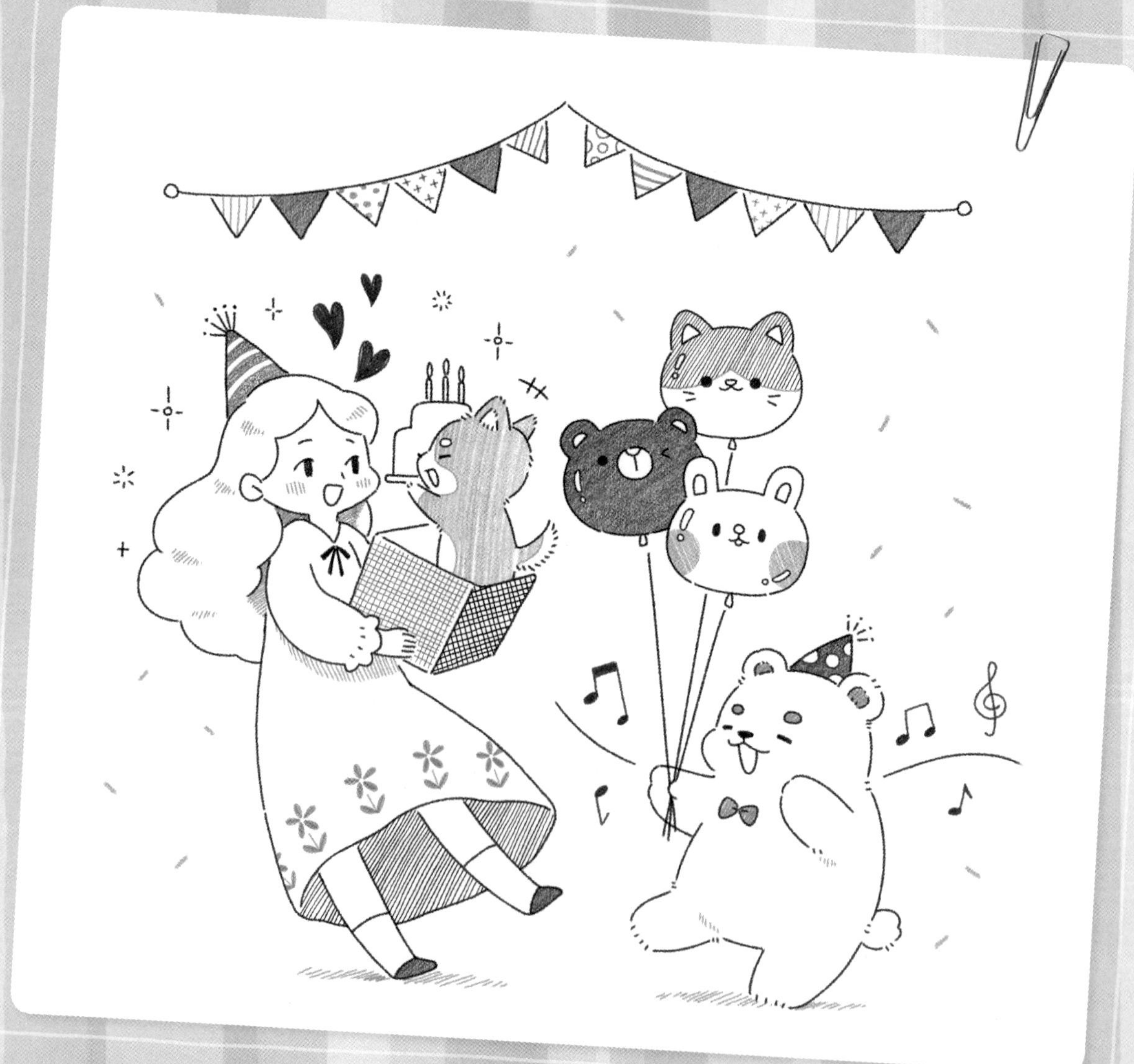

少女和小狗

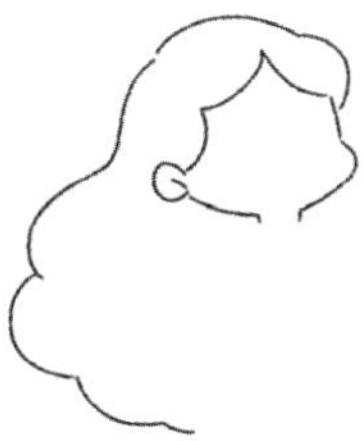

1 用起伏的弧线和波浪线画出少女的脸部和头发。

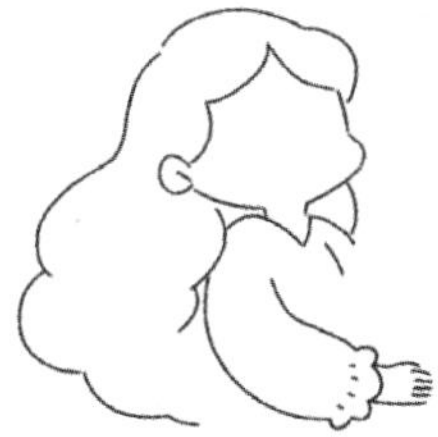

2 用长弧线画手臂，袖口用小波浪装饰。

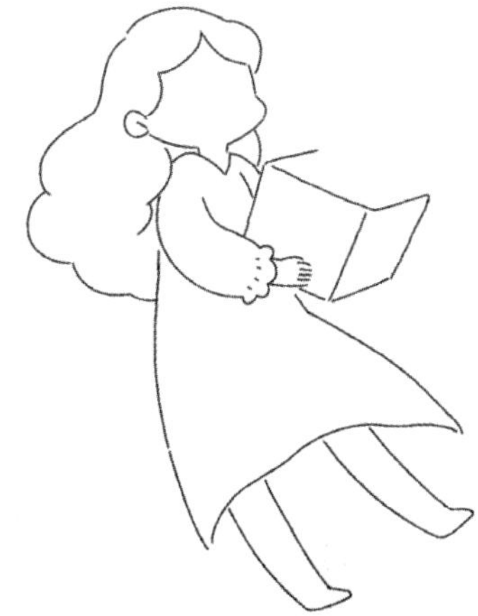

3 先用正方体画礼物盒，再用长弧线画出裙子和脚。

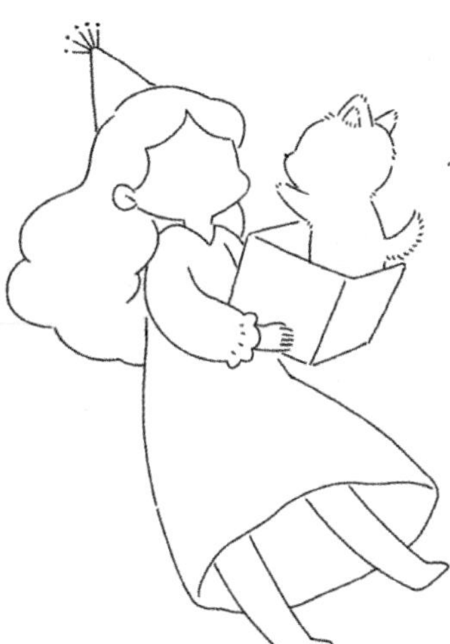

4 在盒子里画出小狗的身体轮廓，再在少女双腿后用弧线画出裙子的透视。

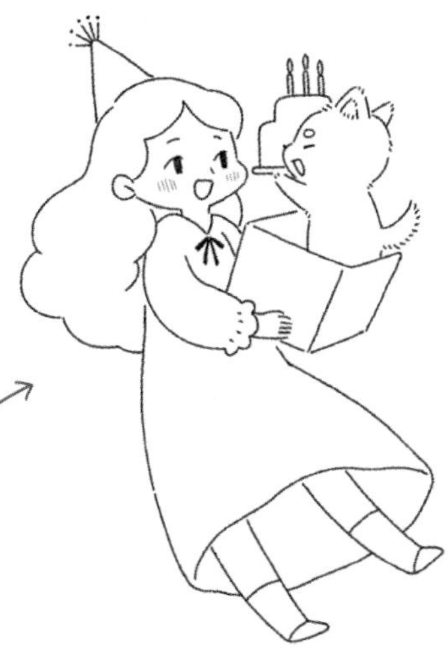

5 画出少女和小狗的五官，注意人物的眼神朝右上方看，正注视着蛋糕。

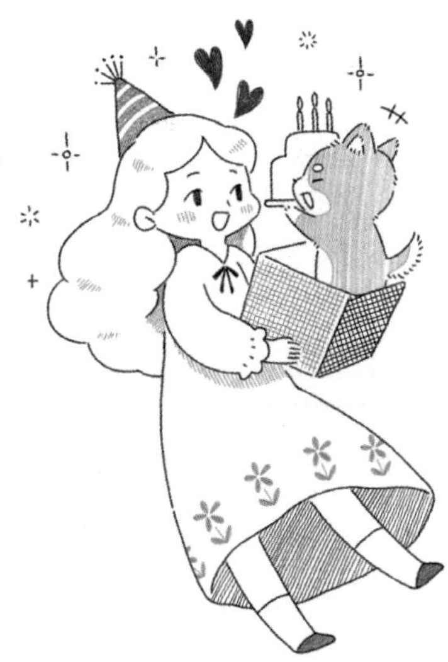

6 为画面涂好调子后，可以用爱心、小星星等装饰元素活跃气氛。

拿气球的小熊

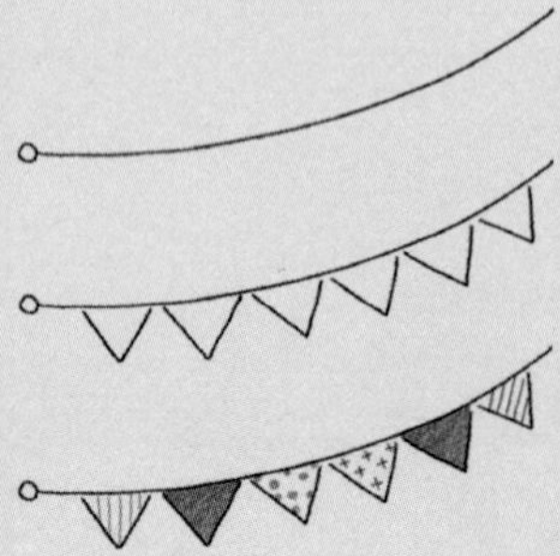

案例小知识

小彩旗是由长弧线和连续的三角形组成的。上调子时，纯色和花纹互相交叉，会使图案更丰富。

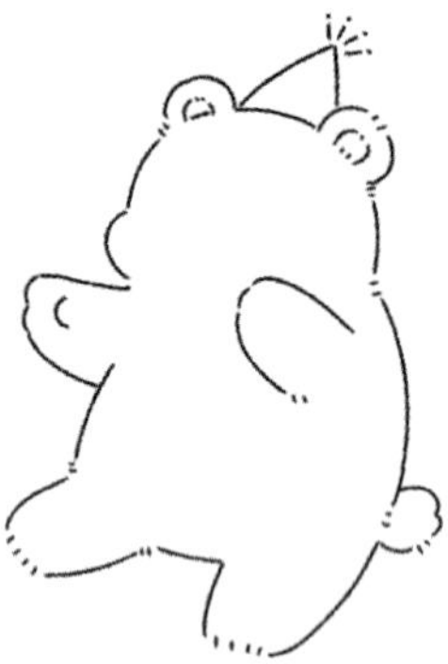

1 用弧线和小短线画出小熊的身体轮廓，注意支撑点是最下面的那条腿。

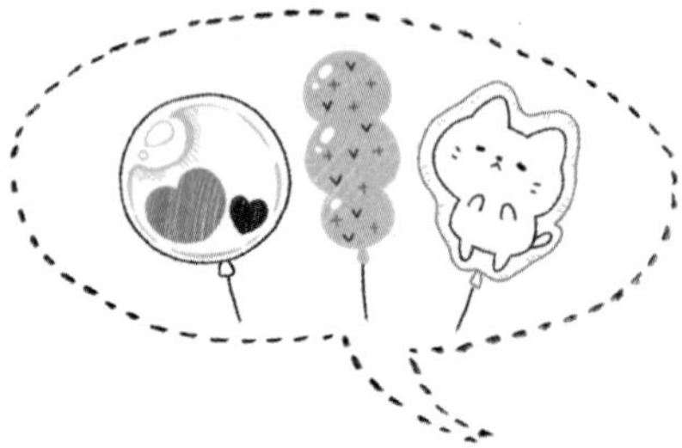

还可以画更多不同造型和花纹的气球。

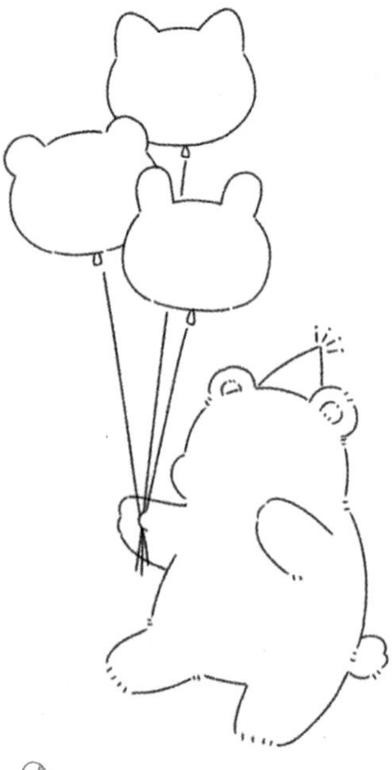

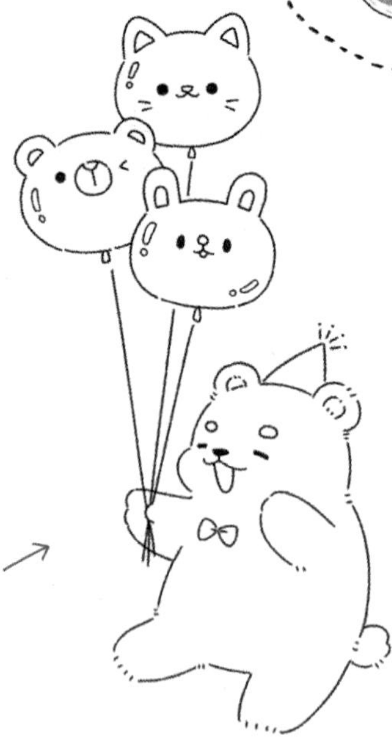

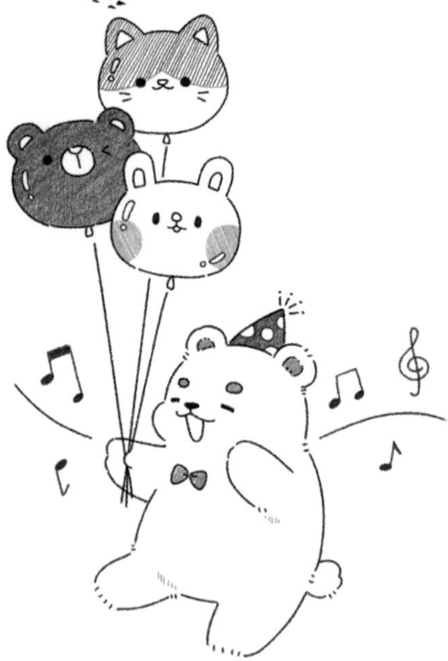

2 画出三个互相重叠的动物气球，兔子在前，猫咪最后。

3 为气球添加表情和感叹号形状的高光，为小熊添加上表情等细节。

4 涂上调子后，用弧线和音乐符号表现出小熊正在唱歌的场面。